Hipólito José da Costa
Manoel Antonio da Silva Serva
Cipriano Barata
Adolpho Emile Bois Garin
Jerônimo Coelho
João Francisco Lisboa
Tavares Bastos
José Carlos Rodrigues
Rui Barbosa
Gustavo de Lacerda
Roquette Pinto
Assis Chateaubriand
Barbosa Lima Sobrinho
Cásper Líbero
Carlos Drummond de Andrade
Jenny Pimentel
Tarso de Castro
Gilberto Freyre

Imprensa Brasileira

Personagens Que Fizeram História

vol. 1

Hipólito José da Costa
Manoel Antonio da Silva Serva
Cipriano Barata
Adolpho Emile Bois Garin
Jerônimo Coelho
João Francisco Lisboa
Tavares Bastos
José Carlos Rodrigues
Rui Barbosa
Gustavo de Lacerda
Roquette Pinto
Assis Chateaubriand
Barbosa Lima Sobrinho
Cásper Líbero
Carlos Drummond de Andrade
Jenny Pimentel
Tarso de Castro
Gilberto Freyre

Imprensa Brasileira

Personagens Que Fizeram História

vol. 1

José Marques de Melo
(organizador)

Universidade Metodista de São Paulo
UMESP

imprensaoficial

São Paulo, 2005

Co-autores

Ana Arruda Callado (Rio de Janeiro)
Carmen Lúcia Pereira (Rio de Janeiro)
Fernando Segismundo (Rio de Janeiro)
Francisco José Karam (Santa Catarina)
Gisely Hime (São Paulo)
José Marques de Melo (São Paulo)
Luiz Guilherme Pontes Tavares (Bahia)
Marialva Barbosa (Rio de Janeiro)
Rosemary Bars Mendez (São Paulo)
Rossana Gaia (Alagoas)
Sebastião Breguez (Minas Gerais)
Sebastião Jorge (Maranhão)
Sonia Bertol (Rio Grande do Sul)
Sonia Virgínia Moreira (Rio de Janeiro)

Ficha Catalográfica elaborada pela Biblioteca da Imprensa Oficial do Estado de São Paulo

Imprensa brasileira: personagens que fizeram história. / Organizador José Marques de Melo. - - São Paulo : Universidade Metodista de São Paulo : Imprensa Oficial do Estado de São Paulo, 2005.
v.1

Vários autores
ISBN 85-7060-303-7 (Imprensa Oficial)
ISBN 85-7060-305-3 (obra completa) (Imprensa Oficial)

1. Comunicação – Brasil – História 2. Jornalismo – Brasil 3. Imprensa – Brasil – História 4. Mídia – Brasil – História 5. Rádio – Brasil 6. Televisão – Brasil I. Melo, José Marques de.

CDD 079.81

Foi feito o depósito legal na Biblioteca Nacional (Lei nº 1.825, de 20/12/1907)

Universidade Metodista de São Paulo (UMESP)
Rua do Sacramento, 230 Rudge Ramos
09640-000 – São Bernardo do Campo – SP
Tel.:(11) 4366-5537
Fax: (11) 4366-5728
http://editora.metodista.br
editora@metodista.br

Imprensa Oficial do Estado de São Paulo
Rua da Mooca, 1.921 Mooca
03103-902 – São Paulo – SP
Tel.:(11) 6099-9800
Fax: (11) 6099-9674
www.imprensaoficial.com.br
livros@imprensaoficial.com.br
SAC 0800-123 401

Sumário

Prefácio

José Marques de Melo
Professor Emérito da Universidade de São Paulo e
Diretor da Cátedra UNESCO de Comunicação
da Universidade Metodista de São Paulo

Há quase 100 anos, o Brasil testemunhava iniciativa emblemática no sentido de resgatar a memória da nossa imprensa.

O historiador pernambucano Alfredo de Carvalho, que, no anoitecer do século XIX, havia feito pesquisas essenciais para desvendar enigmas persistentes no itinerário da mídia impressa brasileira, propõe-se, na alvorada do século XX, uma nova e difícil empreitada. Ele inspira um mutirão intelectual destinado a inventariar o panorama dos jornais e revistas publicados no país, durante o primeiro século da sua vigência em território nacional.

A idéia de Alfredo de Carvalho, imediatamente acolhida e endossada por Max Fleuiss, então secretário perpétuo do Instituto Histórico e Geográfico Brasileiro (IHGB)[1], transforma-se em projeto coletivo, respaldado pelo governo nacional, gerando uma exposição jornalística, aberta ao público na capital republicana e em outros estados da federação brasileira em 1908.

Como resultado desse esforço incomensurável, do qual participaram ilustres historiadores e hemerógrafos de várias províncias, são editados dois volumes da Revista do IHGB, reproduzindo os catálogos elaborados pelos pesquisadores estaduais das regiões norte-nordeste, bem como o ensaio monográfico escrito magnificamente por Alfredo de Carvalho[2].

1 A comunicação desse projeto foi efetuada aos sócios do IHGB pelo secretário perpétuo em sessão realizada na 13a. sessão ordinária da instituição, no dia 29 de julho de 1907. FLEUISS, Max – Apresentação, Revista do Instituto Histórico e Geográfico Brasileiro, Tomo consagrado à Exposição Comemorativa do Primeiro Centenário da Imprensa Periódica no Brasil, Tomo I, Rio de Janeiro, 1908, p. V-XIII

2 CARVALHO, Alfredo de – Gênese e Progressos da Imprensa Periódica no Brasil, Revista do Instituto Histórico e Geográfico Brasileiro, Tomo consagrado à Exposição Comemorativa do Primeiro Centenário da Imprensa Periódica no Brasil, Tomo I, Rio de Janeiro, 1908, p.1-89

Infelizmente os catálogos referentes às regiões situadas ao sul do território nacional, tendo como divisor geopolítico a Bahia, desapareceram em função do incêndio que, naquela ocasião, destruiu preciosos originais depositados nos prelos da Imprensa Nacional. Esse episódio sinaliza a maldição que se projetaria sobre a memória da nossa imprensa, penalizada pela incúria institucional e desprezada pelas nossas vanguardas intelectuais.

Não fosse a ação preservacionista da Biblioteca Nacional e de algumas Bibliotecas Estaduais/Municipais ou a dedicação laboriosa de alguns colecionadores particulares, o itinerário percorrido pela nossa imprensa no século XX teria sido apagado definitivamente da memória brasileira. Todo esse acervo foi mapeado e em seguida microfilmado, graças à cruzada documental liderada quixotescamente por Esther Bertoletti[3], que acalenta o sonho de ver instalada em nosso país uma Hemeroteca Nacional, a exemplo do que ocorre em outros países europeus ou americanos.

Esse descaso em relação à memória da imprensa traduz em certo sentido a atitude pátria referente à própria memória nacional, principalmente no âmbito da cultura não erudita, condenando ao esquecimento as instituições, os fatos e os personagens que também fizeram História. Tanto assim que as novas gerações de profissionais midiáticos – jornalistas, publicitários, radialistas ou teledifusores – formados pelas nossas universidades possuem escasso conhecimento sobre a trajetória midiática brasileira.

Isso os transforma em reféns involuntários dos gêneros e formatos alienígenas, reproduzindo contínuamente modelos oriundos das matrizes geradoras da cultura pós-moderna, quase sempre descolados da nossa realidade. Trata-se de fenômeno determinado pela ignorância em relação aos padrões midiáticos já testados em território nacional, ausentes das lições que tiveram dos seus mestres, tanto na academia quanto na indústria.

Foi precisamente com a intenção de neutralizar essa lacuna cognitiva que tomamos a iniciativa de encetar um novo movimento cultural, buscando ao mesmo tempo preservar a memória da imprensa e construir a história midiática nacional. Nossa meta é desenvolver ações voluntárias e independentes, embora metodologicamente articuladas, no sentido de completar o inventário desencadeado há um século e ao mesmo tempo tecer a malha que dá sentido ao complexo midiático brasileiro[4].

Nada mais justo do que homenagear o precursor desse mutirão, atribuindo o nome de Alfredo de Carvalho à Rede nacional que se constitui no ano 2000, tendo a adesão inicial da revista IMPRENSA.

O descortino que vem caracterizando a trajetória jornalística de Sinval de Itacarambi Leão e a imensa generosidade que o qualifica como ser humano singular o motivaram a acolher a idéia que lhe apresentei na ocasião, franqueando 8 páginas da sua revista mensal para o desenvolvimento do projeto destinado a biografar personalidades que se destacaram na História da mídia brasileira[5].

Tais encartes foram sendo produzidos regularmente, com a participação voluntária de pesquisadores situados em diferentes quadrantes do território nacional, identificando figuras emblemáticas cujo desempenho profissional, empresarial ou

3 BERTOLETTI, Esther – Nota Prévia, Periódicos Brasileiros em Microforma, Catálogo Coletivo, Rio de Janeiro, Biblioteca Nacional, 1985, p. 13-16

4 MARQUES DE MELO, José – O pragmatismo utópico da Rede Alfredo de Carvalho, In: PONTES TAVARES, Luis Guilherme, org. – Rumo ao Bicentenário da Imprensa Brasileira, Salvador, NEHIB / Editora da UFBA, 2002, p. 9-32

5 No editorial em que apresenta a série aos leitores da revista, ele diz textualmente: "Esta edição n. 149 de IMPRENSA tem (...) um caderno de oito páginas sobre o novo dia da imprensa... (...) O prof. José Marques de Melo conta-nos (...) a história de Hipólito da Costa. (...) A partir deste caderno, surgiu o Projeto 200 anos da imprensa brasileira, 1808-2008, pelo qual a revista IMPRENSA vai preparar, com textos resgatados e novos, uma expectativa proveitosa destas futuras comemorações".

cívico pode servir de parâmetro às novas gerações que vão diligenciar os conteúdos a serem difundidos pela mídia nacional no século XXI.

Os colaboradores deste projeto conformaram o núcleo seminal da Rede Alfredo de Carvalho, que começou a institucionalizar-se no ano seguinte, em cerimônia realizada na Sala Barbosa Lima Sobrinho da Associação Brasileira de Imprensa – ABI, na cidade do Rio de Janeiro. Desde então, a Rede Alcar vem se ampliando, com a criação de núcleos regionais, bem como a realização de encontros nacionais preparatórios para o Congresso Brasileiro de História Midiática previsto para 2008, destinado a celebrar o bicentenário da implantação da nossa imprensa.

A adesão de instituições publicamente legitimadas, além da ABI, como o Instituto Histórico e Geográfico Brasileiro – IHGB -, a Academia Brasileira de Letras – ABL, a Sociedade Brasileira de Estudos Interdisciplinares da Comunicação – INTERCOM, bem como as Cátedras UNESCO de Comunicação (Universidade Metodista de São Paulo) e FENAJ de Jornalismo (Universidade Federal de Santa Catarina), significa o fortalecimento da Rede Alcar e sua projeção em todo o território nacional.

Esse reconhecimento institucional completa-se, agora, com a participação da Imprensa Oficial do Estado de São Paulo, que assume o compromisso de editar os volumes da série "Imprensa Brasileira, 1808-2008: Personagens que fizeram História". Desta maneira, os perfis biográficos originalmente publicados pela revista IMPRENSA, desde junho do ano 2000, ganham difusão ampla nas universidades brasileiras, bem como nas empresas midiáticas e nos centros culturais de todo o país.

É importante ressalvar que esta série idealizada pela Rede Alfredo de Carvalho foi conscientemente prevista como ação de divulgação científica, destinada a difundir perfis biográficos e sumarizar idéias que marcaram a trajetória das indústrias midiáticas brasileiras, indicando fontes que podem servir de referência para os que desejam aprofundar conhecimentos.

Nela está implícita também a ambição de motivar jovens pesquisadores para a retomada das hipóteses e roteiros aqui esboçados, dando continuidade ao plano fundamental. Ou seja, construir a História Midiática Brasileira, resgatando os dois séculos já palmilhados e ao mesmo tempo iluminando as ações a serem empreendidas nesta conjuntura em que alimentamos a utopia de fincar a bandeira nacional no novo mapa do mundo.

Apresentação

Hubert Alquéres
Diretor-presidente da Imprensa Oficial
do Estado de São Paulo

A MÍDIA E SEUS CONSTRUTORES

O jornalista é, antes de tudo, um repórter. Cabe-lhe a árdua tarefa de sair em busca da notícia fresca, da entrevista inédita, do acidente que acabou de ocorrer, da pesquisa que ainda será divulgada. Reconstruindo os novos acontecimentos e registrando opiniões e depoimentos relevantes, escreve a história imediata, mantendo os leitores atualizados e legando, aos autores da historiografia de longo prazo, fontes informativas de valor inestimável.

A reportagem não esgota, porém, os gêneros jornalísticos. Por mais importante que seja, principalmente na imprensa moderna, ela não substitui os editoriais orientadores, os artigos de opinião, as colunas analíticas, as críticas de arte, ou as deliciosas crônicas de costumes, infelizmente cada vez mais raras. E nenhuma dessas informações, análises e apreciações críticas chegaria aos leitores sem a liderança e a ousadia dos empreendedores que lançam e mantêm os veículos de todos esses gêneros.

Esta obra coletiva, organizada pelo professor José Marques de Melo, oferece uma introdução acessível e cativante à trajetória diversificada da mídia brasileira. Concentrando-se nos perfis biográficos de alguns realizadores da imprensa nacional, amplia o conhecimento dessa história já longa, mas ainda pouco pesquisada e difundida. O capítulo sobre Carlos Drummond de Andrade, que, além de poeta, foi cronista de vários jornais e revistas, poderia servir de exemplo: sintetiza os dados biográficos do escritor mineiro, inclui uma bibliografia de suas coletâneas de crônicas e reproduz dois textos do biografado, saborosos e muito bem escolhidos.

Este volume abre uma série idealizada pela Rede Alfredo de Carvalho com o propósito de construir gradativamente, com a participação de jovens pesquisadores, uma história da mídia brasileira. A Imprensa Oficial do Estado de São Paulo associa-se com satisfação a esse projeto meritório, empenhado em levar ao conhecimento de um público mais amplo os talentosos e muitas vezes esquecidos profissionais, responsáveis pela vitalidade da orquestra de muitos instrumentos que tem sido a mídia brasileira.

Hipólito José da Costa
Manoel Antonio da Silva Serva
Cipriano Barata
Adolpho Emile Bois Garin
Jerônimo Coelho
João Francisco Lisboa
Tavares Bastos
José Carlos Rodrigues
Rui Barbosa
Gustavo de Lacerda

HIPÓLITO JOSÉ DA COSTA
Patrono oficial da Imprensa Brasileira

José Marques de Melo

Versão ampliada e revista do ensaio publicado originalmente na revista IMPRENSA, n. 149, São Paulo, junho do ano 2002, p. 77-86.

José Marques de Melo - Presidente da Rede Alfredo de Carvalho para o Resgate da Memória da Imprensa e a Construção da História da Mídia no Brasil. Docente-fundador e Professor Emérito da Escola de Comunicações e Artes da Universidade de São Paulo. Professor-fundador e Ex-Coordenador do Programa de Pós-Graduação em Comunicação Social da Universidade Metodista de São Paulo, onde exerce atualmente o cargo de Diretor da Cátedra UNESCO de Comunicação para o Desenvolvimento Regional. Membro-Titular do Instituto Histórico e Geográfico de São Paulo.

Desde o ano 2000, Hipólito José da Costa vem ostentando o título de patrono da imprensa brasileira. A honraria lhe foi atribuída pelo Congresso Nacional, através de lei ordinária, sancionada pelo Presidente Fernando Henrique Cardoso[1]. Não se trata, contudo, de decisão pacífica.

Apesar da controvérsia, existe consenso sobre a natureza informativa do trabalho realizado, desde os seus tempos de juventude, pelo cidadão brasileiro que, estudando em Coimbra, prestou serviços à diplomacia lusitana, exilando-se em Londres depois de ser perseguido pela Inquisição portuguesa.

Tanto assim que o seu biógrafo e exegeta Barbosa Lima Sobrinho não hesita em apontá-lo como "o mais brasileiro dos nossos jornalistas". Sua justificativa, fundamentada na coerência e lucidez do jornalista, é plausível, convincente e difícil de ser refutada.

> *"E não se pode negar que, do primeiro ao último número do* ***Correio Braziliense****, há uma admirável linha de coerência, imutável e lúcida. Como se houvesse, de um lado, o campo das idéias efêmeras e provisórias ou das impressões não elaboradas e, do outro, o domínio das convicções intocáveis, o que havia de decidido e permanente nas suas decisões e nos ideais. Em relação a essas convicções, não transige, não cede, não recua. A começar pelas idéias liberais, em cuja defesa ocupa sempre a linha de vanguarda. (...) A defesa da liberdade de imprensa é uma de suas religiões. (...) Não há, nos 14 anos de sua campanha, mudança de posição ou alteração de atitude. Quanto muito, uma ou outra vez, pode não concordar de todo com o julga-*

1 O projeto de lei teve a autoria do Deputado Nelson Marchesan (RS) e foi sancionado em 1999, com base no texto aprovado pela Câmara dos Deputados e referendando pelo Senado da República. O deputado Marchesan propôs a mudança de datas, "acolhendo sugestão da Associação Riograndense de Imprensa (ARI). A iniciativa foi apoiada pela Associação Nacional de Jornais (ANJ), presidida por Paulo Cabral de Araújo, presidente do Correio Braziliense, fundado por Chateaubriand principal jornal de Brasília, DF". (MULLER, 1999)

mento de algumas personalidades. Mas Hipólito da Costa tinha por sistema não se deixar arrastar pelos aspectos de natureza pessoal. Interessava-se pela idéias, pelas atitudes, pelas posiçoes tomadas, não pelas pessoas que no momento as esposassem. (...) chamar o seu periódico de ***Braziliense****, em pleno regime colonial e numa cidade estrangeira, já significava um programa e um compromisso...*" (BARBOSA LIMA SOBRINHO - *Hipólito da Costa*, pioneiro da independência do Brasil, Brasília, Fundação Assis Chateaubriand, 1996, p. 119-120).

Assim sendo, Hipólito José da Costa Pereira é considerado o fundador do Jornalismo Brasileiro por sua atuação como editor do mensário "Correio Braziliense" (1808-1822). Trata-se de publicação essencialmente política, mas que abriu espaço para a informação de natureza científica, quase sempre divulgando fatos e idéias gerados na Europa e considerados relevantes pelo jornalista para aplicação no Brasil.

Antes disso (1798-1800), ele realizou uma missão diplomática a serviço da Coroa Portuguesa, com a finalidade de observar a economia agrícola norte-americana, discernindo quais inventos científicos e inovações tecnológicas eram factíveis de transplantação para o Brasil, então Colônia de Portugal na América. A memória dessa missão foi preservada sob a forma de Diário de Viagem, prenunciando a vocação do repórter que o autor desenvolveria dez anos depois em seu periódico.

O ingresso efetivo de Hipólito da Costa no mundo da imprensa deu-se no ano de 1801, quando ele retornou da América do Norte, prestando conta de sua missão ao Conde de Linhares, então Ministro da Marinha e do Ultramar, que viria a seria Ministro de D. João VI no Brasil. (CASTRO, Terezinha de - *Hipólito da Costa - Idéias e Ideais*, 2ª ed., Rio de Janeiro, Biblioteca do Exército 1985, p. 12).

Essa incursão pioneira está assim registrada pelo principal biógrafo do patrono da imprensa brasileira Hipólito da Costa:

> *"Tornado a Lisboa, em fins de 1800, Hipólito trazia o plano formado de regressar ao Brasil. (...) Não obstante, determinando o contrário, deixou-se ficar em Lisboa, e no ano seguinte, ao incorporar-se a Casa Literária do Arco do Cego à Impressão Régia, ocupou um dos lugares de diretor literário, ao lado de Conceição Veloso, continuando a perceber a pensão que lhe fora abonada desde a ida para Filadélfia. Nesse cargo traduziu e publicou:* ***Ensaios políticos econômicos e filosóficos*** *de Benjamin, conde Rumford;* ***História breve e autêntica do Banco de Inglaterra****, de E. F. Thomas Fortune; e* ***Memória sobre a broncelose ou papo da América Setentrional****, de Benjamin Smith Berthou. Publicou também dois opúsculos originais:* ***Descrição da Árvore Açucareira e da sua utilidade e cultura*** *e* ***Descrição de uma máquina para tocar a bomba a bordo dos navios sem o trabalho de homens****. Em março ou abril de 1802 partiu Hipólito para Londres, a negócios particulares e encarregado por D. Rodrigo de adquirir livros para a Biblioteca Pública e máquinas e objetos para a Impressão Régia."* (RIZZINI, Carlos - *Hipólito da Costa e o Correio Braziliense*, São Paulo, Companhia Editora Nacional 1957, p. 6/7).

Biografia atribulada

Nascido na Colônia do Sacramento, então território luso-brasileiro, mas criado em terras gaúchas, onde sua família se estabeleceu após o Tratado de Santo Idelfonso[2], Hipólito da Costa fez os estudos básicos em Porto Alegre. Aos 19 anos já estava matriculado na Universidade de Coimbra, estudando Leis e Filosofia. (CASTRO, Terezinha de - *Hipólito da Costa - Idéias e Ideais*, 2ª ed., Rio de Janeiro, Biblioteca do Exército, 1985, p. 11-12).

Ao se matricular em Coimbra, em 1792, Hipólito seria beneficiário da reforma curricular feita pela Universidade na sua Faculdade de Filosofia, neutralizando o viés jurídico-filosófico que a dominava até então, para dar-lhe uma orientação moderna, de natureza científico-naturalista. Tanto assim que ele estudaria as novas disciplinares introduzidas: Agricultura, Zoologia, Mineralogia, Física, Química e Metalurgia. Além da tradicional formação clássico-humanística, ele enveredaria por novas dimensões do saber, adquirindo um embasamento técnico-científico. Só depois ele se dedicaria ao estudo do Direito, diplomando-se em 1798. (DOURADO, Mecenas - *Hipólito da Costa e o Correio Braziliense*, 2 tomos, Rio de Janeiro, Biblioteca do Exército 1957, p. 45).

Seus biógrafos são unânimes em afirmar que essa busca de uma fundamentação científico-tecnológica fora motivada pelo desejo de, regressando ao Brasil, dedicar-se à agricultura, otimizando a propriedade rural que a família possuía no hoje município gaúcho de Pelotas[3].

Seus planos de retorno à terra de origem foram sendo postergados e afinal nunca se realizaram. Mas a formação acadêmica adquirida conferiu-lhe competência para a primeira atividade profissional que iria realizar, credenciando-o depois ao engajamento como funcionário do governo português.

Foi no desempenho da missão diplomática nos Estados Unidos da América, a ele atribuída pelo Conde de Linhares, que Hipólito da Costa realizou sua precoce incursão como repórter, tornando-se o primeiro divulgador científico brasileiro. Essa faceta merece registro preciso e sumário do seu principal biógrafo.

> *"Mal saído dos cueiros universitários, em 1798, aos 24 anos, recebeu de D. Rodrigo, então ministro da Marinha e do Ultramar, o encargo de estudar na República Norte-Americana, para aplicação no Brasil, a cultura de árvores nativas, do cânhamo, tabaco, algodão, cana, índigo, arroz e, principalmente, a da cochinilha; a formação de pastagens; a construção de pontes, moinhos e engenhos d'água; a mineração; a pesca da baleia e o preparo do peixe salgado. Do encargo, desempenhou-se acima do esperável de bacharel novato, conforme atestam os documentos que a respeito redigiu. Simultaneamente, o Ministro o teria incumbido de outros estudos..."* (RIZZINI, Carlos - *Hipólito da Costa e o Correio Braziliense*, São Paulo, Companhia Editora Nacional, 1957, p. 4).

2 Fundada pelos portugueses em 1680, a Colônia do Sacramento, situada em frente a Buenos Aires em território hoje pertencente ao Uruguai, fez parte do Brasil até 1777. Nessa ocasião foi assinado o Tratado de Santo Ildefonso, pelo qual o governo português comprometeu-se a entregar a referida Colônia aos espanhóis. Nela havia nascido, três anos antes, Hipólito José da Costa Pereira Mendonça Furtado, filho de Félix da Costa Mendonça Furtado, brasileiro de Saquarema (RJ), que se mudou imediatamente com a família para terras gaúchas.

3 Ilação dessa natureza é sugerida claramente por Mecenas Dourado (p. 46). "Começando os estudos na Universidade de Coimbra pela Faculdade de Filosofia, é provável que Hipólito tivesse em vista a futura atividade agrícola a que se iria dedicar, voltando ao Brasil e associando-se ao pai e ao tio na exploração das terras que possuíam no Rio Grande. E é de ver como, alguns anos mais tarde, depois de uma agitada vida urbana de jornalista, na maior metrópole do mundo, ele nos edifica, ao escrever ao irmão, dizendo que este bem sabia a maior inclinação que ele sempre teve pela cultura das terras."

A viagem foi iniciada no dia 11 de outubro de 1798 e concluída no final de 1800. O jovem brasileiro recebeu nomeação do governo lusitano para atuar como encarregado de negócios nos Estados Unidos. Sua missão era observar as inovações agrícolas e industriais ali desenvolvidas, verificando que aplicabilidade poderiam ter na colônia portuguesa situada ao sul das Américas.

Durante o ano de 1801 ele se dedica a prestar contas de sua missão na América do Norte. Em seguida, assume o cargo de diretor literário da Impressão Régia de Lisboa, em função do qual viaja a Londres, onde mantém ligações com a Maçonaria (enraizadas nos contatos prévios durante a viagem a Filadélfia).

Rizzini explica que os "negócios particulares" a justificarem sua viagem à Inglaterra em 1802 "eram os negócios maçônicos". Sua hipótese era de que Hipólito "ia advogar a filiação das incipientes lojas maçônicas portuguesas (...) ao Grande Oriente de Londres. Da incumbência não deu contas e a ela nunca se referiu". (RIZZINI, Carlos - *Hipólito da Costa e o Correio Braziliense*, São Paulo, Companhia Editora Nacional, 1957, p. 7)

Mas o certo é que ao regressar de Londres seria denunciado, preso e perseguido. Ele permaneceu nos cárceres da Inquisição de 1803 a 1805, quando evadiu-se, optando pelo caminho do exílio na Inglaterra. Ali permaneceu até a morte, em 11 de setembro de 1823, nove dias antes de ser nomeado Cônsul Geral do Império Brasileiro na Inglaterra.

PATRONATO CONTROVERSO

O fim da Era Vargas vem sendo assumido publicamente por FHC no campo econômico. A intenção é simbolizar a passagem a um modelo de sociedade de mercado, liberalizante, globalizada. Seu governo vem flexibilizando a legislação trabalhista e dinamizando o sistema produtivo, com a atração de capitais externos.
Há, contudo, outro indicador que sinaliza o fim da Era Vargas. Trata-se do campo do Jornalismo. FHC mudou o Dia da Imprensa. Ele oficializou a data de 1 de junho, sancionando a Lei aprovada pelo Congresso Nacional.

Polêmica

A efeméride fora estabelecida por Getúlio Vargas. A data fixada: 10 de setembro. Justificativa: comemorar a edição do primeiro jornal impresso no Brasil, A Gazeta do Rio de Janeiro. Redigido por Frei Tibúrcio, integrante da Corte de João VI, o jornal era considerado chapa-branca. Publicado nos prelos da imprensa oficial, sua legitimidade histórica vinha sendo contestada pela corporação jornalística. Argumento: era jornal que nasceu censurado.

Um forte movimento reivindicatório instaurou-se no Rio Grande do Sul. Sua liderança intelectual esteve a cargo de Alberto André, decano dos jornalistas regionais. A defesa da causa foi assumida pela ARI – Associação Riograndense de Imprensa.

Os gaúchos defendiam que a imprensa "independente" brasileira precedeu a imprensa "oficialista". Reivindicaram o patronato da imprensa brasileira para Hipólito José da Costa. Embora nascido na Colônia do Sacramento (naquela época integrante do território brasileiro, a cidade hoje faz parte do Uruguai), ele pertencia a ilustre família, enraizada no município de Pelotas (RS). Brigaram também pela mudança da comemo-

Ensaio publicado na revista IMPRENSA, n. 149, São Paulo, junho do ano 2002, p. 77-86

ração para 1 de junho. Nessa data, Hipólito da Costa fizera circular a revista Correio Braziliense. Editada em Londres, a publicação chegava clandestinamente ao Brasil. Seu conteúdo escapava, portanto, da censura governamental.

A tese foi encampada pelo deputado Nelson Marchesan, autor do projeto de lei aprovado pelo Congresso e homologado pelo Presidente da República. Desta maneira, iniciamos o novo século, aquele em que celebramos os 500 anos do Descobrimento do Brasil e os 200 anos da Implantação da Imprensa Brasileira (2008), sob novo signo.

Trama bem tecida

Antes mesmo de FHC sancionar a nova lei, o jornalista Carlos Alves Muller, antigo editor do Jornal da ANJ, botou a boca no trombone. Ele dizia que substituímos o signo do oficialismo governamental pelo símbolo da dependência externa.

Sua pergunta era a seguinte: quem financiava o *Correio Braziliense*? Fundamentando-se nos biógrafos de Hipólito da Costa, a resposta emergia cristalina: o capitalismo inglês.

Muller foi mais incisivo. Negou até mesmo o caráter independente do jornalismo veiculado naquela revista mensal, explicando que seu editor era contrário à própria independência do Brasil.

Trata-se de controvérsia que incendiou, no passado, os ânimos dos próceres da ABI – Associação Brasileira de Imprensa. Em discurso ali proferido no ano de 1939, Costa Rego (secretário da entidade na primeira gestão de Herbert Moses) negava a Hipólito da Costa a condição de Jornalista, por ter lhe faltado independência informativa. Tanto ele quanto outros redatores de jornais do ciclo da Independência atuaram como políticos que veiculavam idéias através da imprensa, sem caracterizar-se como jornalistas políticos.

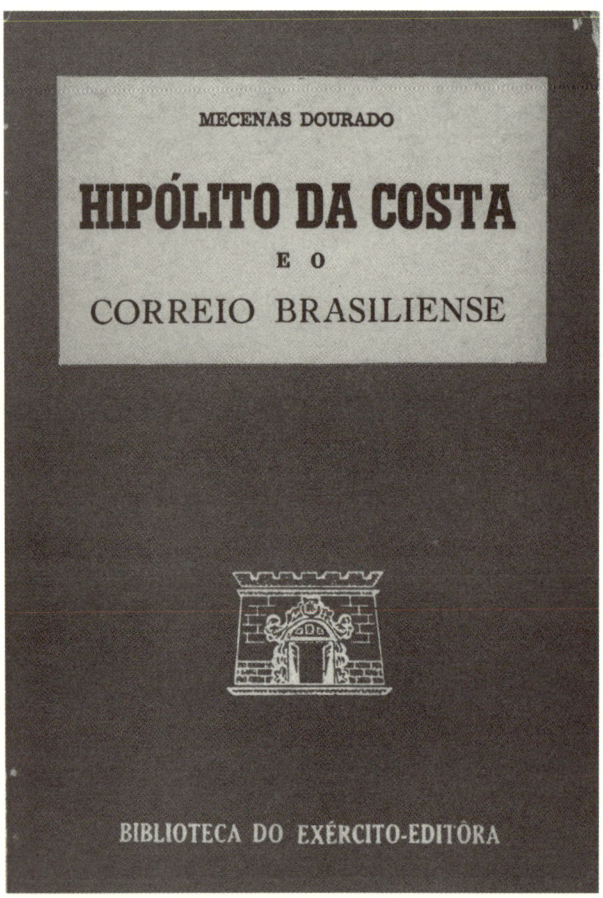

Em terreno próximo situa-se o atual Presidente do Conselho Administrativo da ABI, Fernando Segismundo. No livro *Imprensa Brasileira: Vultos e Problemas* (1962), ele acusa Hipólito da Costa de ter sido "jornalista venal... que escrevia de encomenda..."

No entanto, o fundador do *Correio Braziliense* possui defensores irrestritos. Entre eles Barbosa Lima Sobrinho, o mais antigo dos jornalistas brasileiros em atividade. No seu livro *Hipólito da Costa, pioneiro da independência do Brasil* (1996), o atual presidente da ABI o absolve da acusação de suborno. Ele diz que a trama foi tecida, sem comprovação, por seus adversários políticos do exílio português em Londres.

Vocação jornalística

À margem da polêmica sobre o pioneirismo e a independência de Hipólito da Costa, convém resgatar, nesta primeira celebração do 1 de Junho como Dia da Imprensa Brasileira, evidências da sua precoce vocação jornalística.

Elas estão registradas no diário da visita que empreendeu aos Estados Unidos no final do século XVIII, uma década antes da sua atuação como redator do *Correio Braziliense.*

A viagem foi iniciada no dia 11 de outubro de 1798 e concluída no final de 1800. O jovem brasileiro, diplomado em leis e filosofia pela Universidade Coimbra, recebeu nomeação do governo lusitano para atuar como encarregado de negócios nos Estados Unidos. Ele possuía 24 anos de idade. Sua missão era observar as inovações agrícolas e industriais ali desenvolvidas, verificando que aplicabilidade poderiam ter na colônia portuguesa situada ao sul das Américas.

A conjuntura histórica refletia as tensões políticas entre a França e a Inglaterra. Ela nutriu os ventos que iriam empurrar a Corte Portuguesa para o Brasil-Colônia, em retirada estratégica, acossada pelas tropas napoleônicas.

Faro de repórter

Hipólito da Costa anotou diligentemente suas impressões de viajante. Elas permaneceram inéditas até 1955.

Alceu Amoroso Lima as descobriu em Évora, mandou copiar e publicar no Brasil, sob o patrocínio da ABL.

O livro *Diário de Minha Viagem para Filadélfia (1798-1799)* contêm não apenas as anotações feitas durante a permanência nos Estados Unidos, mas também a correspondência dirigida às autoridades portuguesas. Sua última carta foi escrita em 30 de agosto de 1800. De volta a Portugal ele preparou um relatório conciso, datado de 24 de janeiro de 1801, encaminhando-o ao Ministro da Fazenda de Portugal. A íntegra de tal documento foi aqui publicado em 1858 pela *Revista do Instituto Histórico Brasileiro.*

Tanto nesse relatório quanto no diário de viagem percebe-se claramente a sensibilidade noticiosa de Hipólito da Costa. Seu faro de repórter está permanentemente aguçado.

Ele visita o Presidente dos Estados Unidos, John Adams, anotando com perspicácia seu comportamento público. Percorre laboratórios de pesquisa e campos de cultivo experimental, conversando detalhadamente com os cientistas e suas equipes. Acompanha o panorama político e o movimento intelectual, lendo jornais e revistas que registram os fatos e comentam os acontecimentos. Anda pelas ruas, viaja em barcos e carruagens, dialoga com pessoas comuns, diplomatas e autoridades legais, captando imagens, sensações, idéias.

Seu Diário de Viagem parece mais uma reportagem investigativa do que um relato diplomático. Suas Cartas de Ofício se assemelham a narrativas de bastidores, permitindo ao leitor compreender o ambiente retratado.

Por isso mesmo, a revista IMPRENSA selecionou alguns textos emblemáticos dessa produção epistolar, oferecendo-os como brinde aos jornalistas brasileiros, para celebrar o novo Dia da Imprensa.

Repórter precoce

Fonte: Hipólito da Costa Pereira - *Diário da Minha Viagem para Filadélfia, 1798-1799* (Prefácio de Alceu Amoroso Lima. Estudo biográfico por Múcio Leão. Nota final de Oswaldo Melo Braga). Rio de Janeiro, Academia Brasileira de Letras, 1955

A penosa travessia do Atântico

21-10-1798 – *"Demos à vela de Lisboa terça-feira, 16 de outubro, e de então até hoje, que é o quinto dia de viagem, um violento enjôo me obstou a que pudesse escrever o meu diário, mas durante os dias da minha moléstia nada aconteceu de notável. Temos navegado com diversos ventos e aproximando-nos quanto*

A HISTÓRIA DO NOVO DIA

Em 1972, os gaúchos começaram a se manifestar para que um erro histórico fosse corrigido: a data de comemoração do Dia da Imprensa, que acontecia no dia 10 de setembro. A primeira pessoa a declarar a incorreção foi o jornalista e pesquisador Raul Quevedo, que em uma ação conjunta com Francisco Riopardense de Macedo, Paulo Xavier e Paulo Copstein, deu início a várias pesquisas para comprovar o fato e levarem ao conhecimento de Alberto André, então presidente da Associação Riograndense de Imprensa – ARI. Mas, naquele momento, o ambiente político do Brasil não era propício devido a ditadura militar.
Em 1996, quando à presidência da ARI, Antônio Firmo de Oliveira, viu que existia uma brecha política, e lançou a campanha de mudança da data de comemoração no dia 1° de junho, data que coincide com a primeira circulação, em 1808, do jornal Correio Braziliense, do jornalista gaúcho Hipólito da Costa. A campanha começou com um ato público no museu que leva o nome do criador do jornal. Firmo de Oliveira faleceu três meses após o lançamento, assumindo o vice Ercy Torma, que levou adiante a causa.
Em 1997, a ARI fez uma minuta sobre um possível projeto de lei e a levou ao deputado Nelson Marchezan, também no Rio Grande do Sul, que abraçou a causa, levando-a para o Congresso Nacional.
Neste momento, o deputado Nelson Marchezan, para se inteirar do assunto, pesquisou vários livros e autores, entre eles o livro *Em Nome da Liberdade*, de autoria do jornalista Raul Quevedo, que conta a saga de Hipólito José da Costa e a biografia Hipólito da Costa:

nos é possível ao rumo de O.N., que, com o abatimento de duas quartas, que agulha Noroeste, fazemos o caminho de O. - Esta manhã apareceu um combói por sotavento de 15 velas que navegava para o N. e que supusemos ser holandês. A latitude e longitude que hoje assento me foi dada pelo Capitão (e a segunda pelo Piloto) porque eu não podia fazer as minhas observações: daqui para diante a conta será minha, e quando for do Capitão lhe porei um C, pondo em P, se for do Piloto – Lat. 37"53. – Long. 13"46 – Lat. 37"59. Long. 13"24." (Diário p.41)

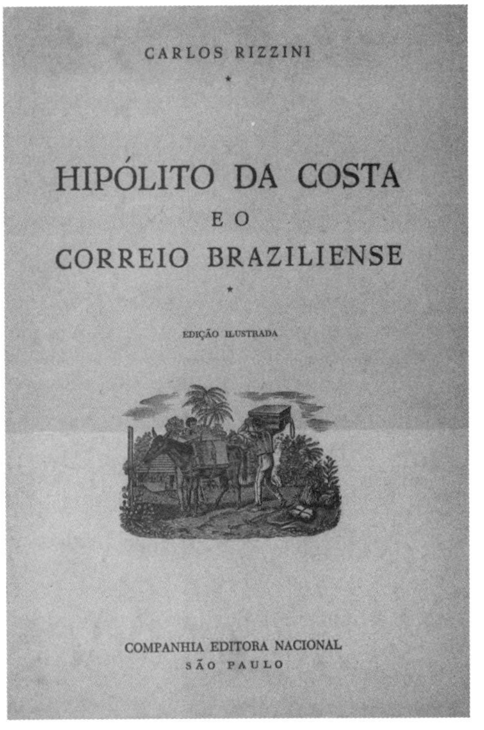

Pioneiro da Independência do Brasil escrita por Barbosa Lima Sobrinho. "Me convenci de que o *Correio Braziliense* era um jornal genuinamente brasileiro, apesar de ter sido publicado na Inglaterra", afirma o deputado.

Com o projeto de lei nº 3.559/97 em mãos, Marchezan ganhou a adesão dos deputados Germano Rigotto, Valdeci Oliveira, Wilson Cignachi, Luís Roberto Ponte, Odacir Klein, Júlio Redecker, Fetter Júnior, Yeda Crusius, Airton Dipp, Adylson Motta, Adroaldo Streck, Jair Soares, Paulo Ritzel e Carlos Cardinal, todos da bancada tucana do Rio Grande do Sul.

Em 1998, a ARI continuou divulgando a campanha e conquistando adeptos em todo o Brasil. "Alguns colegas jornalistas foram contra a mudança da data de comemoração, mas aos poucos eles foram se convencendo da necessidade da correção deste erro, visto que o Dia da Imprensa era festejado em 10 de setembro, quando foi lançado a *Gazeta do Rio de Janeiro*, publicação oficial da Imprensa Régia de D. João VI. Os assuntos deste jornal eram relativos à corte, que havia se instalado provisoriamente no Brasil, fugindo dos exércitos de Napoleão Bonaparte e não era genuinamente brasileiro e imparcial como o de Hipólito da Costa", explica Ercy Torma, presidente da ARI.

Em dezembro de 1998, quando o projeto de lei já tinha sido aprovado pelo Congresso e Senado, Paulo Cabral, presidente da Associação Nacional dos Jornais e diretor presidente do *Correio Braziliense*, interveio junto ao Presidente da República, Fernando Henrique Cardoso, sobre a necessidade da urgência na promulgação da lei.

Depois da tempestade, a bagunça

25-11-1798 – *"Ontem, depois da grande tempestade mudou o vento que era S. para N.O. Esta mudança causou uma grande alteração no mar. O muito balançar do navio, quebrou uma pipa de vinho branco, o que se conheceu, era meia noite, porque a água da bomba cheirava e sabia inteiramente a vinho. Foi o Piloto examinar, e, encontrando a pipa, aproveitaram ainda um barril, porém os marinheiros todos, e mesmo o Piloto furtaram e beberam tanto, que quando fora 4 horas da manhã, não havia nenhum capaz de pegar no leme, nem fazer algum serviço; às 8 horas da manhã, brigaram uns com os outros, – foi notável encontrar eu, dois, atrás da lancha, esmurrando-se um ao outro, com a cara e olhos sumamente ensangüentados, e ao mesmo tempo que um deu sobre o outro um formidável murro sobre o olho este lhe lançou uma grande goldafa de vômito sobre a cara. O navio faz tanta água hoje que trabalham ambas as bombas."* (Diário – p. 50-51)

Marujos famintos

30-11-1798 – "Esta sangradura, e a antecedente, foi muito cheia de névoa bastante escura. Hoje, ao meio dia, os marinheiros todos se apresentaram ao Capitão a pedir-lhe mais mantimento, e mostrando-lhe a carne do jantar, que era muito pouca, ao que ele não deferiu (sumamente vexado e vermelho), dizendo que só tinha a bordo 1½ barrir de carne de vaca e que se não chegássemos breve, por causa do vento, ficariam sem ter que comer a dar-lhe maior porção. Eu não posso deixar de o culpar nisto, porque o ordinário destas viagens são 60 dias (da Europa para a América); ora, devendo ele trazer mantimento para mais do que tempo, obrou tanto pelo contrário que hoje é o 45º dia de viagem, e já não tem mais que um barril, além de que (segundo disse aos marinheiros), pelo regimento dos navios, os capitães são obrigados a não sair porto algum sem ter a bordo mantimento para 6 meses (...) A sua mesquinhez se prova mais, em que o biscoito da câmara está já acabado, sem embargo de se ter comido uma arroba do meu, etc., etc... e há muitos dias." (Diário – p.52-53)

Hipólito José da Costa
Manoel Antonio da Silva Serva
Cipriano Barata
Adolpho Emile Bois Garin
Jerônimo Coelho
João Francisco Lisboa
Tavares Bastos
José Carlos Rodrigues
Rui Barbosa
Gustavo de Lacerda
Roquette Pinto
Assis Chateaubriand
Barbosa Lima Sobrinho
Cásper Líbero
Carlos Drummond de Andrade
Jenny Pimentel
Tarso de Castro
Gilberto Freyre

II

MANOEL ANTONIO DA SILVA SERVA
Primeiro empresário da imprensa

Luiz Guilherme Pontes Tavares

Ensaio publicado pela revista IMPRENSA, n. 159, São Paulo, abril de 2001, p. 53-60

Luiz Guilherme Pontes Tavares - Bacharel em Jornalismo pela Universidade Federal da Bahia. Mestre em Ciências da Comunicação e Doutor em História pela Universidade de São Paulo. Coordenador do Núcleo de Estudo da História dos Impressos da Bahia.

Alfredo Ferreira de Carvalho (1870-1916) atribuiu ao 8° conde dos Arcos, Dom Marcos de Noronha e Brito (1771-1828), governador e capitão general da capitania da Bahia, o decisivo impulso para o comerciante português Manoel Antonio da Silva Serva instalar uma tipografia na Cidade do Salvador.

O governador, que concordava com as diretrizes mais flexíveis do príncipe regente Dom João para a colônia, facilitou os trâmites burocráticos, mas foi o espírito empreendedor de Silva Serva que possibilitou a circulação dos primeiros impressos tipográficos na Bahia a 13 de maio de 1811, data natalícia do príncipe português.

No dia seguinte foi lançado *Idade d´Ouro do Brazil*, pequeno jornal de quatro páginas, o primeiro do Brasil impresso em oficina particular, porém submetido às orientações e limitações oficiais (leia-se adiante a Carta Régia de 05 de fevereiro de 1811 e a Portaria do Conde dos Arcos de 05 de maio do mesmo ano).

Podemos dizer que Silva Serva era do ramo quando recebeu de Dom Marcos de Noronha e Brito apoio para instalar uma tipografia na Bahia. Sua casa comercial ficava na rua de São Pedro, 17. Vendia livros. E ele era, desde 18 de março de 1810, o administrador geral da Real Fábrica de Cartas de Jogar na capitania.

Manoel Antonio instalou a *Typographia* Serva no Morgado de Santa Bárbara, na zona comercial vizinha à Basílica de Nossa Senhora da Conceição da

Praia, na Cidade Baixa, e confiou ao padre Inácio José de Macedo e ao português degradado Diogo Soares da Silva Bivar a revisão de obras e redação dos periódicos. Em 1812, ele publicou As Variedades ou Ensaios de Literatura, a primeira revista cultural brasileira, de breve existência porque não passou de três números circunscritos a dois volumes (o segundo, duplo).

Conforme pesquisas de Renato Berbert de Castro nas bibliotecas e arquivos brasileiros e portugueses localizados no Rio de Janeiro e em Lisboa, Silva Serva viajou quatro vezes ao Rio de Janeiro, entre 1814 e 1819, para negociar assinaturas do Idade d'Ouro do Brazil e impressão de livros na sua tipografia. Viagem de navio, uma semana ou mais, a depender da embarcação e das condições do tempo. Ao chegar no Rio, assim que definia onde se hospedaria, publicava anúncio na Gazeta do Rio de Janeiro, como este de 18 de junho de 1814, ano da primeira viagem:

"Na loja de Manoel Mandillo, se acha á venda hum sortimento de livros que chegarão da Bahia, parte deles impressos na Typographia daquela cidade, outros vindos de Lisboa e Porto, por preços muito cômodos, e se oferece mandar vir toda a qualidade de encomendas deste gênero tanto daquela cidade como de Lisboa."

Em 1816, quando da Segunda viagem ao Rio de Janeiro, Manoel Antonio anunciou na Gazeta dessa cidade (edição de 30 novembro) a presteza dos serviços gráficos de sua tipografia: "qualquer obra principiada se acabará em pouco tempo por estar munido de hum muito grande sortimento de tipos". Na penúltima viagem, em 1818, o anúncio publicado na edição de 31 de outubro na Gazeta do Rio de Janeiro explicita a oferta da assinatura do Idade d'Ouro do Brazil:

"Manoel Antonio da Silva Serva, dono da Typographia da Cidade da Bahia, e chegado a poucos á esta Corte faz publico que tem grande sortimento de livros, por preços muito cômodos, tanto impressos na sua Typographia, como também de outras partes; e quem quiser ser assinante da Gazeta daquela Cidade, pagando por ano $200, dirija-se ao dito, que as remeterá por todas as embarcações, que vierem daquela Cidade, assim como quem quiser imprimir qualquer obra, também da mesma forma dirija-se ao mesmo, morador da rua da Valla, entre a rua de S. Pedro e a das Violas n. 12, e com um letreiro por baixo do seu próprio nome."

Da última visita comercial ao Rio de Janeiro, em meados de 1819, Manoel Antonio não retornou a Salvador. "Morreu cedo (a três de agosto desse ano) o notável empreendedor: não tinha mais de 58 anos de idade", conforme o lamento de Berbert de Castro no final do texto sobre a Typographia Serva.

Alto e gordo

O livro de Cybelle e Marcello de Ipanema (membros do Instituto Histórico e Geográfico Brasileiro) não é extenso, mas enxuto e preciso quanto à pessoa de Manoel Antonio da Silva Serva. Homem operoso – Renato Berbert de Castro identificou cerca de 125 obras impressas por ele entre 1811 e 1819 –, que esbanjava disposição para tocar o seu negócio adiante, era, em 1818, conforme o registro da Independência Geral de Política do Rio de Janeiro, descoberto pelo casal Ipanema, "alto, gordo, rosto redondo, trigueiro e bastante barba". É o que ficou do seu tipo físico, à falta de documentação iconográfica.

Cybelle e Marcelo de Ipanema salientam que em 1814 o empresário Manoel Antonio da Silva Serva encaminhou a Dom João pedido de empréstimo de quatro contos de Réis para expandir os negócios e deu prova de sua capacidade ao juntar impressos de prelo por ele mesmo construído em Salvador. Os Ipanema acrescentam que "o pedido de auxílio do editor da Bahia incluía o desejo de montar uma fábrica de papel, pelo estorvo que sentia à ampliação de trabalhos tipográficos, derivado da escassês de material".

O Idade d'Ouro do Brazil completa em 14 de maio vindouro 190 anos, data que desde 1911 foi consagrada pelo Instituto Geográfico e Histórico da Bahia como o marco da instalação da imprensa no Estado. O centenário da data foi festejado e há empenho para que os 190 anos também sejam, sobretudo para alertar urgências nos preparativos para as comemorações do bicentenário, em 2011. Até lá, quem sabe?, poderemos preencher parte do imenso vazio sobre a história da Imprensa baiana e brasileira. Oxalá!

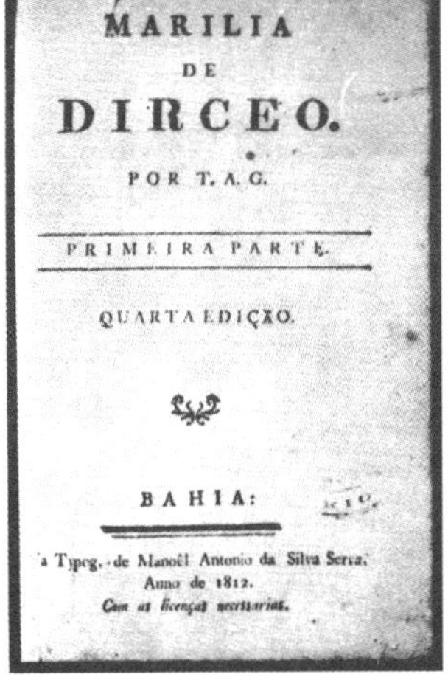

MARILIA
DE
DIRCEO.
POR T. A. G.
PRIMEIRA PARTE.
QUARTA EDIÇÃO.
BAHIA:
Na Typog. de Manoel Antonio da Silva Serva.
Anno de 1812.
Com as licenças necessarias.

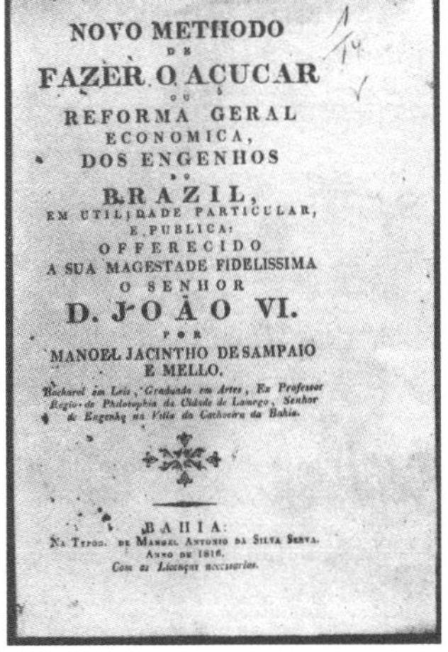

NOVO METHODO
DE
FAZER O AÇUCAR
OU
REFORMA GERAL
ECONOMICA,
DOS ENGENHOS
DO
BRAZIL,
EM UTILIDADE PARTICULAR,
E PUBLICA:
OFFERECIDO
A SUA MAGESTADE FIDELISSIMA
O SENHOR
D. JOÃO VI.
POR
MANOEL JACINTHO DE SAMPAIO
E MELLO.
Bacharel em Leis, Graduado em Artes, Ex Professor Regio de Philosophia da Cidade de Lamego, Senhor de Engenho na Villa da Cachoeira da Bahia.
BAHIA:
NA TYPOG. DE MANOEL ANTONIO DA SILVA SERVA.
ANNO DE 1816.
Com as Licenças necessarias.

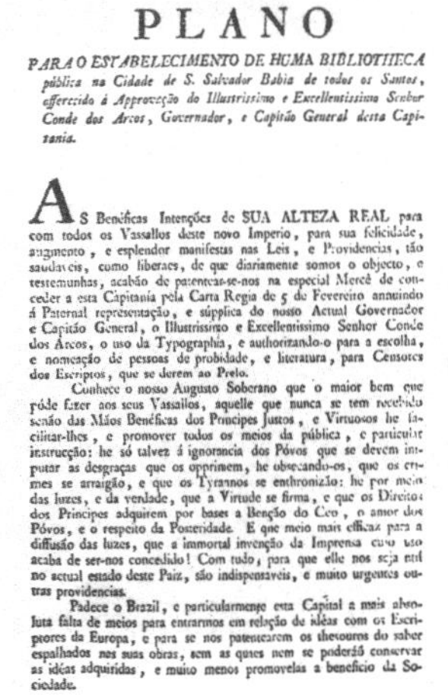

PLANO

PARA O ESTABELECIMENTO DE HUMA BIBLIOTHECA pública na Cidade de S. Salvador Bahia de todos os Santos, offerecido á Approvação do Illustrissimo e Excellentissimo Senhor Conde dos Arcos, Governador, e Capitão General desta Capitania.

AS Benéficas Intenções de SUA ALTEZA REAL para com todos os Vassallos deste novo Imperio, para sua felicidade, augmento, e esplendor manifestas nas Leis, e Providencias, tão saudaveis, como liberaes, de que diariamente somos o objecto, e testemunhas, acabão de patentear-se-nos na especial Mercê de conceder a esta Capitania pela Carta Regia de 5 de Fevereiro annuindo á Paternal representação, e súpplica do nosso Actual Governador e Capitão General, o Illustrissimo e Excellentissimo Senhor Conde dos Arcos, o uso da Typographia, e authorizando-o para a escolha, e nomeação de pessoas de probidade, e literatura, para Censores dos Escriptos, que se derem ao Prelo.

Conhece o nosso Augusto Soberano que o maior bem que póde fazer aos seus Vassallos, aquelle que nunca se tem recebido senão das Mãos Benéficas dos Principes Justos, e Virtuosos he facilitar-lhes, e promover todos os meios da pública, e particular instrucção: he só talvez á ignorancia dos Póvos que se devem imputar as desgraças que os opprimem, he obsecando-os, que os crimes se arraigão, e que os Tyrannos se enthronizão: he por meio das luzes, e da verdade, que a Virtude se firma, e que os Direitos dos Principes adquirem por bases a Benção do Ceo, o amor dos Póvos, e o respeito da Posteridade. E que meio mais efficaz para a diffusão das luzes, que a immortal invenção da Imprensa cujo uso acaba de ser-nos concedido! Com tudo, para que elle nos seja util no actual estado deste Paiz, são indispensaveis, e muito urgentes outras providencias.

Padece o Brazil, e particularmente esta Capital a mais absoluta falta de meios para entrarmos em relação de idéas com os Escriptores da Europa, e para se nos patentearem os thesouros do saber espalhados nas suas obras, sem as quaes nem se poderáõ conservar as idéas adquiridas, e muito menos promovelas a beneficio da Sociedade.

As "servinas" e suas fontes

A Typographia Serva, o jornal Idade d'Ouro do Brazil e a revista As Variedades foram objetos de estudos que, certamente, não esgotaram o tema. Por exemplo, o Pernambucano Alfredo de Carvalho, que deixou inédito (onde estão os originais?) o livro Subsídios para a história do jornalismo brasileiro no século XIX, publicou estudos sobre a imprensa em sua província e na Bahia. Ele dedicou a maior parte da introdução do seu Annaes da Imprensa da Bahia (Salvador: Instituto Geográfico e Histórico da Bahia. 1911) à Typographia Serva e seus primeiros produtos, cuidando de registrar os autores que o precederam nesses trabalhos.

Há, no entanto, estudos mais recentes, aos quais nos apegaremos, sobretudo A primeira imprensa da Bahia e sua publicações. Tipografia de Manoel da Silva Serva, 1811-1819, do bibliófilo baiano Renato Berbert de Castro, publicação patrocinada pelo Governo do Estado da Bahia em 1969; A tipografia da Bahia. Documentos sobre suas origens e o empresário Silva Serva, do casal Cybelle e Marcello de Ipanema, publicado no Rio de janeiro pelo Instituto de Comunicação Ipanema em 1977; e A primeira gazeta da Bahia: Idade d'Ouro do Brazil, da historiadora Maria Beatriz Nizza da Silva, co-edição da Cultrix (São Paulo) e Instituto Nacional do Livro (Brasília), volume 1 da coleção Brasil através dos textos, publicado em 1978.

Idade de ouro

Primeiro jornal que apareceu na Bahia, em 14 de maio de 1811, tinha as dimensões de 10x17 cm., era redigido pelo emigrado português Bacharel Diogo Soares da Silva Bivar e pelo Padre Ignácio José de Macedo. Aparecia às terças e sextas-feiras, custava a assinatura anual 8$000 e o número avulso 60 rs. No meio do título trazia um clichê com as armas de Portugal e mais abaixo, depois da data, ao lado direito os versos de Sá de Miranda:

Falai em tudo verdades
A quem em tudo as deveis

No livro Ordens do Governo, existente no arquivo público da Bahia, encontramos, à folha 133 v., a portaria n. 2, que abaixo transcrevemos:

– *"Ao Redator da Gazeta da Bahia".*

– *Idade do Ouro – Regras que deve Ter em vista: Deverá a Idade de Ouro*

Em linhas gerais cabe acrescentar que enquanto os livros de Renato Berbert de Castro e do casal Ipanema dialogam e se complementam, resultado de respeitosa relação intertextual dos pesquisadores cariocas o trabalho da historiadora Maria Beatriz Nizza da Silva estuda o conteúdo da *Idade d´Ouro do Brazil* e sentencia que o empresário e, após sua morte, a sua viúva, foram leais todo o tempo à Coroa portuguesa. De modo que o fim do periódico coincide com a independência do Brasil na Bahia em 1823.

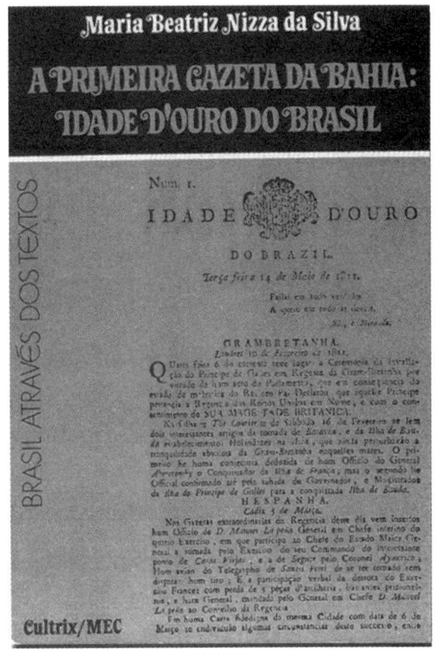

Acrescente-se aos trabalhos citados, o capítulo "A primeira revista brasileira (1812)" da Contribuição à história da imprensa brasileira, do historiador Hélio Vianna, livro publicado no Rio de Janeiro pela Imprensa Nacional em 1945. O mérito deste estudo é seu veredicto sobre a primazia de As Variedades em relação a O Patriota, também de natureza cultural, publicado no Rio de Janeiro em janeiro de 1913.

Nas 22 páginas que o autor destinou ao tema, há o perfil de Diogo Soares da Silva Bivar, principal redator da revista. Formado em Direito pela Universidade de Coimbra, Bivar foi degradado para o Brasil sob a acusação de jacobinismo, e, após viver na Bahia, onde atuou como jornalista e censor, foi para o Rio de Janeiro, aderiu às lutas pela independência, e deu andamento à sua carreira de advogado.

publicar todos os Decretos Ministeriais e Econômicos; cujo conhecimento convém publicar, discorrendo que deflui das disposições e medidas que neles se contém. Deverá contar as noticias.

Políticas, sempre da maneira mais singela, anunciando simplesmente os fatos, sem interpor qualquer reflexão, que tendam direta ou indiretamente a dar qualquer inflexão à opinião pública. Sempre que a escassez de notícia deixe na folha um espaço disponível, ocupar-se, publicando alguma descoberta útil, e particularmente as artes, discorrendo sobre bons e polidos costumes nas nações, e explicando não só como o caráter nacional ganha em consideração no Mundo pela adesão ao seu governo e à religião, mostrando graça em quanto tem perdido naquela consideração todas as Nações, que se deixarem despegar do Governo e Religião de seus países. Deverá finalmente a Idade d´Ouro fazer menção dos despachos civis e militares, particularmente desta Capitania; e escrever os avisos que forem remetidos ao seu Redator, convenientes à maior facilidade e viveza do comércio. Bahia, 5 de maio de 1811. – Conde dos Arcos". A Idade de Ouro viveu até 24 de junho de 1923, tomando parte ativa nas lutas da Independência, contra os brasileiros.

CARTA RÉGIA DE 5 DE FEVEREIRO DE 1811

Conde dos Arcos
Governador e Capitão General da Capitania da Bahia

Amigo:

Eu o Príncipe Regente vos envio muito saudar, como aquele que amo.

Sendo Me presente a vossa Representação de vinte e quatro de Dezembro do ano passado, sobre o Requerimento de Manoel Antônio da Silva Serva, negociante dessa Praça, que pretende estabelecer nela uma tipografia para a qual tem já prontos os caracteres, prelos, e mais úteis necessários afim de imprimir todos os escritos que lhe apresentarem com as competentes, e precisas aprovações, e faculdades, e reimprimir os que já correm impressos; e desejando promover e adiantar o estabelecimento de todas as Artes e Manufaturas neste Estado para prosperar a Industria Nacional, por cujo motivo já houve por bem levantar as proibições, que existiam, promulgando o Alvará de primeiro de Abril de mil oitocentos e oito; e tendo a Tipografia, além desta razão geral e comum a todas, e especial, e muito vantajosa da utilidade, que o bem público resulta de se difundirem, e derramarem os conhecimentos humanos, facilitando-se assim o estudo de todas as Ciências, e Arte, e de todo o gênero de literatura; e tornando-se por este meio os meus fiéis Vassalos mais dignos, e úteis a Pátria, a si, e aos seus concidadãos, e mais capazes de concorrer para a pública felicidade; sou servido facultar ao referido Manoel Antônio da Silva Serva a necessária permissão de estabelecer a Tipografia que pretende erigir com a denominação de Serva: e atendendo a que suposto não convenha acanhar, e restringir as produções do espírito, e entendimento, estancando o progresso das Ciências e Literatura com toda a liberdade ilimitada de pensar, e de escrever pode perverter o espírito público, e corromper a moral, e os costumes, estabelecendo máximas prejudiciais a cada um dos meus fiéis Vassalos, e ao sossego, e pública tranqüilidade; e querendo facilitar o trabalho, e adiantamento da referida Imprensa, ei outro sim por bem, que nenhum manuscrito se possa imprimir, ou qualquer Livro reimprimir nesta Tipografia sem licença vossa, de acordo com o Reverendo Arcebispo dessa Diocese, a qual não será concedida sem o primeiro senão revistos e aprovados por censores, que julgasses capazes por seus conhecimentos, e probidade, e o Reverendo Arcebispo dentre os eclesiásticos de avantajado saber, e bem morigerados costumes; e quando aconteça não ser o vosso parecer conforme com o do Prelado prevalecerá o dele nas matérias Teológicas, e Eclesiásticas, e o vosso em todas as outras. E vos regularei ambos, e os censores pelas regras ampla, e circunstanciadamente estabelecidas no Alvará de 17 de dezembro de 1794 em todos os exemplares o último despacho de permissão concedida para a imprensa, a qual nunca concedereis para se reimprimir se houver privilegio exclusivo facultado ao primeiro Editor. O que cumprires com zelo, e honra com que vos empregas no meu real serviço, e como convém em negocio em que tanto interessa o bem público, e a tranqüilidade, e a prosperidade dos meus fiéis Vassalos. Escrita no Palácio do Rio de Janeiro, aos cinco de fevereiro de mil oitocentos e onze.

Príncipe

Cumpra-se e registre-se, expedindo-se as ordens necessárias.

Bahia, 1 de Abril de 1811

Conde dos Arcos

Obras Servinas

É do bibliófilo Renato Berbert de Castro a criação do neologismo servina para identificar as obras impressas pela *Typographia* Serva, que ele estudou e catalogou. Porém, em vida, Renato publicou apenas a primeira parte do trabalho, com o que obteve o Prêmio Wanderley Pinho, da Secretária de Educação e Cultura do Governo do Estado da Bahia, em 1968. O volume foi lançado em três de agosto de 1969, quando o sesquicentenário de morte (1819) de Manoel Antonio da Silva Serva foi lembrado pelo Conselho Estadual de Cultura com exposição de impressos da primeira tipografia baiana.

O livro de Renato Berbert de Castro cobre a história da tipografia e comenta os seus impressos, da criação até a morte da Silva Serva. Na introdução, Renato anuncia: "em obra posterior, veremos a história e quais os impressos que chegaram ao nosso conhecimento das seguintes oficinas: Tipografia da Viúva Serva, e Carvalho; Tipografia da Viúva Serva, e Filhos; Tipografia da Viúva Serva; Tipografia Imperial e Constitucional de José Antônio da Silva Serva, na ilha de Itaparica, quando a Cidade do Salvador se encontrava em poder dos revolucionários da Sabinada; Tipografia Imperial e Constitucional da Viúva Serva e Comp., e Tipografia de Manoel Antônio da Silva Serva, filho como José Antônio, do introdutor da imprensa na Bahia". Renato Berbert de Castro concluiu o texto prometido, mas continua inédito.

A Typographia Serva foi a terceira instalada no Brasil. Antecederam-lhe a de Antônio Isidoro da Fonseca, em 1747, no Rio de Janeiro, que não prosperou por causa da proibição imposta pela Coroa portuguesa, e a Impressão Regia, que Dom João criou no Rio de Janeiro em 13 de maio de 1808. A primeira tipografia baiana publicou o segundo jornal impresso no Brasil. Antecede *Idade d´Ouro do Brazil*, a Gazeta do Rio de Janeiro, de setembro de 1808. O Correio Braziliense, de Hipólito José da Costa, antecede os dois outros, porém foi impresso em Londres.

Idade d´Ouro do Brazil circulava às terças e sextas-feiras, ou em edições extras. O formato inicial foi o in-4° (mais ou menos 16x22 centímetros, segundo ensina o mestre Emanoel Araujo em *A Construção do Livro*) – crescendo depois para o infolio (mais ou menos 22x32). Estampava no frontispício, além do nome, as armas da Coroa portuguesa e o dístico "Falai em tudo verdades. A quem em tudo as deveis", do poeta português Sá de Miranda (1481-1558).

Nas breves linhas que Nelson Werneck Sodré dedicou-lhe no clássico A história da Imprensa no Brasil (volume 51 da coleção "Retratos do Brasil", Rio de Janeiro: Civilização Brasileira, 1966), ele informa que o exemplar custava 60 Réis e a assinatura anual, 8$000. Silva Serva penou para manter a publicação do Idade d´Ouro do Brazil, e não raro exibiu anúncios suplicando o pagamento e a renovação de assinaturas.

Manoel Antonio da Silva Serva
Cipriano Barata
Adolpho Emile Bois Garin
Jerônimo Coelho
João Francisco Lisboa
Tavares Bastos
José Carlos Rodrigues
Rui Barbosa
Gustavo de Lacerda

CIPRIANO BARATA
Símbolo do jornalismo panfletário

Marco Morel

Ensaio publicado pela revista IMPRENSA, n. 157, São Paulo, fevereiro de 2001, p. 73-80.

Marco Morel - Bacharel em Jornalismo e Mestre em História pela Universidade Federal do Rio de Janeiro. Membro do Comitê Nacional da Rede Alfredo de Carvalho. Professor do Departamento de História da Universidade Estadual do Rio de Janeiro.

Cipriano José Barata de Almeida (Salvador, 1762 - Natal, 1838) foi uma das figuras mais impressionantes da época da "fundação" do Brasil: desde a crise do sistema colonial em fins do século XVIII, passando pela independência nos anos de 1820 e pelas lutas de construção do Estado nacional dos anos de 1830. Teve presença marcante na cena pública, sobretudo através da imprensa. Nessa primeira geração de jornalistas brasileiros, ele se destaca como defensor intransigente da liberdade de expressão, pagando duro preço por isso, trancafiado em cárceres coloniais, imperiais e regenciais. Chamado de "Campeão da Liberdade" por admiradores e odiado pelos adversários, foi um personagem que resolveu grandes políticas e acabou tendo trajetória desviante entre os chamados "pais fundadores da pátria".

O "desvio" de Cipriano Barata prolongou-se na memória histórica. Uma comparação explica melhor seu destino póstumo. O alferes mineiro Joaquim José da Silva Xavier e o bacharel baiano Cipriano José Barata de Almeida, ambos envolvidos nas chamadas Conjurações de fins do século XVIII. Tiradentes, como se sabe, não era famoso nem tinha grande projeção no mundo político e cultural e ensaiava suas primeiras articulações quando foi detido. Com o passar do tempo, sobretudo a partir da construção de uma memória republicana e nacional, foi erigido em mito fundador, em pai da pátria, em mártir, símbolo e precursor da independência, sobretudo em termos de Sudeste do Brasil, mas também nacionalmente.

Quanto a Cipriano, desenvolveu trajetória inversa: de mito passou a ser quase um "joão-ninguém". Em vida, sobretudo nos anos de 1820-1830, era muito combatido, perseguido, mas também idolatrado. É possível encontrar referências a ele em jornais, seja da Bahia, de Pernambuco, do Rio de Janeiro, Minas Gerais, Pará, Rio Grande do Sul como "glorioso mártir", "Campeão da Liberdade" (esse era o mais repetido), "um dos primeiros lutadores da nossa independência", "Imortal Barata". São dezenas e dezenas de panfletos, artigos, cartas, poemas e até mesmo hinos de exaltação feitos por contemporâneos dele. Hoje em dia, trata-se de um personagem ainda pouco conhecido.

Em sua atividade, Cipriano defendeu o direito de participação da mulher na vida política, combateu o militarismo, pregava um emancipacionismo gradual da escravidão (ele mesmo sempre possui alguns escravos domésticos), defendia ardorosamente o federalismo e a descentralização de poderes no Brasil e, como bom orador, impregnava seus textos escritos de uma inflamada paixão oralizante – uma das características de seu jornalismo, visivelmente escrito para ser lido também em voz alta. Polemizou com personalidades como José da Silva Lisboa (visconde de Cairu) e Evaristo da Veiga, revelando, assim, uma identidade política específica, o chamado Liberalismo Exaltado. Apresentava-se em manifestações públicas "com uma ramo de café nas mãos, vestindo de casaca preta de algodão da terra e chapéu de palha" sobre os longos cabelos brancos, tornando-se personagem carismático, que comunicava-se também pela roupa, numa verdadeira dimensão política da cultura das aparências.

Figura exponencial na "fundação" do Brasil, mas convertido em "joão-ninguém" pela História hegemônica

Formado em Filosofia pela Universidade de Coimbra (colega de José Bonifácio), Cipriano foi denunciado à Coroa portuguesa e à Inquisição como subversivo em 1798, ficando mais de um ano na cadeia. Anos depois foi um dos que tentou instalar a República de 1817 na Bahia, sem sucesso, mas lutou pela anistia aos presos pernambucanos do movimento. Participou da deposição do capitão general da Bahia em 1821, sendo eleito deputado para as Cortes de Lisboa, de onde acabou fugindo clandestinamente por apoiar a independência do Brasil. Estréia no jornalismo aos 60 anos, Pernambuco, iniciando a sua série de famosas *Sentinelas da Liberdade*, que encontrou tantos seguidores. Preso durante quase todo o primeiro reinado por ordem de D. Pedro I, foi um dos civis que mais conheceu prisões militares no Brasil. Após sete anos encarcerado, em 1831 passa alguns meses de liberdade e é novamente detido, na Bahia, acusado de tramar um movimento republicano com levante de escravos. Nova peregrinação por prisões e fortalezas de onde, eventualmente, conseguia publicar seu jornal. Candidato a Senador por Minas Gerais, Bahia e Paraíba, candidato a Regente em 1835, Cipriano, perseguido e na pobreza, morre no Rio Grande de Norte – onde até o local de seu túmulo desapareceu.

Entre os descendentes de Cipriano Barata formou-se verdadeira linhagem política republicana: Cândido Barata Ribeiro, seu neto, primeiro Prefeito do Distrito Federal (Rio de Janeiro) na República e Agildo Barata, um dos líderes da rebelião comunista de 1935, seu trineto.

As idéias polêmicas de Cipriano Barata

A liberdade de imprensa

"Deve, pois ficar sentado, como dogma da nossa santa fé política, que a liberdade de imprensa não deve ser tocada, ou interrompida por censura prévia, ou qualquer embaraço que possa ser inventado, debaixo de qualquer pretexto que a malícia humana excogite; e, outrossim, deve ficar sentado, e decididamente determinado pelo povo, não aceitar Constituição, seja ela qual for, sem conter e encerrar como parte essencial a liberdade de imprensa plena ou quase plena". (1823)

"A imprensa no Rio de Janeiro está sufocada, e não tem liberdade alguma, e, segundo as notícias, ninguém pode escrever, porque senão perseguem por escritos, prendem-no pela Política, pois ali não há segurança de pessoa: os Ministros vão pondo tudo como no tempo antigo(...)". (1823)

"Toda e qualquer Sociedade, onde houver imprensa livre, está em liberdade; que esse Povo vive feliz e deve ter aumento, alegria, segurança e fortuna; se, pelo contrário, aquela Sociedade ou Povo, que tiver imprensa cortada pela censura prévia, presa e sem liberdade, seja debaixo de que pretexto for, é povo escravo, que pouco a pouco há de ser desgraçado até se reduzir ao mais brutal cativeiro". (1823)

O imperador D. Pedro I

"Sendo o Imperador Generalíssimo, sempre há de impor com as armas e suplantar o Congresso, o qual, aterrado, nunca fará coisa boa que seja, e nada disto nos convém para vivermos tranqüilos." (1823)

"O nosso Imperador é brasileiro, e é criado Imperador Graça dos Brasileiros. (...) Imperador só é, por eleição, ou espontânea vontade, e escolha dos Brasileiros, chefe do Poder Executivo, isto é, Delegado do Povo ou da Nação". (1823)

"Traidores, que ainda parecem esperar pelo Demônio do Brasil, ex-Imperador D. Pedro I, não obstante ser este um monstro assassino e crudelíssimo traidor, adúltero forçador de casadas, chefe dos crapulosos, ladrão insaciável, ímpio, perjuro, hipócrita, modelo de vício da torpeza, mais do que os janízaros de Constantinopla, tirano feroz, escravizador do Brasil, enfim, Demônio que apenas pode ser comparado a ele só, etc." (1832)

Idéia de Revolução

"Em uma Revolução o povo reassume a sua autoridade e os seus Direitos imprescritíveis e destrói o seu Governo aniquilando os Reis, as Leis, e tudo velho para criar tudo novo, segundo sua Soberana Vontade." (1823)

"...certamente muito necessário criar já muitas guerrilhas e fazer ajuntar as que estão dispersas: porque o estado das estradas, matas, brejos, rios, gargantas, desfiladeiros, areais, caatingas e outras muitas dificuldades do País, fazem com que só com guerrilhas se possa fazer sua defesa. As guerrilhas são pequenas companhias de caçadores espalhadas em perpétua emboscada; senhores do País, acostumados a ele, e por isso mais capazes de o defender e socorrer; cada um em seu particular Sítio ou lugar, sem fazer grande marcha; em uma palavra, com as valentes guerrilhas de Pernambuco fica salva a Província; e ninguém pode dar nela um passo sem encontrar a morte em cada palmo de terra" (1823)

"Quando um povo resiste com afincamento, persuadido que só com a resistência (Direito imprescritível) se pode salvar do despotismo, o sangue corre, mas a pátria e os direitos do homem social triunfam." (1823)

Desigualdades sociais

"Não receberei anúncios sobre venda e fugas de escravos; minha Gazeta não é leilão, nem capitão-do-mato." (1831)

"Falamos frente ao orgulho pérfido dos Aristocratas que desejam ser escravos de um Déspota, contanto que possam ter privilégios; foros, isenções para iludirem as Leis, governarem e desfrutarem os cômodos da Sociedade, e para que fiquem conservando para sempre uma parte do Gênero Humano sua Escrava, a fim de terem o nome de Senhores e despedaçarem cruelmente em açoites até os filhos do seu próprio sangue (...) A Constituição deve ser em benefício de todos os Entes da nossa Espécie, seja qual for a cor com que Deus os tenha criado." (1832)

"O meu pensar é de um filósofo; mas longe de apoiar república com levantamento e liberdade dos Escravos, lembro que se deve fazer lei a bem dos Cativos em geral e ver se podemos exterminar a escravidão dentro de 30 anos, e quero que se principie pelos nascidos no Brasil, porque me parece que esta última parte até poderia ser feita com os dinheiros públicos, pouco a pouco." (1831)

"O verdadeiro e único fidalgo é o filósofo patriota, ou lavrador, o negociante e o artista produtores e verdadeiramente úteis; em verdade, um carpina e pedreiro que edificam casas são mais úteis e necessários do que um Conde; qualquer ferreiro e sapateiro é mais útil do que um Marquês." (1835)

República

"Contudo, é preciso que se advirta que os Governos Republicanos também existe Aristocracia." (1834)

"Nas monarquias os Sábios só podem conseguir alguma coisa sendo de espírito baixo e servil, e de todo sujeito aos Déspotas(...). Na República temos aqueles com inclinação e talentos para os estudos e letras, fazendo-se notáveis pelas ciências, e adquirindo por elas honra e fama." (1834)

Jornalismo patriótico: pioneirismo

Fernando Segismundo*

"Cipriano Barata não era estranho a tão decisivos acontecimentos (a independência do Brasil). Muito ao contrário. Ora participando em pessoa das agitações de rua, ora redigindo jornais inflamados, sua passagem notabiliza-se no cenário nacional.

*Ex-Presidente da Associação Brasileira de Imprensa.

Por essa época, opera-se fundamental mudança em suas atividades políticas. O parlamentar que até ali tivera os movimentos tolhidos pelas formalidades do cargo, o agitador que até então se valera das comissões secretas ou dos clubes acanhados para dar expansão ao seu patriotismo, passa a utilizar-se de um veículo mais amplo, de penetração mais funda: a imprensa.

De volta à Pátria, é através do jornalismo que se fará sentir sua atuação. Inicia a vida de imprensa propriamente dita em 1823 (...). Estréia aos 60 anos na *Gazeta Pernambucana*, fundada por Manuel Clemente do Rego Cavalcanti e redigida pelo padre Venâncio Henriques Rezende. No dia 9 de abril, de 1823. Apareceu o primeiro número da Sentinela da Liberdade na Guarita de Pernambuco, que escreveu juntamente com a Gazeta. A Sentinela circulou até novembro desse ano, quando seu redator foi preso, apesar das imunidades parlamentares de que era portador.

O legado de Cipriano Barata segundo os historiadores

"Para se ter uma idéia da popularidade de Barata em Pernambuco, basta registrar que a sua prisão provocou protestos veementes. Houve, na província, como que um levante de broquéis. A Comarca de Goiana se rebelou e foi recebendo, de imediato, a adesão de outras Comarcas do interior de Pernambuco".

Barbosa Lima Sobrinho

"Cipriano José Barata de Almeida é uma figura pouco lembrada na história revolucionária do Brasil. É, entretanto, uma de suas maiores expressões, porque em sua longa vida não teve um momento de descanso, dedicando às lutas populares todas as suas energias e seu grande talento."

Caio Prado Júnior

"Figura extraordinária de agitador, que encheu uma época inteira, a do processo de independência justamente, Cipriano Barata aguarda ainda a justiça da História. Nativista radical, estava no número daqueles que punham a liberdade em primeiro lugar."

Nelson Werneck Sodré

"Em Cipriano Barata resumia-se a voz popular, a grande voz inarticulada da multidão."

Luís da Câmara Cascudo

"Político e ideólogo de estilo panfletário, representa Cipriano Barata o momento de fundação do liberalismo radical no Brasil. É, portanto, o precursor de Frei Caneca."

João Alfredo de Sousa Montenegro

Ambos esses periódicos alcançaram grande repercussão. Impetuoso e combativo, Cipriano imprimia-lhes suas convicções republicanas e a antipatia que votava aos lusitanos.

José Bonifácio, seu antigo companheiro nas Cortes, combatia-o tenazmente. Cipriano opusera-se à instauração em Pernambuco duma seção do Apostolado da Nova Ordem dos Cavaleiros da Santa Cruz – sociedade secreta que congregava os políticos mais reacionários da Corte: palacianos, funcionários do Estado, eclesiásticos, negociantes, fazendeiros, em oposição aos liberais, denominados pedreiros-livres e autonomistas.

(...) Além do mentor principal do Apostolado, eram inimigos de Cipriano Barata os portugueses e os defensores destes, como a Junta Governativa Provincial de Pernambuco, que acabaria por prendê-lo.

A mando dos governistas soldados rasgavam-lhe as folhas. Pasquins manuscritos, de procedência lusa e oficiosa, declaravam-no destruidor perpétuo de Pernambuco.

No Rio repercutiam suas atividades. Na sessão de 4 de novembro da Assembléia Constituinte, o deputado Francisco Muniz Tavares pronunciou violento libelo contra ele.

(...) A imprensa representava papel dos mais salientes nos acontecimentos políticos. Fundada havia poucos anos, sua exuberância como que pretendia justificar o tempo anteriormente perdido.

Cipriano Barata narra suas próprias lutas

"Não era minha intenção, ó adorada Pátria, pegar mais nunca na pena, para apresentar ao Público uma só idéia pela imprensa a respeito dos negócios do Brasil. Eu tenho sido arrastado aleivosamente e sem culpa, por calabouços e masmorras; tenho estado quase sufocado pelo ar corrupto e ardente de abóbadas sepulcrais; e a falar verdade, quase tenho sido primeiramente enterrado do que morto, eu, torno a repetir, tenho vivido longo tempo fora da comunicação dos humanos, desterrado, peregrino e arrancado da minha família, quase cego, atribulado, e com a pele sobre os ossos; eu finalmente tenho lutado perto de sete anos com a intriga, ódio, vingança e tirania, e a bem dizer com a morte, e tudo só por haver publicado gazetas em defesa de teus direitos, Independência e Liberdade, ó Pátria! Portanto, eu tinha sobejos motivos para por mordaça eternamente ao meu pensamento e boca: em verdade era de esperar que me não lembrasse de sair outra vez como soldado da Liberdade, a fazer sentinela a bem de cidadão ingratos e cruéis; isto é resolução mui natural ao homem e a todo o vivente perseguido, mas enfim o amor do meu país deu batalha e venceu meu coração, vista a perigosa crise que nos ameaça." (escrito em outubro de 1830, depois de sete anos de prisão)

"Finalmente toco no túmulo do dia 13 de abril, em o qual assassinado um negociante português e outro brasileiro, o povo, irritado contra a artificiosa morosidade do governo, pegou em armas para vingar o patrício, e fez grandes estragos e matou mais de vinte Marotos (este número na gazeta foi errado). Neste tumulto em que entravam os soldados, o povo armado e furioso injuriou o ex-Comandante das Armas e o ameaçou: o qual mandando-me rogar e chamar para que eu fosse acomodá-lo; aconteceu que chegando eu com um ramo de café nas mãos, vestido de casaca preta de algodão da terra e chapéu de palha, com breve discurso o serenei, livrando a Cidade baixa dos arrombamentos preparados e mesmo do incêndio que estava iminente; o povo segui-me pacífico cantando como filhos atrás de um Pai carinhoso e bradou contra o Governo; (escrito em abril de 1831, às vésperas de ser novamente preso).

(...) Expirou, mas não se extinguiu Cipriano José Barata de Almeida. Seus exemplos de pugnacidade, desprendimento, amor ao povo e fervor patriótico recolheram-no, ainda em sua vida, jornalistas e batalhadores como Vicente Ferreira Lavor, o periodista da Cabanagem; Borges da Fonseca, O Repúblico, e Abreu e Lima, redator do Diário Novo dos praieiros.

Mais tarde, nas campanhas da Abolição e da República, ei-lo ressuscitado nas penas fulgurantes de Joaquim Serra, Alcindo Guanabara, Lúcio de Mendonça, Ferreira de Menezes, Saldanha Marinho, Tavares Bastos, Quintino Bocaiúva, Ferreira de Araújo, José do Patrocínio e Rui Barbosa.

Hoje, no instante em que o Brasil se encontra, de novo, assoberbado por tremenda crise econômica e política, tendo, de um lado, o estrangeiro a asfixiá-lo, e, de outro, filhos degenerados a acometerem contra o regime democrático, porfiando por liquidar as liberdades públicas, é para figuras imortais como Cipriano Barata que nos voltamos, ao retemperar energias para o combate decidido a um e outro desses grupos, em prol duma Pátria livre, soberana e progressista.

O panfletário visto pelos seus contemporâneos

Textos transcritos em *Sentinela da Liberdade: presença de Cipriano Barata (1762-1838) no processo de independência do Brasil*, de Marco Morel. Dissertação de Mestrado em História do Brasil, Departamento de História, Instituto de Filosofia e Ciências Sociais, Universidade Federal do Rio de Janeiro (UFRJ), outubro de 1990.

"Cipriano José Barata de Almeida, por desgraça do Brasil e unânime aclamação dos anarquistas, Imperador do Brejo de Areia e destruidor perpétuo de Pernambuco etc". **Panfleto anônimo que circulou em Recife em 1823**

"Continuava o ex-deputado Barata sempre em Pernambuco, escrevendo e tratando de agitar o povo." **Francisco Adolfo de Varnhagen, visconde de Porto Seguro**

"Vemos que conta o Doutor Barata se revoltou o Comércio inglês e português, só porque ele ousou ferir ao monopólio da Nova Alvion vestindo-se de pano todo fabricado na Bahia". **Nova Sentinela da Liberdade, Salvador, 1831**

"A inesperada prisão do denotado patriota Cipriano José Barata! Prisão mais indigna! O pobre e honrado Velho, o proto Campeão das Liberdades da nossa Pátria! O imortal! Barata!". **Nova Luz Brazileira, Rio de Janeiro, 1831**

"Barata Novamente Sentenciado!!!

BRASILEIROS aí tendes o último desengano do atual sistema de perseguição! Aí tendes a última prova do que seja essa fingida MODERAÇÃO! BARATA... Honradíssimo Barata... O Herói do Brasil – com que dor o dizemos – foi sentenciada a 10 anos de prisão com trabalhos, ou por outra, a 10 anos e mais a Sexta parte desse tempo, por não haverem trabalhos! Céus! Já não possui raios? Providências! Já não velais sobre os destinos dos Justos?" **(Jornal O Por-tacollo, Salvador, 1832.)**

"Alerta! Imortal Barata, eu te invoco! Ah! Que teu zelo ardente me inflame as veias, e teu admirador, teu discípulo, despertarei o patriotismo, que adormecido parece achar-se nos corações Brasileiros, mostrar-lhes que não podem, não devem sofrer sem humilhar-se, sem descer da ignóbil condições de escravos a homens! Maldosos absolutistas, homens perversos, tremei! Vossas maquinações vão tornar-se mitos, um novo Barata vai gritar o alarme no Rio de Janeiro!" **(Sentinela da Liberdade do Rio de Janeiro, de 1832, redigido pelo médico Joaquim Soares Cândido Meireles)**

Jornalismo encarcerado: As "Sentinelas" de Cipriano Barata

✦ Sentinela da Liberdade na Guarita de Pernambuco, Recife, Tipografia Cavalcante e Cia., abril – novembro de 1823.

✦ Sentinela da Liberdade na Guarita de Pernambuco, atacada e presa na Fortaleza do Brum por ordem da Força Armada reunida, Recife, Tipografia Cavalcante e Cia., novembro de 1823.

✦ Sentinela da Liberdade – hoje na Guarita do Quartel General de Pirajá, na Bahia de Todos os Santos. Alerta! Salvador, Tipografia do Baiano, outubro de 1830 – abril de 1831.

✦ Sentinela da Liberdade na Guarita do Quartel General de Pirajá, hoje presa na Guarita de Villegaignon no Rio de Janeiro., s.i., 1831.

✦ Sentinela da Liberdade na Guarita do Quartel de Pirajá, hoje presa na Guarita da fragata "Niterói" no Rio de Janeiro, Rio de Janeiro, s.i., 1832.

✦ Sentinela da Liberdade na Guarita do Quartel de Pirajá, mudada despoticamente para o Rio de Janeiro e de lá para o Forte do Mar da Bahia; donde generosamente brada ALERTA!!!, Salvador, s.i., 1834.

✦ Sentinela da Liberdade em sua primeira Guarita, a de Pernambuco, onde hoje Brada Alerta!, Recife, Tipografia de Pinheiro e Faria e Tipografia de M.M. Viana e Cia., 1834-1835.

Manoel Antonio da Silva Serva
Cipriano Barata
Adolpho Emile Bois Garin
Jerônimo Coelho
João Francisco Lisboa
Tavares Bastos
José Carlos Rodrigues
Rui Barbosa
Gustavo de Lacerda
Roquette Pinto
Assis Chateaubriand

ADOLPHO EMILE BOIS GARIN
Vítima alagoana da perseguição à imprensa

Rossana Gaia

Ensaio publicado na Revista Imprensa, nº 163 de agosto de 2001.

Rossana Gaia - Bacharel em Jornalismo e Especialista em Literatura Brasileira pela Universidade Federal de Alagoas. Mestre em Educação pela Universidade Federal da Paraíba. Doutoranda em Letras na Universidade Federal de Alagoas. Professora de Teoria da Comunicação no Centro de Educação Tecnológica (CEFET) de Maceió – Alagoas.

O primeiro jornal do qual se tem registro em Alagoas é o *Iris Alagoense*. O surgimento deste jornal pioneiro ocorreu em 1831 e foi impresso na Bahia. Mas desde 1822 existiam tentativas oficiais, por parte da Junta do Governo de Alagoas, no sentido de implantar uma tipografia pública. A idéia, contudo não avançou.

A grande motivação do jornal pioneiro foi a mesma que move, até os dias atuais, a maioria dos lançamentos jornalísticos: a política. Esse órgão da Sociedade Patriótica de Maceió apresentava-se como "político, literário e mercantil". Para ser possível a autonomia na impressão, a entidade proprietária comprou, em Recife, as primeiras máquinas tipográficas para Alagoas.

Entrava em cena o problema crucial da iniciativa: a falta de mão-de-obra especializada para garantir o funcionamento da empresa. Um francês que atuava em Recife, Adolphe Emile de Bois Garin, foi convidado para implantar este novo ofício em Maceió. Ele veio acompanhado de Prosper Chenavaux e Charles Vivard.

Bois Garin trazia a experiência de redator do periódico recifense Espelho das Brasileiras, cujo primeiro número saíra em 1831. No Iris Alagoense, ele passa a acumular a função de único redator com a de administrador. O impressor alemão Carl Eduard Muhlert foi o responsável pela montagem desse primeiro prelo no Estado de Alagoas.

O Iris Alagoense teve vida breve, extinguindo-se com o exemplar n° 50, de 18 de fevereiro de 1832. Quatro dias depois, nascia com novo nome: O Federalista Alagoense, que circularia até 1836. Assumiram sua redação o Padre Afonso de Albuquerque Melo – considerado o primeiro jornalista alagoano – e o pernambucano Félix José de Melo e Silva.

A estrutura mínima para a manutenção de mídia impressa já existia a partir daí, uma vez que Bartolomeu José de Carvalho e João Simplício da Silva Maia, que moravam na Vila de Macció (hoje o histórico município de Marechal Deodoro), tinham sido aprendizes no *Iris*, tornando-se, posteriormente, tipógrafos profissionais.

A razão do curto período de existência do *Iris Alagoense* está no fato de seu redator ter sofrido o primeiro atentado da história do jornalismo alagoano. A violência ocorreu em janeiro de 1832, possivelmente por pessoas incomodadas com correspondências publicadas no jornal. O francês Bois Garin desistiu de correr novos riscos em terras alagoanas, relatando o episódio no último exemplar do jornal.

Nos arquivos históricos do Estado existem indícios das polêmicas provocadas pelo pioneiro do jornalismo alagoano. O Arquivo Público de Alagoas preserva o documento em que o juiz de Paz de Maceió, Ignacio Francisco da Fonseca Calaça Galvão, no dia 24 de janeiro de 1832, comunica ao Presidente da Província que a tentativa de assassinato contra Adolphe Emile de Bois Garin ocorreu por volta das 8 horas da noite. Quatro homens montados a cavalo chegaram à porta do redator, atingindo-o com vários tiros.

Outro documento, o de n° 1.269 do acervo do Instituto Histórico e Geográfico de Alagoas, é uma carta de Floriano Vieira da Costa Delgado Perdigão, endereçada ao redator-chefe do jornal, criticando uma correspondência de Manuel Lobo Henriques, publicada no exemplar n° 39.

O incidente parece ter sido desencadeado por carta de autoria de Tertuliano de Menezes, conforme registro na Gazeta de Notícias, página 2, edição de 6 de setembro de 1882, mesmo ano da morte do impressor Carl Eduard Muhlert.

Mesmo tendo se proposto a ficar em Maceió, após o acontecimento, chegando inclusive a escrever sobre essa determinação no último exemplar do jornal, Bois Garin temia novos ataques e voltou para Recife, acompanhado de Muhlert.

Convento das Alagoas, na antiga capital Vila de Maceió, atual Marechal Deodoro

Sofismas manhosos e inimigos ocultos

Antes de abandonar Maceió, o jornalista francês Bois Garin escreve aos assinantes do jornal, explicando por que vacilava em dar continuidade ao *Iris Alagoense*:

> *"O acontecimento funesto da noite de 23 de janeiro, sem diminuir o entusiasmo que me anima a favor do Liberalismo, sempre me deixou uma espécie de indecisão a respeito da linha de conduta que pelo futuro me era prudente adotar, a minoria da Sociedade desejava o meu regresso e acelerou a minha resignação do honroso cargo que me fora confiado, minha resolução era tomada e os preparativos da minha viagem eram feitos, quando vários membros da mesma contemplação dos Liberais, aprovando a doutrina política que professo, me manifestaram o desejo da maioria dos Patriotas de me ver permanecer nesta vila, e continuar a redigir o periódico da Província. No mesmo dia fui chamado pelo Sr. Presidente, que me tendo lido uma proposta feita pelo sobredito Conselheiro e aprovada depois de algumas modificações, me perguntou se, fiado na proteção da Sociedade quanto à minha segurança individual, eu me determinava a aceitar as condições propostas, redigindo a gazeta da província e dirigindo os trabalhos tipográficos.*
>
> *Sensível às provas numerosas de estima e amizade que me manifestaram os membros presentes, mudei a minha determinação, decidi-me a não desamparar o meu posto, porquanto meus escritos merecessem a aprovação dos verdadeiros amantes da Liberdade.*
>
> *Antes, porém, de continuar a publicação do* ***Iris Alagoense****, julgo do meu dever advertir aos assinantes a leitura deste periódico, que se eles examinarem com atenção os escritos que me são pessoais reconhecerão que nunca me desviei do fim que me tinha proposto, e refletindo que não convém em escritor liberal transigir com opiniões contrárias disfarçadas sob o véu especioso da Moderação – pregada com virulência – Obediência exigida por mandões que nunca souberam obedecer, e - Leis, que livres do freio salutar da imprensa, seus mesmos órgãos seriam os primeiros a violar, convencer-se-ão que é de absoluta necessidade refutar os sofismas manhosos de inimigos ocultos que entre nós residem, e luta com a energia e força de raciocínio que me obrigam os mesmos fingidos Liberais a reconhecer que nenhum proveito podem derivar de escritos insidiosos (...)".*

NUMERO 2. ANNO DE 1831

QUARTA FEIRA 17 DE AGOSTO.

IRIS ALAGOENSE,

JORNAL POLITICO, LITERARIO, E MERCANTIL.

Volney. Cap. XIII

MACEIO', NA TYPOGRAFIA PATRIOTICA.

CORRESPONDENCIAS.

Sr. Redactor

Como ainda haja entre nós exageradores tão aristocratas, que de pygmeos formão fantasticos gigantes, e o Sr. Manoel José da Cunha reja um d'elles, que achando-se na óccasião em que o escravo do Padre José Antonio levou umas pauladas, por este pertender disfeitar a um Brasileiro probo, por mando de seo Sr., chegando o dito Sr. Cunha em Pioca teve o descaramento de acrescentar, que ao montara cavallo ouvio tocar rebate no quartel, e como o publico sabe da verdade d'este facto, lhe faça justiça.

Queira da lugar no seo periodico a estas linhas, a fim de que o Sr. Cunha perca o costume de falso novellista, pelo que lhe será grato.

A Sentinella da verdade.

—Muitas calumnias, falsos boatos, e accusações sem fundamento tem sido espalhadas contra os habitantes desta Villa e Provinca pelos portuguezes expulsos, e seos perpetuos defensores os-ex absolutistas; todavia a sentinella da verdade pode se persuadir que nossa Iris ha de occupar-se immediatamente da refutação e contradicção dessas noticias assustadoras; inventadas por alguns proscriptos, e confirmadas pelo espirito de partido que fazem considerar a Provincia em estado de guerra civil, em quanto a maior tranquilidade ahi prevalece; em quanto seos pacificos habitantes, esquecidos dos ultrajes que receberão, tornão á se conformar á ordem legal que se vierão forçar de transgredir, durante a crisa politica, que acaba de emancipar o Brasil do jugo lusitano.

O Redactor.

Sr. Redator.

—Como sou assignante de sua Folha rogo-lhe me queira dar um pequeno lugar n'ella, respondendo-me ás seguintes perguntas.

1.ª Si quem da tiro de pistolla de noite dentro da villa ainda que não tenha intenção de offender a pessoa alguma, e é prezo em flagrante delicto, sendo achada a arma, tem alguma pena?

2.ª Se as leis izentão de soffrer penas os marotos atrevidos d'esta villa pelos crimes que commetterem?

3.ª E ultima: se quem faz milagres deve occupar o emprego de Escrivão do crime.

Tenha paciencia com o seo affectuoso

O Admirador.

—O redactor não podendo em tão breve tempo indigar os factos quer legaes, quer milagrosos, a que alluda o Sr. *Admirador* prometa responder ás suas perguntas logo que tiver tomado a este respeito as informações necessarias.

CIRCULAR

—Querendo se estabelecer na Villa de Maceió uma das ramificaçõs da Sociedade Patriotica intitulada =DEFENSORA DA LIBERDADE E INDEPENDENCIA NACIONAL= todos os Cidadaõs Brasileiros, no exercicio de seos direitos, e que naõ se mostrarão inimigos da Liberdade, e Independencia Nacional, saõ por esta convidados á se reunirem no dia Quarta Feira, 24 do corrente, as 2 horas da tarde, no sobrado do Capitão-mor Jozé Elias Pereira, rua da Matriz, onde depois da leitura dos estatutos, se dará principio ao estabelecimento da sobre dita sociedade.

Primeira página do "Iris Alagoense"

Morfologia do primeiro jornal alagoano

Trazia o *Iris Alagoense*, como epígrafe, um pensamento de Constantino Francisco de Chassebeuf, Conde de Volney (1757-1820) –, filósofo francês: "A opinião pública acometendo os reis mesmo sobre seus tronos os forçará a conter-se nos limites de uma autoridade legal".

Medindo 31,5 x 21,5 centímetros, apresenta-se em quatro páginas de papel almaço, em duas colunas de impressão, estampando, no alto da primeira página e no rodapé da última página, o nome do estabelecimento onde era impresso: Typografia Patriótica, estabelecida no prédio n° 3, da rua do Livramento, atual Senador Mendonça, de onde saía duas vezes por semana, às quartas-feiras e aos sábados, custando sua assinatura, por trimestre, 2$000 rs. (dois mil réis) e folha avulsa, $ 80 rs. (oitenta réis).

A polêmica sobre o "jugo lusitano"

O primeiro jornal alagoano circulou numa conjuntura histórica marcada pelas tensões entre a nova elite brasileira e os núcleos hegemônicos de portugueses remanescentes em todas as cidades do país.

O *Iris Alagoense* registra, em sua segunda edição, a polêmica sobre a persistência do "jogo lusitano" no Brasil. Um acalorado debate entre o redator do jornal e leitores anônimos:

> *"Sr. Redactor*
>
> *Como ainda haja entre nós exageradores tão aristocratas, que de pymeos formão fantásticos gigantes, e o Sr. Manoel José da Cunha seja um deles, que achando-se na ocasião em que o escravo do Padre José Antonio levou umas pauladas, por este pretender disfeitar a um brasileiro probo, por mando do seu Sr, chegando o dito Cunha em Pioca teve o descaramento de acrescentar, que se montara cavalo ouviu tocar rebate no quartel, e como o público sabe a verdade deste fato, lhe faça justiça.*

A Sentinella da verdade

> *"Muitas calunias, falsas boatos, e acusações sem fundamento tem sido espalhadas contra os habitantes desta Vila e Província pelos portugueses expulsos, e seus perpétuos defensores os ex-absolutistas; todavia a sentinela da verdade pode se persuadir que nossa Iris há de ocupar-se imediatamente da refutação e contradição dessas noticias assustadoras; inventadas por alguns proscritos, e confirmadas pelo espírito de partido que fazem considerar a Província em estado de guerra civil, enquanto a maior tranqüilidade ali prevalece; enquanto seus pacíficos habitantes, esquecidos dos ultrajes que receberão, tornam á se conformar a ordem legal que se virão forçar de transgredir, durante a crise política, que acaba de emancipar o Brasil do jugo lusitano".*
>
> *O Redactor*

Estigma alagoano

A violência e a impunidade eram episódios corriqueiros na pequena vila de Maceió. Por isso mesmo, o anonimato configurava uma alternativa aos que desejavam questioná-la. As cartas dos leitores do *Iris Alagoense* refletem esse clima que se tornaria um estigma alagoano.

"Sr. Redactor,

Como sou assinante de sua Folha rogo-lhe que queira dar um pequeno lugar nela, respondendo-me ás seguintes perguntas.

1ª Si quem de tiro de pistola de noite dentro da vila ainda que não sendo achada a arma, tem alguma pena?

2ª Se as leis isentam de sofrer penas os marotos atrevidos desta vila pelos crimes que cometerem?

3ª E última: se quem faz milagres deve ocupar o emprego de Escrivão do crime.

Tenha paciência com o seu afetuoso.

O Admirador

"O redator não podendo em tão breve tempo indicar os fatos quer legais, quer milagrosos, a que ajuda o Sr. Admirador promete responder ás suas perguntas logo que tiver tomado a este respeito as informações necessárias."

Identidade nacional

A discussão em pauta em agosto de 1831, conforme registra o *Iris Alagoense*, era a busca por uma identidade nacional genuinamente brasileira. É o que se constata em circular convocatória para reunião de uma "sociedade patriótica", publicada no segundo exemplar do jornal:

"Querendo se estabelecer na Vila de Maceió uma das ramificações da Sociedade patriótica intitulada = Defensora da Liberdade e Independência Nacional = todos os Cidadãos Brasileiros, no exercício de seus direitos, e que não se mostrarão inimigos da Liberdade, e Independência nacional, são por esta convidados á se reunirem no dia quarta-feira, 24 do corrente, as 2 horas da tarde, no sobrado do capitão-mor José Elias Pereira, rua da Matriz, onde depois da leitura dos estatutos, se dará principio ao estabelecimento sobre dita sociedade."

O primeiro jornalista alagoano

Coelho, que era o pároco da então vila, daí sua inclinação para o sacerdócio. Ele estudou no seminário de Olinda, ordenando-se aos 25 anos.

Culto, preocupado com os problemas sociais enfrentados pela população pobre de sua paróquia, foi, aos poucos, interessando-se pela política. Elegeu-se deputado provincial em várias legislaturas. Mas essa atividade não o desestimulava a atuar como um difusor do Evangelho. Estava sempre pronto a comandar seus fiéis. Era considerado pelo Imperador Dom Pedro I como "o capelão dos moços".

Participou da famosa Revolução dos Lisos e Cabeludos, um movimento armado que marcou época na Província, tendo como líderes José Tavares Bastos e o Visconde de Sinimbu. Os Lisos eram os conservadores, grupo que integrava; enquanto os Cabeludos eram da facção oposta, formada pelos liberais. O objetivo do movimento era derrubar a oligarquia da família Sinimbu.

Como jornalista, o padre Afonso Albuquerque destacava-se pelos textos em defesa das causas sociais. Residiu muito tempo em Atalaia, onde tinha uma fazenda, falecendo na velha cidade de Alagoas, no dia 2 de julho de 1874, aos 72 anos de idade.

Precariedade das hemerotecas

Não existe no Estado de Alagoas uma única edição do primeiro exemplar do *Iris Alagoense*, seja no Arquivo Público, seja no Instituto Histórico e Geográfico de Alagoas. Nesta última instituição existe, porém, o segundo exemplar, uma raridade – por se tratar do único do acervo –, datado de 17 de agosto de 1831, mas que no momento está em arquivo ignorado.

Uma observação importante é sobre a dificuldade que qualquer pesquisador irá encontrar para ter acesso a fontes primárias em Alagoas, uma vez que muitos documentos, incluindo-se atas das entidades representativas dos jornalistas e dos gráficos, desapareceram. As publicações esparsas sobre o assunto – e normalmente esgotadas – são os únicos registros possíveis e disponíveis.

Esta realidade persiste nas hemerotecas estaduais, apesar dos esforços do Arquivo Público e do Instituto Histórico e Geográfico de Alagoas (IHGA).

O Presidente do IHGA, Jayme de Altavila Filho, explicou que um grupo de estudantes de História da Universidade Federal de Alagoas (UFAL) chegou a catalogar e organizar parte dos documentos disponíveis no acervo, mas que desistiu diante da quantidade de trabalho, pois se tratava de atividade voluntária. O grupo organizou quatro caixas, mas há ainda centenas de documentos que precisam ser catalogados e disponibilizados.

A exemplo do Arquivo Público de Alagoas, competentemente dirigido pelo professor Moacir Medeiros de Sant'Anna, o acervo do IHGA tem poucos funcionários, estando aberto ao público apenas no horário da manhã.

Padre Afonso de Albuquerque Melo

Cipriano Barata
Adolpho Emile Bois Garin
Jerônimo Coelho
João Francisco Lisboa
Tavares Bastos
José Carlos Rodrigues
Rui Barbosa
Gustavo de Lacerda
Roquette Pinto
Assis Chateaubriand
Barbosa Lima Sobrinho

JERÔNIMO COELHO
Desbravador da imprensa catarinense

Francisco José Karam

Ensaio publicado na Revista Imprensa nº 167 de Dezembro de 2001.

Francisco José Karam - Bacharel em Jornalismo pela Pontifícia Universidade Católica do Rio Grande do Sul. Mestre em Ciências da Comunicação pela Universidade de São Paulo. Doutor em Comunicação e Semiótica pela Pontifícia Universidade Católica de São Paulo.
Diretor da Cátedra FENAJ de Jornalismo para a Cidadania e Coordenador do Curso de Jornalismo da Universidade Federal de Santa Catarina.

O Catharinense, primeiro jornal de Santa Catarina

O primeiro jornal catarinense nasceu sob o signo da oposição. Era contra o Império, criticava o poder de Portugal no Brasil e se queixava da falta de atenção do governo central aos assuntos de Santa Catarina. *O Catharinense* era o jornal. Tinha formato de 15,3 x 21,5 centímetros e seis páginas.

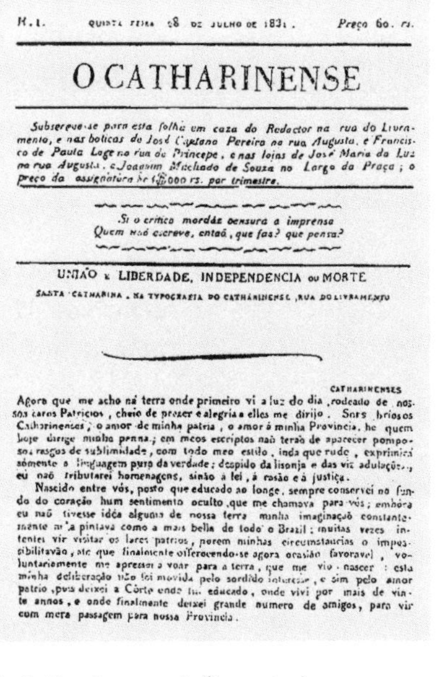

N. 1. QUINTA FEIRA 28 DE JULHO DE 1831. Preço 60. rs.

O CATHARINENSE

Subscreve-se para esta folha em caza do Redactor na rua do Livramento, e nas boticas de José Caetano Pereira na rua Augusta, e Francisco de Paula Loge na rua do Principe, e nas lojas de José Maria da Luz na rua Augusta, e Joaquim Machado de Souza no Largo da Praça; o preço da assignatura he [illegible]000 rs. por trimestre.

Si o critico mordáz censura a imprensa
Quem naõ escreve, entaõ, que faz? que pensa?

UNIÃO E LIBERDADE, INDEPENDENCIA ou MORTE

SANTA CATHARINA, NA TYPOGRAFIA DO CATHARINENSE, RUA DO LIVRAMENTO

CATHARINENSES

Agora que me acho na terra onde primeiro vi a luz do dia, rodeado de nossos caros Patricios, cheio de prazer e alegria a elles me dirijo. Srs briosos Catharinenses; o amor de minha patria, o amor á minha Provincia, he quem hoje dirige minha penna; em meos escriptos naõ teraõ de aparecer pomposos rasgos de sublimidade, com todo meo estilo, inda que rude, exprimirá sómente a linguagem pura da verdade; despido da lisonja e das vis adulações, eu naõ tributarei homenagens, sinão á lei, á rasão e á justiça.

Nascido entre vós, posto que educado ao longe, sempre conservei no fundo do coração hum sentimento oculto, que me chamava para vós; embóra eu naõ tivesse idéa alguma de nossa terra minha imaginaçaõ constantemente m'a pintava como a mais bella de todo o Brazil; muitas vezes intentei vir visitar os lares patrios, porem minhas circumstancias o impossibilitavão, até que finalmente offerecendo-se agora ocasião favoravel, voluntariamente me apressei a voar para a terra, que me vio nascer: esta minha deliberação não foi movida pelo sordido interesse, e sim pelo amor patrio, pois deixei a Côrte onde fui educado, onde vivi por mais de vinte annos, e onde finalmente deixei grande numero de amigos, para vir com mera passagem para nossa Provincia.

O Catharinense, influenciado pelo liberalismo europeu, defendia a autonomia nas províncias e a liberdade de expressão, sempre com forte cunho nacionalista.

O primeiro número saiu numa quinta–feira, 28 de julho de 1831, e circulava na antiga Desterro, hoje Florianópolis. Era feito na então Rua do Livramento, atual Trajano, centro da cidade – bem próximo ao ponto conhecido como *Senadinho*, onde ainda políticos, figuras folclóricas e o povo em geral tratam das questões do dia-a-dia da cidade, do futebol de Figueirense e Avaí à “corrupção” do País; onde se joga habitualmente dominó, comenta-se sobre as últimas separações e crimes e espalha-se as últimas notícias públicas ou privadas, como todo bom café de centro de cidade. *O Catharinense*, há 170 anos, era também produzido nas lojas e antigas *boticas* de personagens da história da cidade, como José Caetano Pereira, Francisco de Lace, José Maria da Luz e Joaquim Machado de Souza.

Seu fundador? O militar Jerônimo Francisco Coelho, capitão de engenheiros, nascido em Laguna, cidade histórica e litorânea que fica 120 km ao sul da Ilha de Santa Catarina.

Política editorial

O jornalista e professor Moacir Pereira observa que "assim como a história da imprensa brasileira vem marcada pela presença da censura governamental e pelo paternalismo real da Corte Portuguesa, o surgimento da imprensa em Santa Catarina vem caracterizado pelo forte conteúdo político que retratava as bandeiras defendidas pelo seu fundador". Conforme Pereira, em seu livro *Imprensa & Poder: a comunicação em Santa Catarina*, o patrono da imprensa catarinense, ao abraçar causas políticas "praticamente abriu espaços para que, no Império ou na República, os jornais da Capital ou do interior retratassem esta tendência e, mais do que isso, adotassem até uma postura político-partidária".

O que fez Jerônimo Coelho editar *O Catharinense*?

De acordo com Lucas Alexandre Boiteux, membro do Instituto Histórico e Geográfico nas décadas de 1910 e 1920, logo após a abdicação de D. Pedro I o capitão Jerônimo Coelho chegou a Florianópolis, carregando um pequeno prelo para lançar novas idéias. Simultaneamente, uma intervenção militar, determinada pela mudança no governo monárquico e 11 meses de atraso no soldo dos militares criou um clima favorável para a deposição do então Presidente da Província, Miguel de Souza Mello e Alvim, assumindo o primeiro vice, Comendador Francisco Luiz do Livramento. Com tal perspectiva de mudanças Jerônimo Coelho lançou *O Catharinense*, sendo seu primeiro editor, redator, compositor e impressor, relata o historiador Lucas Boiteux.

No primeiro número, o tom de oposição já deixava claro o ódio que o capitão de engenheiros, Jerônimo Coelho, tinha em relação à Monarquia. Conforme Moacir Pereira, o ex-imperador era chamado de "ingrato, estúpido, avarento e doido". Mais que isso, em algumas passagens, de acordo com Pereira, os reis de Portugal são chamados de "salteadores coroados que, prostituindo o sacrossanto nome da Divindade, se diziam seus representantes na terra" (segundo levantamento histórico feito em Suplemento Especial do jornal *O Estado*, de Florianópolis, em agosto de 198, pesquisado por Pereira).

O Catharinense era vendido a 60 réis o exemplar e mil réis a assinatura trimestral. Abaixo do título do primeiro exemplar trazia o lema: *"União e Liberdade, Independência ou Morte"*. Como legenda, advertia: *"Se o crítico mordaz censura a imprensa, quem não escreve, então, que faz? que pensa?"*.

Sentinela da liberdade

O longo "editorial", que começa na capa, trazia, há 170 anos, o recado de seu fundador:

> *"Agora que me acho na terra onde primeiro vi a luz do dia, rodeado de nossos caros Patrícios, cheio de prazer e alegria a eles me dirijo. Srs. Briosos Catharinenses, o amor de minha pátria, o amor à minha Província, é quem hoje dirige minha pena; em meus escritos não terão de aparecer pomposos rasgos de subliminidade, como todo meu estilo, inda que rude, exprimirá somente a linguagem pura da verdade; despido da lisonja e das vis adulações, eu não tributarei homenagens, senão à lei, à razão e à justiça.*

Nascido entre vós, posto que educado ao longe, sempre conservei no fundo do coração um sentimento oculto, que me chamava para vós; embora eu não tivesse idéia alguma de nossa terra minha imaginação constantemente m'a pintava como a mais bela de todo o Brasil; muitas vezes intentei vir visitar os lares pátrios, porém minhas circunstâncias o impossibilitavam, até que finalmente oferecendo-se agora ocasião favorável, voluntariamente me apressei a voar para a terra, que me viu nascer: esta minha deliberação não foi movida pelo sórdido interesse, e sim pelo amor pátrio, pois deixei a Corte onde fui educado, onde vivi por mais de vinte anos, e onde finalmente deixei grande número de amigos, para vir com mera passagem para nossa Província."

Mais adiante, encontra-se:

"Se não fosse a liberdade de imprensa, ainda hoje o mundo estaria coalhado de novos Tibérios, Calígulas e Neros!
Se não fora ela, talvez hoje estivéssemos escravos desse Pedro estúpido, avarento e doido, que há pouco abandonou as praias do solo americano! Eia, pois, catarinenses!
(...)

Jerônimo Coelho, O Fundador

Militar de carreira, Jerônimo Francisco Coelho fundou *O Catharinense* com 25 anos. Nasceu em Laguna (SC) em 30 de setembro de 1806 e, aos 14 anos, matriculou-se na Escola Militar, no Rio de Janeiro, obtendo o posto de capitão aos 18 anos. Em 1831, foi designado para voltar ao estado catarinense, desta vez servindo como militar na antiga Desterro, hoje Florianópolis. Carregando um prelo e valendo-se do clima antilusitano então crescente, fundou o primeiro jornal de Santa Catarina em julho daquele ano, apenas três meses após a abdicação de D. Pedro I.

O fundador da imprensa catarinense foi militar e político, tendo atuado em diversas regiões do Brasil. Em 1844, aos 38 anos, foi nomeado Ministro da Marinha Brasileira, além de interino da Guerra, sendo mais tarde efetivado no posto. Em 1848, foi designado presidente da Província do Pará e ocupou o cargo de seu Comandante das Armas. Em 54, tornou-se diretor do Arsenal de Guerra e, um ano após, diretor da Escola de Aplicação do Exército, de onde saiu em 1856 para assumir a presidência da Província do Rio Grande do Sul, onde também foi Comandante das Armas. Ainda no mesmo ano, foi eleito para a Assembléia Geral. Em 57, ocupou novamente o cargo de Ministro da Guerra mas, um ano depois, teve de se desligar de suas atividades para tratamento de saúde em Nova Friburgo, onde morreu em 16 de fevereiro de 1860, aos 53 anos , com a patente de Brigadeiro.

No mesmo ano em que fundou *O Catharinense*, Jerônimo Francisco Coelho inaugurou, na província catarinense, a Loja Maçônica *Concórdia*, lançando as bases da maçonaria em Santa Catarina, com forte presença até hoje.

É preciso que mostremos às Nações da Europa que nós já estamos bastante civilizados para possuir um governo livre, e não façamos, por nossa desunião, excitar nela o apetite das conquistas. Unidos, seremos fortes; separados, seremos nada. Nós que ainda há pouco acabamos de ensinar a essas Nações da Europa que se prezam de polidas, a maneira porque se faz uma revolução sem derramar-se o sangue da mísera humanidade, ensinemos-lhes também o como se sabe apreciar a liberdade e reconhecer nossos direitos, constituindo-nos de tal sorte que, para o futuro, também lhes venhamos a dar lições de política, indústria e sabedoria"

O editorial seguia nas páginas posteriores de *O Catharinense*, finalizando, com a data de 28.07.1831, e a assinatura de Jerônimo Francisco Coelho, impresso na *Typografia do Catharinense*, Rua do Livramento:

"Eu me acho entre vós como sentinela da liberdade nesta amada porção do solo brasileiro!
Ó Deus da América, que conhece a pureza de minhas intenções, me esforce e ajude a conseguir os fins a que me proponho.
Igualmente prometo zelar em geral pelos interesses de todo o Brasil, que é a nossa Pátria comum e em particular os de nossa Província. Eu me persuado que, deste modo, faço algum serviço aos meus Patrícios, não tanto como desejo, mas ao menos, quanto posso".

Resgate histórico

Atualmente, ainda são poucos os estudos que analisam a história da imprensa catarinense à luz dos fenômenos sociais, políticos e econômicos de cada época. Alguns historiadores, como a professora Joana Maria Pedro, da Universidade Federal de Santa Catarina, avançaram na tarefa de complexificar o surgimento da imprensa catarinense. Em seu livro, *Nas tramas entre o público e o privado*, a historiadora lembra que o jornalismo de Jerônimo Coelho era inspirado nas idéias liberais, tendo como base os pressupostos iluministas europeus.

Vista de Florianópolis, SC

Jerônimo Coelho, que havia freqüentado a Escola Militar no Rio de Janeiro, lembra Joana Pedro, "ao vir para Desterro, com 25 anos, trouxe, possivelmente, planos de tornar sua terra natal a base de suas atividades políticas, Nas páginas de *O Catarinense* divulgou os pressupostos iluministas. (...) O tema do 'bem comum' contra o interesse privado, denominado como 'sórdido interesse', aparece nas páginas do primeiro número de *O Catarinense*, e aponta na direção da ideologia, que via o jornal como veículo do interesse público, o qual era separado da esfera privada".

Ao fazer oposição ao Império, propor idéias fundadas no ideal emancipacionista das Luzes mas, ao mesmo tempo, defender o cumprimento integral das leis, Jerônimo Coelho, conforme Joana Pedro, zelava pela hierarquia e era coerente com o pensamento liberal que se divulgou no Brasil. Além de *O Catharinense*, Jerônimo Coelho viria a fundar, também em Desterro, informa a historiadora, a Loja Maçônica "Concórdia" e a "Sociedade Patriótica de Santa Catarina", que publicou o jornal *O Expositor*.

Para Joana Pedro, *O Catharinense*, apesar de antilusitano e de acusar os portugueses de ocuparem quase todos os postos públicos, surgia vinculado ao poder público.

JORNAL ANTI-LUSITANO

TRECHO DO LIVRO IMPRENSA & PODER:
A Comunicação em Santa Catarina, escrito por Moacir Pereira

> *"O prelo de 'O Catharinense' estará disponível na antiga Desterro apenas 13 anos depois da edição dos primeiros jornais brasileiros, seja o 'Correio Braziliense' ou a ' Gazeta do Rio de Janeiro'.*
>
> *O primeiro número de 'O Catharinense' é considerado 'um hino ardoroso' por Martinho Callado Junior e uma 'proclamação de fé na autonomia das Províncias e na defesa da liberdade de expressão' por Oswaldo Rodrigues Cabral.*
>
> *Jerônimo Coelho não escondia seu desafeto por D. Pedro I e combatia abertamente a influência lusitana no Governo. Influenciado pelo liberalismo europeu e americano, procurou difundir seus ideais políticos através do jornal, já consciente da força que a imprensa podia exercer na comunidade, pela experiência vivida no Rio e em São Paulo.*
>
> *Empolgado com a causa nacionalista, não temia represálias contra o Reinado de D. Pedro I dentro do quartel do Campo do Manejo, ou mesmo passando adiante exemplares do 'Aurora Fluminense', um dos periódicos nacionais de maior influência política.*
>
> *Insatisfeito com a lentidão com que as notícias do Rio chegavam a Desterro, partiu para uma ação concreta, editando, a 28 de julho de 1831, o primeiro número de 'O Catharinense', valendo-se da tipografia instalada na Rua do Livramento (Rua Trajano). O exemplar era vendido a 60 réis apenas aos subscritores, já que não havia jornaleiros.*
>
> *Jerônimo Coelho, laureado na Academia do Exército, fez uma carreira brilhante, que inclui mandato de Deputado 'a Assembléia Provincial em três legislaturas, membro da Assembléia Geral, duas vezes Ministro, Presidente das Províncias do*

Pará e do Rio Grande do Sul, Conselheiro da Coroa e responsável por vários trabalhos de engenharia militar e missões de pacificação política.
Um ano após seu lançamento, 'O Catharinense' será sucedido pelo 'O Expositor', jornal de responsabilidade da Sociedade Patriótica Catarinense, fundada por inspiração de Jerônimo Coelho e Feliciano Nunes Pires, o presidente da província, para defender a liberdade, a independência e a democracia"(p. 35)

ENTRE O PÚBLICO E O PRIVADO

TRECHO DO LIVRO Nas tramas entre o público e o privado:
A imprensa de Desterro no século XIX, escrito por Joana Maria Pedro

> *"Com a especificidade de ligar-se aos primeiros embates políticos pós-abdicação, foi impresso, em Desterro, o primeiro periódico, o qual tinha (...) sua existência ligada a um funcionário do poder público, o capitão de engenheiros Jerônimo Coelho. Este, além do jornal, fundou uma loja maçônica e uma sociedade Patriótica, sendo que esta última reivindicava, entre outras coisas, a ocupação, por parte dos brasileiros, de cargos públicos.*
> *Nascia, assim, vinculado do funcionalismo público e, portanto, ao poder público, o primeiro periódico de Desterro. Os demais periódicos que se lhe seguiram tenderam a estreitar os laços com o poder público. Convém, porém, matizar a afirmação acima, lembrando que tal jornal contou com o apoio de alguns comerciantes locais, os quais faziam em suas casas de comércio, a subscrição de assinaturas para* ***O Catarinense****.*
> *(...)*
> *O primeiro periódico, além de depender da iniciativa de pessoas ligadas e interessadas no poder público, tinha, nos funcionários públicos, o principal público leitor. Convém destacar que, até a década de 30 do século XIX, e ainda por muito tempo, o poder público, ou seja, os inúmeros funcionários civis e militares da administração, eram os principais elementos da elite local. Formavam, possivelmente, o único público capaz de ler os periódicos locais, ou aqueles, trazidos pelas embarcações, de outras cidades."(pp. 19-20)*

A LINHA DO JORNAL

Trecho do manifesto de Jerônimo Coelho
no primeiro número de *O Catharinense*:

> *"Eu convido meus caros patrícios a que me dêem todas as informações que puderem. Quando lhes constar alguma violação da lei, algum abuso de autoridade ou despotismo por alguém praticado; e espero, hajam de coadjuvar-me com suas luzes, para suprirem a mesquinhez de minhas idéias; eu, de minha parte farei quanto estiver a meu alcance de hoje em diante. Aqueles que sofrerem terão o desafogo de publicar suas penas sem ser preciso recorrerem aos periódicos de outras Províncias. Quanto a mim, sempre me acharão pronto para a defesa da inocência*

e advogar a causa de alguém injustamente oprimido, qualquer que seja a classe do opressor ou oprimido. Como homem, e portanto sujeito à fragilidade, poderei muitas vezes errar, mas nunca por vontade e sim por erros de entendimento. E desde já peço em tais casos me hajam de desculpar".

Os primeiros anúncios foram publicados no número 22, de 5 de janeiro de 1832, como o extraído do livro *Propague - 25 anos* (livro comemorativo do aniversário da agência de publicidade *Propague*):

> *"Quem quiser comprar um criollo de idade de 15 annos, com princípio de officio de çapateiro, falle com Luiz Nunes Pires"*

Fontes Históricas

BOITEUX, José. *A Imprensa Catharinense*. Rio: mimeo, 1911.

BOITEUX, Lucas. *A Imprensa*. Rio: Instituto Histórico, mimeo, 1920.

BOITEUX, Henrique. *A República Catharinense – notas para a sua história*. Rio de Janeiro: Xerox do Brasil, 1985. (Reedição do livro publicado pela Imprensa Naval, em 1927)

CABRAL, Oswaldo Rodrigues. *História de Santa Catarina*. Florianópolis: Lunardelli, 1987.

CALLADO JUNIOR, Martinho. *Imprensa Catarinense*. História de Santa Catarina. 3º Volume. Curitiba: Grafipar, 1970.

COSTA, Roberto. *Propague: 25 anos*. Florianópolis: Propague, 1990.

ENCICLOPÉDIA dos Municípios Brasileiros (volume XXXII). Rio de Janeiro: Instituto Brasileiro de Geografia e Estatística, 1959. (Planejada e orientada por Jurandyr Pires Ferreira)

LOPES, José Lupércio. *Notas para a História da Imprensa*. Florianópolis, mimeo, 1948.

O ESTADO, Florianópolis, agosto de 1981, Suplemento Especial.

PEDRO, Joana Maria. *Nas Tramas entre o Público e o Privado: a Imprensa de Desterro no Século XIX*. Florianópolis: Edufsc, 1995.

PEREIRA, Moacir. *Imprensa & Poder: a Comunicação em Santa Catarina*. Florianópolis: Lunardelli/ Fundação Catarinense de Cultura, 1992.

Jerônimo Coelho
João Francisco Lisboa
Tavares Bastos
José Carlos Rodrigues
Rui Barbosa
Gustavo de Lacerda
Roquette Pinto
Assis Chateaubriand

JOÃO FRANCISCO LISBOA
O polemista maranhense que triunfou na corte

Sebastião Jorge

Ensaio extraído da Revista Imprensa, nº 158, Março de 2001, p. 71-78.

Sebastião Jorge - Bacharel em Direito pela Universidade Federal do Maranhão. Professor-Fundador do Curso de Comunicação Social da Universidade Federal do Maranhão. Jornalista atuante na imprensa diária de São Luis – MA. Autor de vários livros sobre a História da imprensa maranhense.

Quando a opinião dominava a cena do jornalismo brasileiro e o fato político discutido com matizes literárias era considerado por excelência o prato do dia, eis que surge um mestre para revolucionar a palavra, as idéias, o estilo, o que lhe daria merecidamente o título de um dos maiores jornalistas do século XIX. Seu nome: João Francisco Lisboa, autodidata, maranhense de Pirapemas, então pertencente ao município de Itapecuru-Mirim, nascido em 22 de março de 1812 e morto em Lisboa em 1863.

Ele era apaixonado pela imprensa, mas esta condição não lhe tirava a coragem de fustigá-la, criticá-la com gravidade, quando achava que os colegas jornalistas estavam abusando da ética.

No famoso *Jornal de Timon*, que se traduz como uma das páginas mais fiéis escritas no Brasil, sobre uso, costume e abusos de uma sociedade, em particular moldada pelos desvios da política, comenta a situação de quem fazia jornal, com as dificuldades inerentes à profissão, para perguntar – *quanto aos que pensaram fazer do jornalismo um meio de vida, o que ganharam*? Ele mesmo responde:

– *Por ventura um tardio arrependimento, e uma profunda desconsolação.*

Demonstrando achar-se decepcionado com os jornais da terra, pelos ataques pesados contra os inimigos, que chegavam a invadir a privacidade, confessou:

– *Finalmente e para dizer tudo em poucas palavras, quereis saber o que vale hoje, a nossa imprensa propriamente dita política nesta província ao menos? Suprimi-a e vereis que a sua falta passará completamente despercebida, sem que uma só pessoa desinteressada dê fé do acontecimento, ou proteste contra ela.* Honoré de Balzac (1799-1850), outro crítico da imprensa francesa da sua época, havia dito algo parecido ao sentenciar, *se a imprensa não existisse, seria preciso não inventá-la.*

Novo Jornalismo

Em meado do século XX um grupo de jornalistas americanos, liderados por Tom Wolfe, Truman Capote, Gay Talese, Lílian Ross, criou um novo estilo de escrever, ao qual chamaram de *new journalism* (novo jornalismo), cujo recurso é combinar as características da boa reportagem com técnicas literárias, geralmente ligadas à ficção: *diálogos extensos, confronto de pontos de vista, realismo altamente detalhista e descrições vividas de pessoas e locais, além de caracterizações complexas* - George Plimpton (da *Paris Review*).

João Lisboa, no recuado ano de 1851, no jornal *Publicador Maranhense*, fez algo parecido, ao divulgar um texto no espaço reservado ao *folhetim*. Logo o mesmo passou a ser conhecido como pertencente a esse gênero, uma vez que a reportagem, como a conhecemos hoje, viria a aparecer décadas depois, ou mais precisamente no Brasil, no final do século XIX. Título do texto: *A festa dos mortos ou A procissão dos ossos.* Usando dos recursos da fantasia e do real, conta o desfile de um cortejo fúnebre, chamado *dos ossos*, que percorre as ruas da cidade. Os vivos cumprem também o mesmo ritual. E insinua, *eu vi descer o fúnebre préstito, por uma de nossas ruas.* E imagina ter olhado muitos conhecidos, entre eles, Caim e Abel, além de outras pessoas por ele identificadas.

A procissão sai à véspera do dia de finados. Compõem-se de extensas fileiras de irmandades e padres, de círios, lanternas e archotes. As almas do purgatório saem sob a forma visível e palpável dos ossos, a solicitar pelas ruas as orações dos tíbios remissos ou enfermos, que se deixaram ficar em suas casas. Quem sair à janela receberá uma vela, que se transformará num osso da perna, acrescenta a crendice popular.

Eis aí o inverossímil. A seguir os fatos... Critica a situação do principal cemitério da Província, do Gavião, sujo, com mato onde pastam galinhas e patos e fala de outros *campos santos*; diz que as igrejas recebiam para sepultamento pessoas importantes, enquanto os cemitérios eram reservados às pessoas humildes, pagãs e aos escravos, que chegavam aos milhares da África e só escapavam pela morte; descreve a paisagem da cidade, que fica mais bonita sendo olhada do alto; fala de René Chateaubriand (1768-1848), o francês famoso, ligado à religião e à morte, e reproduz versos sobre o *dia de finados*, do poeta maranhense Augusto Frederico Colin. Há mais, muito mais.

A Reportagem

A reportagem mesmo tendo em Paulo Barreto, o *João do Rio*, um pioneiro, um outro texto de João Lisboa, publicado no mesmo jornal, com o título de *A festa de N.S. dos Remédios*, deve ser olhado como alguma coisa parecida. Aqui, ele faz incursões no jornalismo informativo, naturalmente sem desprezar a opinião, próprio da época, com a enumeração de detalhes que a curiosidade captou.

O jornalista descreve o ambiente da festa, com seus personagens, não se esquecendo de exaltar a elegância dos homens e mulheres, cujas roupas caras eram feitas com fazendas vindas da Europa, e para tanto, chegavam navios abarrotados de mercadorias, que produziam a febre do consumo, tão comum em nossos tempos, como: chapéus,

luvas, vestidos, sedas, plumas, rendas, fitas, flores, pomadas, cheiros *"e todos os demais gêneros enfim que dão vida e saúde às lojas e (sangram) a algibeira dos fregueses".*

Lisboa dá outros detalhes da festa: descrevendo o foguetório que precede as novenas, o toque dos sinos chamando os fiéis, os sermões e os erros de gramática cometidos pelo padre, os balões coloridos, os cabeleireiros franceses, a música e a voz de uma cantora a quem rasgou os maiores elogios. A capacidade para descrever é grande. Penetra no clima da festa e vai mais longe, enumerando os preparativos: os sapateiros, costureiras, alfaiates e modistas não dão conta das encomendas.

Homem de jornal

Esse um lado de João Francisco Lisboa. O outro, em que se revela um polemista, em luta permanente com os adversários, na defesa do ideário liberal, começa em 1832. Pela primeira vez publica um jornal *O Brasileiro*, cujo objetivo era criticar o governo conservador e o qual interrompeu a circulação meses depois, para assumir um novo compromisso. A folha trazia como epígrafe: *Jornalistas do mundo inteiro, despi-vos dos preconceitos nacionais; denunciai os crimes, nomeai os criminosos.* Em novembro do mesmo ano, morre aos 24 anos de idade, o amigo José Cândido de Morais e Silva, um revolucionário, que quase tomava o governo, deflagrando a *Setembrada.*

José Cândido editava o jornal de cunho liberal *O Farol*, com grande receptividade na Província, sendo substituído por Lisboa. Dois anos depois, funda o *Eco do Norte*, através do qual assume uma tomada de posição radical contra a corrupção na política, ao escrever a coluna *Retratos*, revelando-se como implacável contra os adversários. A partir daí, tudo que escreverá, usando a ironia associada a uma vasta cultura, se transformará em sentença.

Criando nomes imaginários, fez desfilar todas as mazelas geradas nas eleições, que vinham acompanhadas de violência, a cargo dos cabos eleitorais, que portavam pedaços de pau, como instrumento de persuasão, daí a origem de *eleições a cassete.* Criou, então, personagens para retratar o momento. Desse modo o dr. Afrânio é o chefe do partido Cangambá, dr. Bavio, o redator da Trombeta, o dr. Bartolo, escritor público e outros que desfilam em *Partidos e eleições do Maranhão*, publicado no *Jornal de Timon*, e sobre o qual assim se pronunciou Domingos Vieira Filho, um estudioso da cultura maranhense:

> *Flagrantes, induvidosos a atualidade desses retratos. Novos Afrânios, Bávios e Santiagos, até mais requintados, atravancam os postos de direção, locupletam-se despudoradamente com os dinheiros públicos, cevam a gula de dinheiro fácil na celha das verbas polpudas. Só este jornal valeria por uma imprensa inteira.*

Em 2 de janeiro de 1838 coloca nas mãos dos leitores um outro jornal, *Crônica Maranhense*, considerado um dos periódicos mais bem escritos do país. Escreve artigos inflamados contra o governo e tenta se defender das acusações de achar-se mancomunado com os chefes da revolta da *Balaiada.* O jornal encerrou as atividades em 17 de dezembro de 1840. A seguir foi convidado a redigir o *Publicador Maranhense*, de propriedade de Inácio J. Ferreira, no qual atuou de 1842 a 1855.

No programa (chamado prospecto) dá as coordenadas e descarta ser o jornal político partidário, embora possa abordar o assunto. A proposta é fazer um jornal diferente, com notícias e que desperte o interesse do leitor. Deseja informar sobre o comércio, o que se passa no Brasil e no mundo, sem desprezar comentários a respeito da legislação ligada a atos do governo; inclui ainda variedades que instruem. Com este jornal deixa a exploração do fato político como fim e procura abranger o universo do ecletismo, considerado como um dos atributos do jornalismo contemporâneo.

João Lisboa trabalhou no Rio de Janeiro em dois jornais: no *Correio Mercantil*, em 1855, redigindo a seção *O foro*, no qual analisava as decisões dos tribunais; e no *Correio Mercantil*, no mesmo ano, escrevendo sobre política de um modo geral.

O historiador

O escritor Hildon Rocha que se incorpora à legião dos admiradores do jornalista, ao escrever um ensaio para o livro *Crônica política do Império/João Francisco Lisboa* (Vozes, 1984), exaltou as qualidades do grande maranhense, ao colocá-lo acima de Evaristo da Veiga, pelo elevado nível da prosa, como jornalista político dos tempos do Império e encerra: *só pode suportar ao seu lado, em nível cultural e audiência no seu tempo, um Sales Torres Homem e um Francisco Otaviano.*

Naquele mesmo ano parte para Lisboa, em missão oficial, convidado para fazer pesquisa sobre a História do Brasil, em substituição ao conterrâneo famoso, Gonçalves Dias. Nesta nova tarefa se saiu surpreendentemente bem, merecendo elogios, na qualidade de historiador, dos mais destacados intelectuais do país.

Jornal de Timon, "o texto mais ácido da literatura brasileira"

José Veríssimo em *História da Literatura Brasileira* (Rio de Janeiro, Liv. Francisco Alves, 1916), disse que Francisco Adolfo Varnhagen "Visconde de Porto Seguro", vinha escrevendo uma história burocrática e oficial, ainda com feitio de crônicas e anais, sem imaginação, filosofia e estilo, mas, tudo mudou, com a presença daquele maranhense, e isto, ao emprestar-lhe nova feição, com sua arte em criar vida aos personagens. Veríssimo homenageou-lhe, no ato da criação da Academia Brasileira de Letras, ao designá-lo patrono da cadeira que ocupa, de número 18.

Capistrano de Abreu afirmou, sem rodeios, que só dois brasileiros poderiam escrever a história do país melhor do que Varnhagen; um deles Joaquim Caetano da Silva, o outro, João Francisco Lisboa, para acrescentar o motivo, *pelo seu modo abundante, com sua ironia ácida, com sua pungência doentia...*

Jornal de Timon

Embora exercendo missão oficial em Lisboa, deu continuidade àquele que viria a ser a mais famosa produção, um livro com uma seleção de textos de difícil classificação, no dizer de Maria de Lourdes M. Janotti (*João Francisco Lisboa – jornalista e historiador*, Ática) e o qual ele intitulou de *Jornal de Timon*. Timon por quê? O pseudônimo adotado é de origem grega, no entanto, há uma outra explicação: esse mesmo pseudônimo era usado no século XIX pelo publicista francês Louis-Marie de la Haye, Visconde de Comenin, um terrível panfletário que usou suas armas contra o Rei Luís Filipe (1830-1848).

A obra se imortalizaria ao ser lembrada como o texto mais ácido da literatura brasileira, contra os descaminhos da política, explorando a mesma ainda, temas correlatos como: eleições com cartas marcadas, a compra de consciências e votos com o oferecimento de cargos, em síntese, a troca de favores, o serviço sujo dos jornais e das penas de aluguel, a mudança de partidos como rotina e cinismo, o puxa-saquismo exagerado dos que desejavam a todo custo chegar à sombra do poder etc. De lá para cá, resta ao Brasil, algumas semelhanças.

João Lisboa exerce todo o poder persuasivo, de maneira inteligente e criativa, para condenar os excessos dos ministros do Império. Considera-os responsáveis pelas mazelas das Províncias, ao recomendarem aos governadores nomeados, que exercitasse à força se possível, em busca de resultados eleitorais. Muitos ou a maioria, vinham em busca de interesses pessoais. Ao conseguirem um mandato eletivo, deixavam a cidade.

São esses episódios que tanto o decepcionaram e sobre os quais vai se debruçar, para atentamente descrevê-los impiedosamente. Trouxe para o teatro das observações os personagens que se destacaram nessa trama, apresentando-os com nomes fictícios, para salvaguardar a integridade física. Soube imprimir no discurso, toda uma postura moralista, um julgamento severo e sem condescendência, como o fez durante toda atividade jornalística. Ele não se esqueceu dos índios e dos negros, combatendo com coragem a violência contra as duas raças.

A fama de jornalista e orador cresceu ao defender o perdão aos revoltosos da revolução praieira, na tribuna da Assembléia Provincial, cujo discurso repercutiu no país, com diversos jornais reproduzindo a peça oratória, hoje considerada como documento da maior importância da nossa história política.

João Lisboa continua sendo lembrado não só pela participação ativa nas lutas políticas como jornalista, em particular na qualidade de historiador, mas, e principalmente, pela publicação do *Jornal de Timon*, que inclui além do tema *Partidos e eleições no Maranhão*, análises a respeito da cultura política da Grécia, Inglaterra, Estados Unidos e França, biografias sobre o *Padre Antonio Vieira* e *Odorico Mendes*, *Folhetins*, *Discurso sobre a anistia dos pernambucanos revoltosos* e *A questão do Prata...*

Jerônimo Coelho
João Francisco Lisboa
Tavares Bastos
José Carlos Rodrigues
Rui Barbosa
Gustavo de Lacerda
Roquette Pinto
Assis Chateaubriand
Barbosa Lima Sobrinho
Cásper Líbero

TAVARES BASTOS
Precursor do jornalismo independente

José Marques de Melo

Ensaio publicado na Revista Imprensa, nº 151, Agosto de 2000, p. 61-68.

José Marques de Melo - Presidente da Rede Alfredo de Carvalho para o Resgate da Memória da Imprensa e a Construção da História da Mídia no Brasil. Docente-fundador e Professor Emérito da Escola de Comunicações e Artes da Universidade de São Paulo. Professor-fundador e Ex-Coordenador do Programa de Pós-Graduação em Comunicação Social da Universidade Metodista de São Paulo, onde exerce atualmente o cargo de Diretor da Cátedra UNESCO de Comunicação para o Desenvolvimento Regional. Membro-Titular do Instituto Histórico e Geográfico de São Paulo.

A polêmica sobre o primeiro veículo e o primeiro praticante do jornalismo brasileiro tem apaixonado os historiadores da nossa imprensa. Uma corrente defende o ponto de vista de que o nosso jornal pioneiro foi o semanário "oficioso" *Gazeta do Rio de Janeiro*, cabendo o título de jornalista número um ao seu editor, Frei Tibúrcio José da Rocha. A outra corrente reivindica tais predicados para o mensário "independente" *Correio Braziliense* e seu editor Hipólito José da Costa.

Remando contra a maré, o destemível jornalista Costa Rego, então secretário de redação do jornal carioca *Correio da Manhã* e membro da diretoria da ABI na primeira gestão de Herbert Moses, lançou, em 1939, tese iconoclasta. Sua argumentação partia do princípio de que a **imprensa** não se confunde necessariamente com o **jornalismo**.

Daí a refutação sobre a natureza das atividades da imprensa no Brasil Colônia e mesmo após e durante o movimento político que consagrou a independência nacional. Na sua opinião, os nossos pioneiros homens de imprensa eram políticos defendendo ideais partidário. Faltava-lhes, portanto, a condição essencial para o exercício jornalístico: autonomia frente ao poder público e aos interesses privados.

Essa tese ele expôs e defendeu em sessão pública celebrada na Associação Brasileira de Imprensa, quando se comemorava o centenário daquele que ele considera o primeiro jornalista brasileiro: **TAVARES BASTOS**.

Transcrevemos a seguir a argumentação desenvolvida por Costa Rego, tomando como referência o capítulo "O primeiro jornalista", constante do seu livro *Águas Passadas* (Rio de Janeiro, Editora José Olympio, 1952, p. 22-28).

Primórdios da imprensa

"Os primórdios do jornalismo podem estar em dois fatos: o aparecimento da *Gazeta do Rio de Janeiro* ou a edição em Londres do *Correio Braziliense*, de Hipólito José da Costa.

O aparecimento da *Gazeta do Rio de Janeiro* marca talvez o início da Imprensa no Brasil, e não propriamente do Jornalismo, havendo bem o que distinguir entre as duas coisas: teve por mérito apenas assinalar no tempo a fundação material do primeiro jornal consentido, pois em sua época eram crimes periódicos, a não ser o de espírito governamental, molhado com a tinta da tipografia régia e banalíssimo como expressão de nossa vida espiritual.

Nas repartições postais ou aduaneiras não circulavam folhas nem livros do estrangeiro sem licença prévia, cuja denegação habitual em verdade lhes matava o anelo da entrada. Um brasileiro destemido, porém cauteloso, Hipólito José da Costa, editou o *Correio Braziliense*... mas em Londres! Assim, em Londres, dentro do *fog*, surgiu o primeiro jornalista do Brasil; e o Brasil - quero dizer o governo do Brasil - lhe pediu por via diplomática a extradição, sem obtê-la. A Inglaterra foi, por isso, a primeira garantia do direito de Imprensa entre nós.

Nego, todavia a Hipólito José da Costa o título de primeiro na ordem cronológica dos jornalistas do Brasil, como o nego aos valentes redatores do *Revérbero Constitucional Fluminense*, de *A Malagueta*, da *Heroicidade Brasileira*, da *Sentinela da Praia Grande*, de *O Tamoio*, do *Diário Fluminense*, da *Astréia*, da *Aurora Fluminense*, do *Observador Constitucional*, de *O Tribuno do Povo*, de *A Matraca*, de *O Filho da Terra*, de *O Exilado*, porque eram todos, antes, homens políticos manejando o Jornalismo - manejando-o sem dúvida com arte, profundeza e técnica, mas sempre, em última análise, ao serviço de um partido ou de uma determinada campanha."

O exercício do jornalismo

"Tavares Bastos foi o primeiro que fugiu a essa regra - eu diria melhor a êste destino: praticou o Jornalismo puro, talvez sem o pensar. Excluída qualquer idéia de irreverência, pois que a personagem era jocosa, ele reproduziu, a meu ver, o Jourdain, de Molíere, fazendo prosa sem o saber.

Para chegar a essa conclusão, bem audaciosa em face de tantos colegas eminentes, devo começar por definir o jornalista.

O jornalista não é, parece-me, o homem de uma paixão, seja esta embora nobre: é o homem de todas as paixões, a inteligência sensível e espontânea, capaz de vibrar a qualquer momento, diante de qualquer fato ou de qualquer idéia ou de qualquer causa, mesmo vulgar o fato, mesmo indefinida a idéia, mesmo obscura a causa. Que ele tenha probidade - é seu primeiro atributo. Que tenha boa forma - é sua primeira arma. Tenha probidade, para inspirar confiança. Tenha boa forma para suscitar atração. Assim provido, cumpre-lhe devassar a vida e agitá-la.

A vida apresenta-se complexa, sobrecarregada por numerosos problemas, e confusa. Não basta vê-la; é necessário compreendê-la. O jornalista reúne certas idéias em face da vida, e entra a interpretá-la. Foi o que fez Tavares Bastos, quando os desencantos do

Parlamento o levaram a combater no campo do Jornalismo. Já existiam jornais e, pois, jornalistas - jornais que eram o instrumento desta ou daquela ação política, jornalistas que por via de regra apenas cultivavam uma tendência. Mas estava ainda por aparecer o homem neutro, suficientemente alheio a todos os interesses de grupos, que abrangesse, em visão de pensador, os problemas gerais, estivessem ou não estivessem - e na maioria dos casos não estavam – nos programas dos partidos."

O tipo ideal do jornalista

"Tavares Bastos viu, considerou e julgou o Brasil pelo prisma de suas necessidades, e, como estas eram muitas, tanto mais numerosas quanto sua visão as buscava e as descobria onde estivessem, realizou espontaneamente - quase digo inscientemente – o tipo ideal do jornalista, isto é, do homem pronto a receber imprecisas e a transmitir ampliadas as vibrações de seu meio. Foram essas vibrações que o levaram às campanhas.

A impressão que se recolhe é que Tavares Bastos animou com o sopro de suas previsões e de suas iniciativas todo o Brasil de hoje. Era um agitador e um profeta. Agitou não raro o deserto. O que agitou no deserto constituiu sempre depois as realizações da História, a autenticação posterior de seu acerto na profecia.

Se de numerosos acontecimentos não se pode falar sem a identificação da parte que neles teve Tavares Bastos, de outras conquistas é impossível celebrar o advento sem confessar que Tavares Bastos as incluiu em seus planos. Assim foi o caso das comunicações com os Estados Unidos como ponto de partida de toda a política continental do Brasil, inclusive em nossos dias. Assim foi o lançamento do cabo submarino, a descentralização

administrativa, a imigração, a abolição do braço escravo, a liberdade dos cultos, o ensino profissional e técnico. Assim foi a questão, entre todas a mais alta, a mais digna de um estadista: a abertura do Amazonas ao comércio internacional, obra tão sua que a velha província, no instante mesmo em que a medida era promulgada, a reconhecia expressamente como dele."

Conjuntura histórica

"Observe-se que a época de Tavares Bastos foi a época de Sinimbu, de Zacarias, de Saraiva, de Lafayette, de outros nomes que engrandeceram o Segundo Reinado, e nunca nenhum desses nomes se alçou ao nível do triunfo sem que tivesse de dividir com o jovem parlamentar e publicista as glórias do que fizeram. Um estudo sobre Sinimbu, sobre Zacarias, sobre Saraiva, sobre Lafayette, como até sobre os últimos varões da Monarquia, os Viscondes de Rio Branco e de Ouro Preto, será necessariamente um estudo sobre Tavares Bastos, que espanejou com a luz de sua vida os cantos mais remotos da vida do Brasil.

Encargo bem ilusório, porque impraticável, eu tomaria querendo porventura condensar a vida de Tavares Bastos no breve tempo deste discurso. Só Carlos Pontes o fez, em trezentas e sessenta páginas, que representam dez anos de trabalho[1] – em trezentas e sessenta páginas de cada uma das quais seria possível arrancar um novo livro, na forma irradiadora que ainda possuem os problemas que aquele homem excepcional abordou ou indicou à inteligência do futuro.

1 Vide: PONTES, Carlos - Tavares Bastos (Aureliano Candido, 1839-1875), São Paulo, Editora Nacional (Coleção Brasiliana, v. 136), 2ª. ed., 1975

Nascido embora há cem anos, Tavares Bastos é em espírito o mais atual, porque foi em pessoa o mais profundo, de nossos homens de governo, apenas com o imperativo daquilo que Fouillée chamaria mais tarde as idéias-força.

Tavares Bastos, que morreu jovem, deu-se aos estudos práticos, nos albores da segunda metade do século XIX, época dos gorjeios românticos. A precocidade era assombrosa: primeiramente, pela visão do Brasil em pessoa tão moça; a seguir, pelo excepcional poder de desintegração da zona frívola onde se perdiam os rapazes da época."

Idéias avançadas

"Orador, enfrentava Tavares Bastos em sua tenra idade as grandes figuras do Parlamento, como o primeiro Paranhos, depois Visconde do Rio Branco, discutindo finanças e economia. Escritor, estudava o Amazonas, dando sérios conselhos, só hoje atendidos, ainda assim graças às constantes catástrofes da região.

Em 1866 era seu o brado para que os amazonenses, dedicando-se à agricultura, explorassem outros produtos além da borracha nativa, cuja crise com tamanha antecedência previa. De toda a Amazônia merece ele ampla consagração, pois só a pugnicidade de Tavares Bastos abriu o grande rio às bandeiras das nações. A dívida é tanto mais imperiosa quanto é certo que o Amazonas, onde existem cidades que rememoram em sua designação alguns *thugs* extintos, jamais inscreveu o nome de Tavares Bastos em nenhum beco da mais longínqua aldeia. Só Dionísio Bentes, quando governador do Pará, dele se lembrou, ao inaugurar uma estrada de certa importância, melhoramento a que associou a evocação do grande batalhador.

Tavares Bastos era, porém, de tal maneira grandioso que não cabia no próprio Amazonas. Dos vinte e dois aos trinta e seis anos agitou todo o complexo dos problemas verdadeiramente nacionais, mas a sua ação principal não durará tanto. Ele a desenvolveu, em uma espécie de milagroso advento da madureza, dos vinte e dois aos vinte e oito anos.

Em todo o Brasil não há maior exemplo de uma vida tão intensa em sua brevidade. Desses curtíssimo período são as *Cartas do Solitário* e *O Vale do Amazonas*. Só *A Província* é o trabalho de um homem pouco maior de trinta anos - e já em desgraça, pois não volvera ao parlamento."

Tavares Bastos e o bem coletivo

"Perdeu-se pela vivacidade com que adivinhou o futuro do Brasil, e é curioso observar que, tão moço, não houvesse aplicado a inteligência na busca de fórmulas puramente teóricas de governo. Deu-se toda essa inteligência excepcional e ardente ao estudo, como agora se diz, da realidade.

É a realidade que o empolga ao lembrar a imigração para substituir o trabalho escravo pelo trabalho livre; é a realidade que o orienta ao pregar a democratização administrativa; é a realidade que o leva à compreensão do problema de nossa grandeza quando reclama o ensino profissional e técnico.

A existência fugaz do grande homem que ele foi só poderia ser devidamente apreciada a distância. Sua obra é como a dos pintores, que toma valor extrínseco depois de iluminada pela passagem dos anos. Os rivais que encontrou em seu tempo, embora ilustres, não poderiam ter a perfeita noção do que ele era. Afastados, como nos encontramos, de sua época, a perspectiva revela-nos a completa beleza do quadro. Nada há do que temos feito pelo Brasil, nestes últimos cinqüenta anos que não esteja em Tavares Bastos, nada do que resta fazer que ele não tivesse apontado. (...)

Tavares Bastos serviu ao Brasil escrevendo na Imprensa, oferecendo-nos o padrão do jornalista como o defini, isto é, o homem de todas as paixões - de todas as paixões, cumpre realçar, inspiradas pelo bem coletivo".

Jerônimo Coelho
João Francisco Lisboa
Tavares Bastos
José Carlos Rodrigues
Rui Barbosa
Gustavo de Lacerda
Roquette Pinto
Assis Chateaubriand
Barbosa Lima Sobrinho
Cásper Líbero

JOSÉ CARLOS RODRIGUES
Um jornalista que fez e desfez presidentes

Marialva Barbosa

Ensaio publicado na Revista Imprensa, nº 168, janeiro/fevereiro de 2002, p. 51-58.

Marialva Barbosa - Bacharel em Jornalismo, Mestre e Doutora em História pela Universidade Federal Fluminense. Pós-Doutorado em Comunicação pelo CNRS, Paris, França. Membro do Comitê Nacional da Rede Alfredo de Carvalho. Coordenadora do Núcleo de Estudos em Jornalismo da Sociedade Brasileira de Estudos Interdisciplinares da Comunicação - INTERCOM. Coordenadora do Programa de Pós-Graduação em Comunicação da Universidade Federal Fluminense.

Uma das mais importantes figuras do início do século XX, José Carlos Rodrigues possuia tanta ingerência política na recém proclamada República que se dizia na cidade, com freqüência, que ele era capaz de nomear não só os ministros, mas o próprio presidente da República.

A extensa correspondência que mantinha com os presidentes mostra a ingerência que possuía junto ao poder político. Aconselhando Prudente de Moraes, sugerindo ações diretas a Campos Salles, indicando nomes para ocupar cargos no primeiro escalão, José Carlos Rodrigues foi uma espécie de conselheiro de todos os presidentes, de Prudente de Moraes à Rodrigues Alves.

Classificado como "homem de confiança do Presidente" durante o Governo Campos Sales, quase que diariamente chegavam à redação do *Jornal do Commercio*, na rua do Ouvidor, pedidos oficiais para que publicasse desmentidos ou divulgasse feitos considerados relevantes pelo governo. Ele se transformava em informante e conselheiro do próprio presidente. "Devolvo o seu telegrama, agradecendo a importante informação. Não tenho bastante conhecimento do nosso ministro para saber que destino devo dar-lhe; mas, se V. tem motivos para acreditar que ele não nos representa com a devida lealdade, *peço que me auxilie* com as informações que a respeito tiver" (Carta de Campos Sales a José Carlos Rodrigues, 22 fev. 1899. In: *Correspondência passiva de José Carlos Rodrigues*. Seção de Manuscritos da Biblioteca Nacional, Rio de Janeiro).

Simbiose da imprensa com o poder

Detentor do papel de difusor das idéias do Governo, de articulador dos conceitos favoráveis a esta política e de fomentador de opiniões, o *Jornal do Commercio* assume notória importância política. As notícias oficiais chegavam primeiro, ao jornal de José Carlos, vindas diretamente das mãos do Presidente da República. E este tinha ainda como função distribuí-las aos outros periódicos. "*Peço-lhe o obséquio de publicar no Jornal do Commercio o agradecimento junto e de mandar provas aos outros jornais.* Pretendo seguir amanhã cedo para Teresópolis, onde espero completar a minha convalescença. Deixei hoje o Morro do Inglês - e desta vez sem saudades - pelo muito que ali sofri. Agradeço-lhe muito - e ao Jornal - o grande interesse com que acompanharam a minha enfermidade e os votos sinceros que fizeram pelo meu restabelecimento".

No Palácio do Catete o repórter do *Jornal do Commercio* era, em conseqüência, o de maior ascendência. "O noticiário da presidência, contendo cópias dos atos do governo, era mandado à sala de imprensa e entregue diretamente ao representante do *Jornal do Commercio*, que, por sua vez, *deveria permitir* (grifo nosso) que os demais colegas tirassem dele suas notas. Arvorado em chefe da sala, muitas e muitas vezes sonegava aos companheiros as notícias mais importantes. No dia seguinte, ao ler o velho órgão, verificávamos que havíamos levados grandes 'furos' (Entrevista de Lopes Sampaio a Manoel de Carvalho Netto).

Duas seções tinham primazia na divulgação das notas do Governo: a "Gazetilha" e as famosas "Várias". Tão famosa e polêmica quanto as "Várias" era a coluna "A Pedidos". Campanhas as mais diversas, apelos os mais eloquentes e, sobretudo, calúnias, infâmias e difamações eram veiculados por esta seção, onde se pagava pelo espaço e normalmente se acobertava o autor com a assinatura de jornalistas e outras pessoas pouco conhecidas. A "Gazetilha" era outra coluna polêmica. Através dela se fazia afirmações, acusações, se imputava declarações, que eram desmentidas, algumas vezes, de forma veemente.

A polêmica, as denúncias das relações dessa imprensa com o poder político, as intrigas e difamações não eram exclusivas das colunas mais famosas. No restante das páginas, em artigos de fundo e no noticiário, os exemplos dessas relações e desses favorecimentos podem ser encontrados aos milhares.

Jornalismo de combate

Referendando-se como órgão de combate, o *Correio da Manhã* denunciava, com minúcias, esses favorecimentos. Em 1901, mais uma vez o alvo do periódico de Edmundo Bittencourt era o *Jornal do Commercio*. Segundo o *Correio* "milhares de contos de réis saíram do Banco da República para pagar a jornalistas, amigos do governo, elogios ignóbeis que depois eram transcritos nos 'A Pedidos' do *Jornal do Commercio*". E acrescentava: "A custa do Banco da República viviam, em arranjos e negócios, os adeptos do Sr. Campos Sales e do seu Ministro da Fazenda. Era preciso comprar na imprensa um coro unânime de aplausos para o governo que tais atos praticava, era preciso, para iludir a miséria em que vivemos sem pão e sem calçado para os nossos filhos, era preciso pedir a imprensa que pintasse um quadro risonho e cor de rosa. Estas pinturas custam muito caro" ("Um escândalo". *Correio da Manhã*, 8 set. 1901, p. 1).

Foto da redação do *Jornal do Commercio*, em 1892

O que era denunciado como negociata e como notícias pagas pela imprensa oposicionista era, em contrapartida, objeto de vivos agradecimentos por parte do Governo que reconhecia no apoio o patriotismo e, sobretudo, a missão do jornal. "Agradeço-lhe muito cordialmente o magistral artigo em que o *Jornal do Commercio*, com sua competência incontestável e grande autoridade, fez a crítica do manifesto do Dr. Manuel Vitorino, reduzindo-o a suas mesquinhas proporções. Bem sei que, assim procedendo, o *Jornal do Commercio*, nesse como em outros assuntos, inspira-se no seu patriotismo e desempenha-se de sua elevada missão, sendo exatamente esse modo de proceder que deu-lhe a grande autoridade que exerce na opinião".

As benesses do poder

Prudente de Morais expressava claramente a sua "profunda gratidão" ao jornal e ao seu redator-chefe. "Por isso mesmo tanto maior é o meu reconhecimento e mais profunda a minha gratidão para com o grande órgão da nossa imprensa e seu digno redator-chefe, pela justiça que fazem-me auxiliando-me eficazmente no desempenho de minha tão difícil quanto patriótica tarefa". Essa missão, segundo os adversários, tinha um preço.

Nenhuma das colunas do *Jornal do Commercio* possuía maior força política do que as "Várias". Inúmeros eram os pedidos, lembretes, ordens para que determinada informação saísse sob a forma de "vária". Segundo depoimentos, era uma seção de tamanha repercussão que, tal como o próprio diário, passava a ser um substantivo. Assim como ninguém se referia ao *Jornal do Commercio* como tal, bastando falar "Jornal", também ninguém dizia Várias Notícias. "Você já viu a Vária do Jornal de hoje?" Dizia-se correntemente.

Em carta a José Carlos Rodrigues, 9 mar. 1898, afirmava Prudente de Morais: "O *Jornal do Commercio* ao tempo em que comecei a lê-lo (1900) era de longe o diário de maior prestígio no Brasil. Havia outros como a *Gazeta de Notícias*, o *Jornal do Brasil*, *A Notícia*, *A Tribuna*. Mas nenhum o igualava em força e prestígio. Essa força vinha desde o Governo Campos Sales, sobretudo depois que Tobias Monteiro, tendo representado o jornal na viagem do presidente eleito, tornou-se secretário de fato do presidente. As principais várias, sobretudo a primeira delas, traduziam o pensamento do Governo".

Sua leitura significa adquirir informação suficiente para sustentar conversas sobre os mais variados assuntos da atualidade. "Nas conversas dos maiores, uma coisa despertava enorme curiosidade: a importância por todos atribuída a uma entidade, ou melhor, a uma família de entidades que não foi fácil identificar, em sua natureza, dir-se-ia quase que sobrenatural: as 'Várias'. Que seriam as 'Várias'? Algo de misterioso, misterioso e terrível. Ver, entender, acompanhar as 'Várias' era um dever de todo cidadão prestante. Quem não estivesse a par da 'Vária' do dia era um, como dizer? Hoje diríamos, talvez, um alienado, incapaz de participar de qualquer conversa mais séria e mais profunda. Não leu a vária? Então não sabe de nada. Cresça (leia a vária) e apareça. A Vária - sussurrava-se derrubava chefes políticos e ministérios".

No seu depoimento, Pedro Dantas ressalta ainda a força política da seção mais poderosa do *Jornal do Commercio*. "Nem mesmo quando foi possível identificá-las, encontrá-las na terceira página e fazer algum esforço para tomar conhecimento do que nelas se continha, foi suficiente esclarecido o mecanismo de sua força. Derrubar ministérios, com uma conversa por escrito? Bem, vamos deixar prá lá, coisas, esquisitices de gente grande. E foi preciso crescer também para entender. Outros interesses, outras leituras, um mínimo de familiarização com os mecanismos de formação do poder político, acabaram por elucidar como poderia uma 'vária' derrubar o gabinete".

Tráfico de influência?

Reveladora também dessas relações dos jornais com o poder público é a extensa correspondência entre o Barão do Rio Branco e José Carlos Rodrigues, cobrindo o período 1895-1902. Nas cartas, telegramas, bilhetes e cartões Rio Branco pede favores pessoais, solicita a intermediação de José Carlos junto ao Presidente da República, instiga a publicação de artigos, seja para desfazer mal entendidos, seja para divulgar fatos que considera relevantes, seja para a sua promoção pessoal.

Nas memórias dos jornalistas que reproduzem a redação do *Jornal do Commercio*, a figura do Barão do Rio Branco sempre aparece a descrição da cena. "Sentava-se à grande mesa do centro e ali se demorava como se fosse um redator da sala".

Se as relações entre Prudente de Morais e José Carlos Rodrigues transformaram o redator do *Jornal do Commercio* em porta-voz informal da Presidência, no governo seguinte não menos poderoso deixava de ser o ex-proprietário da *Revista Novo Mundo*. O jornal continuava sendo, durante o período Campos Sales, responsável pela divulgação oficial dos atos da Presidência e diariamente a redação da Rua do Ouvidor recebia tiras para publicação. "Campos Sales agradece cordialmente a referência que a 'Vária' fez ao seu governo noticiando o empréstimo para as obras do porto e envia os mais afetuosos comprimentos". Cartões e bilhetes como esses eram freqüentes. José Carlos Rodrigues era chamado de amigo e tratado com a maior intimidade possível.

Apresentando pessoas e agradecendo os bons serviços, são inúmeros os exemplos referindo-se a favores pessoais do então presidente ao proprietário do *Jornal do Commercio*. "Campos Sales apresenta o Sr. Jesuíno de Melo ao seu amigo Dr. José

Trajetória do homem-forte

O proprietário do *Jornal do Commercio*, de 1890 a 1915, filho de uma família abastada de origem agrária, nasceu em Cantagalo, em 19 de julho de 1844, na fazenda de seu pai Carlos José Alves Rodrigues. Foi criado por uma tia de hábitos fidalgos, viúva de Capistrano de Abreu Lima Pais e Olveira, filho do Marques da Ponte de Lima Pais e Oliveira. Com 20 anos, formou-se em Ciências Jurídicas e Sociais pela tradicional Faculdade de Direito de São Paulo.

Sua atividade como jornalista, que se iniciara de forma amadorística, ainda quando aluno secundarista do Colégio Pedro II, continua ainda quando estudante de Direito em São Paulo. Durante os dois últimos anos do curso escreveu para o *Correio Paulistano* e foi correspondente do *Correio Mercantil*.

Com 23 anos, em 1867, emigrou para os Estados Unidos, onde se tornaria proprietário da revista mensal *Novo Mundo*, criada em 24 de outubro de 1870. Esta revista deixaria de funcionar em 1 de outubro de 1879. Durante o período americano, José Carlos Rodrigues foi correspondente do *Jornal do Commércio* (a partir de 1868), redator do *New York World* e colaborador do jornal *The Nation*.

A convite do Conselheiro Manoel Gomes de Oliveira muda-se para Londres, em 1882, com a função de auxiliar o conselheiro a levantar capitais para a Estrada de Ferro Cantagalo. Durante os oito anos em que esteve na capital inglesa sua principal atividade foi a de intermediar negócios e empréstimos, tanto para particulares como para o governo. Sua atividade jornalística neste período resumiu-se a colaborações eventuais para o jornal *The Times*.

Através de uma associação inicialmente com o Conde Eduardo Prado e, posteriormente, com o Conselheiro José da Silva Costa, empreende uma série de negociações para levantar o capital necessário para comprar o *Jornal do Commercio*, assim que retorna ao Brasil em 1890. Finalmente em 17 de outubro de 1891, com apenas 30 anos, e junto com mais 23 associados consegue adquirir o jornal.

A partir daí empreende uma série de ações no sentido de aumentar a importância do periódico, ampliando as seções, modernizando seu processo de produção e a própria administração, de tal forma que se transformasse no "verdadeiro defensor das classes conversadoras no Brasil" (SENNA, 1907). E mesmo como proprietário do jornal, após 1891, nunca abandonou sua condição de intermediário de negócios do governo brasileiro, vindo a ser também Diretor do Lloyd, além de ser um dos principais interlocutores dos presidentes Campos Sales e Prudente de Morais. Retira-se do jornal em 1915, passando seus direitos de sócio-solidário a Antonio Ferreira Botelho. José Carlos Rodrigues faleceu, em Paris, em 26 de junho de 1923.

Carlos Rodrigues". Ou: "Campos Sales. De pleno acordo, agradecendo desde já os bons serviços".

Essas relações eram de tal ordem que as sugestões para que publicasse notícias, elaborasse várias, divulgasse ou esclarecesse atos oficiais se tornaram diárias. "Acho interessante e muito sensato o artigo do Dr. Pereira Barreto, publicado em editorial do Correio Paulistano e que vai aqui em retalho. Não valerá a pena dar-lhe transcrição em lugar de honra no Jornal?" (Carta de Feliciano José das Neves a José Carlos Rodrigues, 21 mar. 1896 e cartões de Campos Sales a José Carlos Rodrigues, s/d.)

Linha Conservadora

Mas como era o *Jornal do Commercio* do início da República? Quais as razões que o fizeram transformar-se num substantivo, quando passa à direção de José Carlos Rodrigues?

Mantendo sua feição conservadora e de claro apoio a quem está no poder, o *Jornal do Commercio*, fundado em 1827, passa por uma drástica mudança na sua estrutura empresarial, a partir de 1891, quando José Carlos Rodrigues assume o controle do periódico.

Em 17 de outubro daquele ano, o antigo correspondente nos Estados Unidos, em conjunto com mais 23 associados, adquire o jornal pela quantia de 3.500:000$000, tornando-se sócio solidário, gerente e redator chefe do periódico. Para isso, um empréstimo por subscrição pública no valor de 2.600:000$000 é solicitado ao Banco do Brasil. Como garantia são dados os prédios que a empresa possui às ruas do Ouvidor, Quitanda e Travessa do Ouvidor, em valor superior a 1.000:000$000. No mesmo documento há referência de que, para pagar os juros e a amortização de 208:000$000 anuais, não haveria problema, pois o *Jornal do Commercio* tinha uma renda superior a esta quantia há muitos anos.
Nova orientação é dada ao jornal: as seções são ampliadas, dilata-se o noticiário, com o intuito de torná-lo mais abrangente, sem deixar de ser "o verdadeiro defensor das classes conservadoras do Brasil" (SENNA, Ernesto. *Jornal do Commercio.* Rio de Janeiro: Tip. do Jornal do Commercio, 1901, 16 p. e JORNAL DO COMMERCIO. *Edição comemorativa do primeiro centenário do Jornal do Commercio.* Rio de Janeiro, 1928.)

Cinco anos depois, o lucro anual do jornal é da ordem de 300:000$000. Emprega 429 pessoas, sendo 220 tipógrafos nas oficinas do jornal diário e de obras e 66 pessoas na redação, sendo 20 efetivos e 46 colaboradores. Entre tipógrafos, pessoal das máquinas, entregadores e dobradores trabalham nas oficinas 349 operários. Há ainda dois paginadores e 50 revisores, enquanto na administração 12 pessoas se revezam. Nestes números não estão incluídos os suplentes, aprendizes e serventes. Em 1906, o número de empregados já se eleva a 512 pessoas (JORNAL DO COMMERCIO. *Edição comemorativa do 18 aniversário da direção de José Carlos Rodrigues.* Rio de Janeiro: Tip. do Jornal do Commercio, 1908.)

Empresa Inovadora

Em contraste com a linha editorial, as inovações tecnológicas são marcantes no jornal. Ainda na década de 1890 é o primeiro jornal do Brasil a importar máquinas linotipos e um dos primeiros da América do Sul a utilizar uma rotativa, o que representou uma rapidez extraordinária no processo de produção.

Numa carta a José Carlos Rodrigues, em 1889, o então diretor do *Jornal do Com-*

mercio, Francisco Picot, informa-o sobre uma maravilhosa invenção - a *lynotype* - lançada em Londres e que logo seria adotada pelo periódico: "Vi no Times de 20 ou 21 passado, algumas linhas sobre a abertura de uma subscrição para lançar, em Londres, uma nova máquina de compor, a lynotype. Mandei vir de Londres o que há a respeito e recebi ontem uma papelada e uma brochura que dá algumas explicações sobre essa maravilhosa invenção. Vi tudo e estou de cabeça torta, tal é a minha admiração".

A seguir, resume aquilo que mais lhe causa espanto: "Toda a máquina faz o trabalho de cinco compositores. Espacejar e justificar faz-se automaticamente. Não há nem composição, nem distribuição. A linha sobe inteiriça, num pedaço de metal e, portanto, não há pastel possível" (Carta de F. Picot a José Carlos Rodrigues, 4 ago. 1889. Correspondência passiva de José Carlos Rodrigues. Seção de Manuscritos Biblioteca Nacional. Rio de Janeiro.)

Ao lado de argumentos técnicos, como justificativa para melhorar o produto final, Picot enfatiza o aumento da produção. O que causa admiração ao diretor do *Jornal do Commercio* é a invenção de uma máquina capaz de fazer o trabalho de cinco compositores e de forma mais perfeita, isto é, sem empastelamento.

No início do século possuem três máquinas impressoras Marinoni, capazes de imprimir de uma única vez, entre oito e 16 páginas, num total de 10 mil exemplares por hora. Há também duas máquinas menores que podem imprimir duas ou quatro páginas, com tiragem de 12 mil exemplares por hora. A oficina de obras possui sete máquinas. O jornal tem ainda uma oficina para fundir tipos com seis máquinas, sendo três para fundir, uma para laminar o fio, outra para laminar entrelinhas e a última para cortar espaços de corpo 5 a 14.

Em junho de 1906, ao ser lançada a pedra fundamental do novo edifício à Av. Central, já possui 12 máquinas de impressão e nove para fundição de tipos, ocupando cinco prédios da Rua do Ouvidor e dispondo de luz elétrica em todas as suas instalações, desde 1901.

Grupo de pessoal encarregado da expedição da folha por via postal e entregue em residências, com os auxiliares incumbidos desse serviço

Naquele dia, dois anos antes de o jornal se transferir para o novo endereço, assim José Carlos Rodrigues se refere a ele: "Toda essa *fábrica* com seus terrenos e mecanismos, por mais cifras que represente nos balanços, de pouco vale na verdade comparada com o que vai na história do Brasil independente pelo nome do Jornal do Commercio" (JORNAL DO COMMERCIO. *Palavras de José Carlos Rodrigues no lançamento da pedra fundamental do novo edifício do Jornal do Commercio.* Rio de Janeiro: Tip. do Jornal do Commercio, 14 jun. 1906.)

Gêneros e formatos

Do ponto de vista editorial, na primeira década do século, o *Jornal do Commercio* introduz algumas modificações, mas não abandona o seu estilo eminentemente opinativo, mantendo uma mancha gráfica que ocupa toda a sua extensão, sem a valorização da ilustração ou outros recursos gráficos. É editado em 8 colunas, com 272 linhas em cada uma e invariavelmente em corpo 7.

Na primeira página publica, habitualmente, os *Telegramas*, reproduzindo notícias divulgadas pela Agência Havas e por seus correspondentes nacionais e internacionais; a *Gazetilha*, coletânea das notícias mais importantes do dia, e o *Folhetim*, que ocupa todo o rodapé da página. Na *Gazetilha* dá igual destaque às notícias nacionais as mais diversas, enviadas pelos correspondentes, às notas teatrais e a um ou outro caso de polícia. O texto pode reproduzir a íntegra de notícias já divulgadas por outros jornais e as correspondências enviadas dos Estados.

Aos domingos, a partir de 1902, as *Dominicais*, assinadas pelo ex-repórter policial João Luso, embora mantendo o nome folhetim são, na verdade, pequenas crônicas do cotidiano, onde geralmente arquiteta-se uma história, baseada num *fait-divers* ou recordando alguma figura conhecida. Constâncio Alves publica às quintas-feiras, *Dia a Dia*, um folhetim ao estilo de Machado de Assis e que, desde o final do século, deixou de ser publicado nos jornais. Para além dessas mudanças, continua mantendo a sua feição nitidamente política e de apoio ao poder público. Publicando os relatórios da Diretoria das Finanças, os despachos dos diferentes ministérios, do Tribunal de Contas e os atos oficiais da Prefeitura, o jornal se constitue numa espécie de Diário Oficial paralelo.

Com 10 páginas, mas eventualmente publicando números com 32, 36 ou até 40 – algo inteiramente inovador na época – imprime uma edição especial aos domingos e em datas comemorativas, como o Natal, adotando o modelo norte-americano, segundo definição de seus próprios idealizadores.

Continuando a dar grande destaque ao folhetim, publica romances inéditos de Zola, Vítor Hugo e Eugene Sue, em sua primeira página,. Suas edições priorizam também as notícias do exterior, que se iniciam em 1877, reproduzindo os primeiros telegramas distribuídos pela Agência Havas. Possui correspondentes em Paris, Lisboa, Roma, Buenos Aires, além de "outros pontos da Europa e da América".

Compunham ainda as habituais 10 páginas do jornal, as *Várias Notícias*, seção onde destacam pequenas notas, de cunho político e de grande popularidade, as *Notas de Sciencia*, de *Arte* e de *Letras*, *Teatros e Música*, o *Sport*, *Associações*, *Notícias Religiosas*, *Revista dos Estados*, *Parte Judiciária*, *Conselho Municipal* e os *Atos Oficiais da Prefeitura* e da *Brigada Policial*. Publica ainda as notícias e notas de interesse do poder ou que são pagas previamente na sua coluna mais polêmica: *Publicações a Pedido*.

Cenário e personagens

Sem a aspiração de ser popular, fazia questão de acentuar o seu trânsito entre a classe dominante - orgulha-se de ser "o jornal das classes conservadoras, lido pelos políticos, pelos homens de negócios, pelos funcionários graduados" - o *Jornal do Commercio* é o periódico mais caro do Rio.

No velho prédio da Rua do Ouvidor, 93, no moderno edifício da Av. Central, repórteres e redatores escrevem diariamente as colunas fixas e a reportagem, num trabalho milimétricamente dividido, como o espaço que ocupam na redação: "Ao entrar, sentado à primeira mesa da esquerda está o Dr. Pederneiras, com a sua cabeleira de fios levíssimos de seda, a longa barba, tênue e alvíssima caindo-lhe docemente amarfanhada sobre o peito".

A memória do redator João Luso, pseudônimo de Armando Erse de Figueiredo, em 1900, compõe, passo a passo, a redação do início do século. "Em contraste com essa resignada melancolia a trafega jovialidade de Ernesto Senna, de mesa em mesa, até ao fundo da sala, do fundo da sala até as janelas (...); atendendo a toda sorte de pretendentes a empregos de solicitantes de cartas de apresentação e, no meio de tudo isso, de repente, a qualquer rumor da rua, correndo à sacada, a farejar a notícia com o instinto alarmado de um repórter verdadeiramente de raça!"

Ao velho redator contrapõe, nessa descrição, a figura do jovem repórter, com toda a idealização construída em torno da profissão. O mais famoso repórter do *Jornal do Commercio* é apresentado em sua agilidade, presteza e, sobretudo, com os olhos e ouvidos aguçados em busca da notícia de última hora.

Na redação estão também trabalhando em suas mesas, ao final do dia, o redator das notas do Senado, o tradutor das "Gazetilhas", o redator comercial. E muitos outros: "As quatro horas chega Carlos Américo dos Santos, com as Notas de arte já escritas em invariáveis tiras de papel almaço, vem do seu escritório da Great Western (...). Os dois plantões para os telegramas do interior, Machado e Souza, ambos tão simpaticamente modestos, só aparecem lá para as 9, 10 horas... Mas, pela tarde foram entrando vários repórteres: Mário Franco Vaz, meu querido companheiro da polícia, depois diretor da Escola 15 de novembro, pediatra dos mais notáveis; João Guimarães, aplaudidíssimo autor teatral, que traz as notícias da Guerra; Francisco Valim, da Alfândega; Euclydes Machado, que faz o Sport... E ao cair da noite, ofegante, transpirando de tanto correr repartições públicas, agências, bancos, associações, irmandades, casas comerciais (...) Baldomero Carqueja" (Jornal do Commercio, op. cit., 1928, p. 769-71).

Se por um lado, não há grandes mudanças editoriais no mais tradicional periódico, as seções e colunas, introduzidas em profusão, permitem a explosão das pequenas notícias, tornando-o mais fácil de ser lido. Por outro lado, o jornal passa – tal como os seus concorrentes – a valorizar as reportagens. (Em maio de 1907 publicam, por exemplo, uma série de reportagens assinadas por Euclides da Cunha sobre a Transacreana. Cf. Jornal do Commercio, mai. 1907, p. 1)

Como em qualquer indústria - ou fábrica - parodiando a própria definição de seu sócio majoritário, há uma rígida divisão e hierarquia do trabalho. Na redação, os responsáveis por cada seção dividem a tarefa de escrever. Tudo isso premido pelo tempo. O jornal agora tem hora certa para sair das oficinas para as ruas e, neste contexto, o tempo se torna fator preponderante. O tempo da apuração das notas, o tempo da redação das notícias, o tempo da sua distribuição, tudo é regulado pela premência de uma nova realidade temporal que também toma conta da cidade.

Jerônimo Coelho
João Francisco Lisboa
Tavares Bastos
José Carlos Rodrigues
Rui Barbosa
Gustavo de Lacerda
Roquette Pinto
Assis Chateaubriand
Barbosa Lima Sobrinho
Cásper Líbero

RUI BARBOSA
Jornalista emblemático da tradição republicana

Carmem Pereira

Ensaio Ensaio publicado na Revista Imprensa nº 160, maio de 2001, p. 63-70.

Carmen Pereira - Bacharel em Jornalismo. Mestre em Ciência Política pela Pontifícia Universidade Católica do Rio de Janeiro. Fundadora do Fórum Nacional dos Professores de Jornalismo. Professora do Curso de Comunicação Social da UniCarioca (RJ).

O nome de Rui Barbosa foi consagrado no imaginário popular como a Águia de Haia por sua participação na Conferência de Paz de 1907. Deputado, vice-chefe do Governo Provisório, ministro da Fazenda e senador, passou a vida defendendo os direitos dos cidadãos e contribuindo de forma decisiva para a consolidação do arcabouço jurídico da jovem República. Advogado, político e jornalista, é considerado uma figura incomum. Sua atuação no cenário político nacional e internacional faz parte de nossa História e no ano de 1999, na passagem dos 150 anos do seu nascimento, foi homenageado com uma série de eventos – entre eles a exposição itinerante "Notícias de Rui Barbosa, um brasileiro legal".

Sua carreira jornalística ficou em segundo plano, mas a leitura dos seus artigos publicados nos grandes jornais da época revela ter sido o Jornalismo (junto com o Direito) sua paixão maior. São mais de dois mil artigos escritos nos importantes jornais da virada do século XIX para o XX - *Diário da Bahia*, *Diário de Notícias*, *Jornal do Brasil*, *Jornal do Commercio* e *A Imprensa* -, ao longo de 50 anos, abordando diversos aspectos da vida política do momento.

Charge de Angelo Agostini na Revista Ilustrada de 1890: Rui e Deodoro entregam à República a Constituição

Rui Barbosa só se afastou deliberadamente do jornalismo entre novembro de 1889 e janeiro de 1891, durante sua participação no Governo Provisório encabeçado pelo Marechal Deodoro da Fonseca. A escolha de seu nome para o cargo de ministro da Fazenda foi em decorrência de sua atuação à frente do *Diário de Notícias*. Como redator e redator-chefe, de março a novembro de 1889, escreveu 403 artigos defendendo a modernização do Poder Público e da sociedade, quando analisa os atos do Imperador Pedro II e dos gabinetes do Visconde de Ouro Preto e de João Alfredo e a repercussão no cotidiano da população.

Sua adesão à República, no entanto, se daria à última hora. Enquanto os republicanos, influenciados pelos exemplos da França, dos Estados Unidos e do restante da América Latina, pregavam mudança do regime, Rui defendia o modelo inglês (Monarquia Parlamentar).

Seu artigo "O Plano contra a Pátria", publicado em 9 de novembro, fazia uma severa crítica à atuação do governo nos últimos três anos e detectava a impopularidade do Poder Público em todas as classes. Rui pressentia o desenlace próximo, mas concluía com a vã esperança de que "alguma coisa impalpável e misteriosa no seio dos acontecimentos" salvasse Sua Majestade e o regime.

Elmano Cardim, na conferência "Rui Barbosa, o Jornalista da República", ressalta

Delegação do Brasil em Haia, Rui Barbosa, ao centro, sentado.

que este artigo foi "o último empurrão que a pena de Rui dava no trono, já solapado e vacilante pela clava dos artigos do redator do *Diário de Notícias*, lidos por toda a parte, por toda a parte comentados e apreciados". No mesmo dia, Rui foi procurado por Benjamin Constant - futuro ministro da Guerra - que confessou: "*Seu artigo de hoje me convenceu que não temos remédio nenhum, senão proclamar a República.*"

A escolha dos republicanos para Rui ocupar a pasta da Fazenda foi influenciada, principalmente, por uma série de artigos por ele publicados sobre economia. Entre eles, três sobre a criação da *Clearing House* (Câmara de Compensação Bancária), apresentando um projeto de estatuto baseado no modelo inglês. No Ministério, sua principal realização foi a reforma bancária, além de uma série de medidas com o propósito de fazer do Brasil uma nação industrial.

O jovem Rui Barbosa e seus colegas de academia

Esse momento é revelador, também, da importância de Rui à frente do jornal e do próprio papel da imprensa na mudança do regime. O *Diário de Notícias*, um periódico modesto, se transformou num dos grandes órgãos da imprensa nesse agitado final do Império no qual Rui Barbosa divulga suas idéias defendidas no Parlamento.

Jornalista de opinião

Para entendermos hoje a atuação de Rui Barbosa e o lugar de destaque da Imprensa nos acontecimentos do fim do Império e início da República, é necessário relembrar que o modelo francês predominava na Imprensa no Brasil.

O jornalista era um formador de opinião: formulava sua opinião e a transmitia ao povo com a função de fiscalizar o governo em nome da sociedade. Um papel muito próximo ao do político e que, em muitas ocasiões, com ele se entrelaçava.

As folhas (como eram conhecidos os jornais) defendiam bandeiras políticas, não tinham fins lucrativos e eram impressas em pequenas gráficas. Sob a ótica econômica, era a chamada fase artesanal, que começou a se modificar no final do século, com o surgimento das primeiras empresas jornalísticas, vivendo de publicidade, com inovações gráficas e um noticiário mais vivo e atual – e o modelo norte-americano passa a predominar.

Rui se inicia na imprensa na fase artesanal, atravessa a transição e chega à consolidação da fase industrial. Filho do liberal João José Barbosa de Oliveira, deputado pela província da Bahia e diretor do jornal *O Século*, herdou de seu pai tanto o ideário liberal como a veia jornalística. Seus primeiros passos aconteceram em São Paulo, que impulsionada pela expansão do café ia deixando para trás a atmosfera provinciana e pacata e ingressando numa fase de contínuo progresso.

Rui estudava Direito na Faculdade do Largo de São Francisco, onde participou de debates acalorados sobre a crise bancária do Rio de Janeiro e os reflexos da Guerra do Paraguai. Nesse momento, estréia na imprensa *A Independência*, jornal político e literário fundado por Joaquim Nabuco. Passa a colaborar em outros periódicos, entre eles na *Imprensa Acadêmica*, até propor a criação do *Radical Paulistano*, em 1869, de orientação liberal, pregando entre outras medidas a extinção do trabalho escravo.

Nelson Werneck Sodré observa que diversos intelectuais passaram pela imprensa acadêmica, inclusive Rui Barbosa. Vale ressaltar que na luta política as palavras são armas, daí a propensão dos bacharéis ao jornalismo, um meio de acesso à difusão de suas idéias. Sobre sua iniciação na imprensa escreveu, mais tarde: "Minha estréia na tribuna popular, ainda estudante, foi a defesa do escravo contra o senhor."

Da Bahia ao Rio de Janeiro

Sua experiência foi complementada e aprofundada no *Diário da Bahia* (órgão do Partido Liberal), de 1872 a 1881, ocupando, em alguns momentos, o cargo de redator-chefe.

Rodolfo Dantas (filho do Conselheiro Manuel Dantas, proprietário do *Diário da Bahia*), quando viajou para a Corte e confiou a direção do jornal a Rui, em 1877, comentou: "Rui conseguira impor-se como figura principal. Os seus artigos, despindo-se de frases difíceis e um tanto pedantes, que antes lhe tornavam o estilo desagradável, ganhavam vigor e simplicidade. Apenas quanto à extensão era incorrigível: escrevia sempre muito."

Um ano antes, em comemoração aos 20 anos do *Diário da Bahia*, dizia que o jornal é a idéia, o sentimento, a doutrina e a voz de uma população inteira. No jornal baiano, Rui, sem remuneração, fez campanhas jornalísticas pela abolição, reforma eleitoral, liberdade religiosa e sistema federativo.

Rui transferiu-se para a Corte em 1878, quando, eleito deputado geral, alcança o Parlamento do Império. O Rio de Janeiro daquela época era uma cidade de contrastes – misturava nas ruas a elegância de uma elite afinada com os figurinos europeus a escravos de pés descalços e roupas em frangalhos.

O surto de progresso que iria marcar a virada para o século XX já se anunciava e transformava a cidade em grande capital. Os ingleses instalaram o cabo telegráfico submarino entre a Europa e o Brasil. A primeira Agência de Notícias instalada no Rio de Janeiro foi a Reuter-Havas, em 1874. Até então, as notícias do exterior chegavam por carta. O *Jornal do Commercio* abriu um pequeno espaço, sob o título "Telegramas", para essas mensagens.

Nos primeiros dez anos de sua transferência definitiva para a capital imperial, Rui dedicou-se mais à vida parlamentar, mas publicou artigos em diversos jornais, até ser convidado para o *Diário de Notícias*, em 1889. Antes, teve uma rápida passagem, porém significativa, por *O País*, em 1884. Durante três dias, foi redator-chefe do jornal de propriedade de João José dos Reis Jr., Conde de São Salvador de Matozinhos. Em carta ao

Pensamento jornalístico

"Ao desenvolvimento do bem, não menos funesto do que o otimismo, com as suas miragens e falácias, é o pessimismo habitual, com as suas leviandades e cruezas. A veia epigramática tem a sua função essencial na imprensa; mas não há de ser a grande desse organismo. Diante de tudo quanto respeitável for, nos homens, nas instituições, nas tradições e nos princípios, buscaremos lembrar-nos sempre de que o jornalismo, por isso mesmo que é uma exigente escola de crítica, há de ser uma escrupulosa escola de respeito." **Artigo-Programa, *O País*, 01/10/1884**

"Nos tempos de hoje a imprensa encerra em si o órgão mais ativo dessa tendência organizadora, que difunde e reconstitui incessantemente as forças da nação, pondo em comum, pela corrente intelectual, todas as utilidades, todas as energias, todos os princípios esparsos de vida e renovando assim hematose moral do país." **Rio-Santos, *Diário de Notícias*, 23/03/1889**

"A Constituição proibiu a censura irrestritamente, radicalmente, inflexivelmente. Toda lei preventiva contra os excessos da imprensa, toda lei de tutela à publicidade, toda lei de inspeção policial sobre os jornais é, por conseqüência, usurpatória e tirânica. Se o jornalismo se apasquina, o código penal proporciona aos ofendidos, particulares ou funcionários públicos, os meios de responsabilizar os verrineiros." **Liberdade de Imprensa, *Jornal do Brasil*, 19/06/1893**

"A imprensa, de mais a mais, não representa somente uma liberdade de caráter individual: é um direito de ordem política. Num país, onde todos os poderes emanam do povo, onde a autoridade pública se transmite, pelo escrutínio, da nação para os seus representantes, a imprensa constitui um elemento necessário da ordem social, um princípio orgânico na existência das instituições. Eliminando a publicidade jornalística, o governo abole de fato a eleição, privando a opinião dos meios de formar-se, de entender-se, de pronunciar-se." **O Habeas-Corpus e a Imprensa, *Jornal do Brasil*, 15/08/1893**

"De todas as liberdades é a de imprensa a mais necessária e a mais conspícua: sobranceia e reina entre as mais. Cabe-lhe, por sua natureza, a dignidade inestimável de representar todas as outras. Sua importância é tão incomparável que, entre os anglo-saxônios, os melhores conservadores e os melhores liberais do mundo, sempre foi gêmea do governo representativo a crença de que não se pode levantar a mão contra a liberdade de imprensa, sem abalar a segurança do estado (...). Não se suprime essa liberdade, senão para ocultar a ausência das demais, e estabelecer em torno dos governos ruins o crepúsculo favorável à comodidade dos tiranos." **Projetos e Esperanças, artigo-programa, *A Imprensa*, 05/10/1898**

"Se a imprensa for violada nos seus lares, ou nos seus servidores, estaremos com eles, na solidariedade da defesa, da resistência ou do perigo, sem acepção de pessoas, sejam quais forem os ameaçados, ou os ofendidos. Se a liberdade conculcada necessitar de um patrono judiciário, e não houver quem ambicione a vantagem de se oferecer por ela aos rancores oficiais, nesta casa, enquanto aberta estiver, o encontrará, sem interesse nem medo." **A Situação, *A Imprensa*, 06/03/1900**

companheiro de redação, o jornalista José Serra, também liberal e abolicionista, respondeu aos boatos que circulavam:

"Deixei a folha, como disse e redisse ao Comendador Reis, por sentir que não se me dava ali a autonomia precisa para que eu me achasse bem. Quanto às idéias não houve divergências entre mim e o proprietário, que até o último momento me declarou estar de acordo com as opiniões que sustentei em meus três editoriais."

Mas Elmano Cardim atribui a saída de Rui à orientação que o Conde de Matozinhos quis impor ao jornal na questão abolicionista. E Manuel Pinto de Aguiar (autor do Prefácio do volume das Obras Completas de Rui Barbosa, que reúne a documentação do período abolicionista) reforça a hipótese de discordância política e argumenta que somente uma divergência séria faria Rui tomar esta atitude: "amando a profissão de jornalista como ele amava, e profundamente empenhado na campanha abolicionista, não seriam questões de pequena monta que o levariam a afastar-se das colunas de um órgão que se pronunciava vitorioso". Tal fato é revelador da autonomia intelectual que o jornalista tinha para expressar seus pontos de vista. Rui era um árduo defensor, e a liberdade de imprensa está presente em toda a sua trajetória.

Rui Barbosa, cidadão global

Por sua luta em defesa da liberdade, inclusive a de imprensa, Rui teve que sair do Brasil. Foi em 1893, quando exercia as funções de redator e redator-chefe do *Jornal do Brasil* e fazia severas críticas à ditadura Floriano, utilizando-se de seus artigos para responder às ameaças. O jornal é atacado (mas não destruído) ao publicar o habeas-corpus impetrado pelo próprio Rui em favor do Almirante Wandenkolk. Em seguida, irrompe a Revolta da Armada e Rui é considerado líder intelectual do movimento. O estado de sítio é decretado.

Rui, ameaçado de prisão, só tem uma saída: o exílio. Em 1º de outubro o *JB* é fecha-

Casarão onde morou no Rio de Janeiro, hoje transformado em museu.

do, por ordem de Floriano, e só voltaria a circular um ano depois – sob nova direção.

Na Europa, é convidado a ser correspondente do *Jornal do Commercio*. Seu primeiro artigo, em janeiro de 1895, foi em defesa do Capitão Dreyfus e contra a opinião geral dos franceses, alertando para o que viria a ser um dos maiores erros judiciários de todos os tempos. Antecipava-se, em três anos, à carta aberta do escritor Émile Zola - "Eu Acuso" - o mais conhecido defensor do judeu acusado de espionagem nas Forças Armadas da França.

Retorna ao Brasil em 1895, retomando sua banca de advogado e seu espaço na imprensa. Três anos depois, assume o cargo de redator e redator-chefe em *A Imprensa*. Durante dois anos e meio escreve a mais extensa - cerca de 600 artigos e editoriais - e também uma das mais significativas parcelas de sua produção jornalística. Sua saída de *A Imprensa* - que em seguida passou ao comando de Edmundo Bittencourt surgindo, então, o *Correio da Manhã* -, em março de 1901, não marca sua despedida da imprensa.

O chamamento à vida pública, como a Conferência da Paz, em Haia, e a Campanha Civilista, novamente impedem uma participação regular. Continua colaborando no *Jornal do Commercio*, *O Imparcial* e *Correio da Manhã*, entre outros.

Além disso, a imprensa já não era mais a mesma. Cremilda Medina, em *Notícia, um produto à venda*, destaca a introdução da reportagem e da entrevista por Paulo Barreto - também conhecido como João do Rio - que inovou principalmente no conteúdo informativo e nos métodos de captação de dados, que iriam marcar a necessidade de redefinição do espaço do artigo opinativo.

Na nova conjuntura, o jornalista de opinião, como Rui Barbosa, foi perdendo espaço. No entanto, ele continuou usando a pena com o vigor de sempre. Como exemplo, tem-se o artigo publicado em *O Imparcial*, de 14 de outubro de 1918, quando analisa as propostas de paz do Governo alemão, em que faz a seguinte previsão: "Com os seus exércitos salvos, a vencida recolheria as suas poucas forças, para ter, daí a pouco, exigências de vencedor, e, brevemente, dar, outra vez, que fazer às potências liberais vítimas da sua excessiva generosidade."

Rui Barbosa não viu sua previsão se concretizar na II Guerra Mundial. Morreu a 1º de março de 1923, em Petrópolis. Embora jamais tenha ocupado o posto supremo da nação, recebe honras de chefe de Estado. No Rio de Janeiro, seu corpo é levado, nos ombros do povo, da Biblioteca Nacional para o Cemitério São João Batista, onde foi sepultado. Em 1949, seus restos mortais foram trasladados para o Tribunal de Justiça da Bahia, em Salvador - hoje, Fórum Rui Barbosa. E a casa onde morou no Rio de Janeiro, foi transformada no Museu Casa de Rui Barbosa.

O ideal da liberdade

Rui Barbosa, arauto do liberalismo, foi também um jornalista que, em defesa da liberdade de imprensa e da verdade, contribuiu para o ideal de imprensa que ainda hoje ecoa.

Em sua trajetória jornalística, a questão da liberdade esteve sempre presente. Mas a liberdade de imprensa só irá ganhar um espaço maior quando começa a implantação do modelo industrial de fazer jornalismo e surge a Imprensa Operária. Assim, na imprensa

Urna mortuária de Rui Barbosa transportada por membros do Governo e populares, à saída da Biblioteca Nacional, no Rio de Janeiro

acadêmica e no *Diário da Bahia*, a questão Abolicionista e o Federalismo são os temas mais relevantes.

No *Diário de Notícias* sua campanha jornalística serviu, acima de tudo, à causa republicana. No entanto, observa-se que no *DN* sua concepção de liberdade de imprensa começa a ser construída e o papel da imprensa começa a delinear-se. Em seu artigo de estréia - "O Nosso Rumo" (07/03/1889) - dizia que a posição do jornalista era "contra o convencionalismo da verdade oficial", pois o governo era "organizado para explorar a ignorância de uma nação quase analfabeta" e o jornal seria "uma válvula à verdade sem compromisso" (...), "eco do sentimento público". Quatro meses depois, em "Liberdade e Liberais" (27/07/1889), criticando a atuação do Gabinete Ouro Preto, escreveu que "contra a imprensa não há outro remédio eficaz, senão a imprensa mesma". Defendendo a auto-regulamentação, atribui à própria imprensa o dever ao combate às transgressões, embora admitisse que a sociedade não dispunha de mecanismos para exercer esse controle. Segundo ele, agindo assim, o jornalista conquistaria credibilidade junto aos seus adversários e ao público, cumprindo sua missão de educar os cidadãos para a liberdade constitucional. A grande dificuldade, porém, era a proximidade com o poder. Uma sedução constante para o jornalista, que para resistir precisava manter-se firme em seus princípios.

Rui voltou à imprensa, em 1893, não só para defender sua doutrina, mas também para dar explicações de sua atuação no Governo Deodoro. No *Jornal do Brasil* era diretor-proprietário e redator-chefe e por isso seu porta-voz. O momento político era de cerceamento à liberdade constitucional e Rui reafirmou seus princípios em defesa da ordem legal. Se no *DN* defendia que o jornal era formador de opinião, de reflexão, agora, no *JB*, era agente da luta política, de ação social, afirmando que o jornal era instrumento de doutrina e organização, de estudo e de resistência. Em seu artigo-programa "Traços de um Roteiro" (21/05/1893), não aprofundou um programa para o jornal, mas reafirmava seu apoio à República, visando desvincular a orientação monarquista que o jornal tinha tido desde sua fundação, em 1891, sob a direção da família do Conselheiro Dantas.

O conjunto dos artigos desse período revestem-se de importância, na medida em que, neles Rui articulou a liberdade de imprensa às demais liberdades. Por isso, disse que quando os preceitos legais são desrespeitados, a imprensa é uma das primeiras instituições sociais a sofrer restrições.

A defesa da liberdade nessa fase esteve restrita a comentários sobre fatos políticos e restringia-se à censura governamental. Alguns artigos são exemplares. Entre eles, "Onde a Verdade?" (12/06/1893), quando escreveu sobre a censura: "pode-se levar uma sociedade ao estado de marasmo superficial (...) à imobilidade da resignação desacoroçoada". Ou ainda em "Liberdade de Imprensa" (19/06/1893), arguindo a inconstitucionalidade da legislação pernambucana que proibiu a *Gazeta da Tarde* de circular em Recife, afirmando com veemência: "Dêem-nos uma lei de censura, por moderada que seja, e nós nos comprometemos a fechar as portas a todos os jornais, ou fazer de todos eles meras serventias do governo."

O dever da verdade

Por sua atuação no *Jornal do Brasil*, Rui Barbosa teve que exilar-se e afastar-se do cotidiano da redação. Quando retornou, em *A Imprensa*, produziu os artigos considerados mais relevantes sobre a imprensa. Nessa fase, em que Rui aproximava-se dos 50 anos, já tendo vivenciado diversos fatos da vida brasileira, torna-se mais nítida sua visão de mundo. Foi no debate sobre o papel de fiscalização da imprensa que aprofundou e elucidou sua compreensão sobre a liberdade de imprensa.

No artigo-programa "Projetos e Esperanças" (05/10/1898), discutindo a realidade brasileira, revelou com nitidez sua crença na imprensa como principal instrumento de ação em defesa da doutrina liberal. Nesse momento, em que o Partido Político não apresentava, para ele, possibilidades de ação social, a imprensa era a única instituição capaz de realizar o ideal de liberdade.

Dizia que cabia a ela o papel de fiscalizar o governo em nome do povo. Defendeu que "de todas as liberdades, é a de imprensa a mais necessária e a mais conspícua: sobranceia e reina entre as demais." E, mais adiante, afirmava: "Não se suprime essa liberdade (de imprensa) senão para ocultar a ausência das demais, e estabelecer em torno dos governantes ruins o crepúsculo favorável à comodidade dos tiranos."

Observa-se, ainda nesse artigo, que Rui retomou a proposta do *DN*, defendendo o jornal como instrumento de educação do espírito ou de educação nacional: (...) "encarando a imprensa como uma escola, um magistério, a cultura quotidiana do espírito público. Ministrada sob o voto de professar a verdade, insinuar o belo, advogar o bem". Nele, Rui também fez um mapeamento de suas idéias sobre ela, exaltando sua importância e fazendo uma articulação entre ideal de imprensa, governo e sociedade.

O jornalista era o elo dessa articulação - "não somos talvez senão o eco da multidão inumerável, anônima, obscura, esparsa, desvalida, paciente, irresoluta, murmurante, contra cujas explosões a voz que a imprensa lhe deu, é a válvula de segurança providencial."

Sobre a relação entre governo e imprensa, Rui apontou para o plano econômico, mas não aprofundou nem fez revelações contundentes. Embora defendesse a autonomia financeira dos jornais, não chegou a perceber que a subordinação política dos jornais ao governo era mediada pela questão econômica. Nessa época, na Europa e Estados Unidos, a inserção da imprensa na ordem econômica se dava via publicidade comercial, enquanto no Brasil se dava via Poder Público, pela subvenção a jornais e jornalistas.

Revelador dessa articulação foi a obra de Campos Sales, em 1908, Da Propaganda à Presidência, denunciando que sempre houve verbas secretas destinadas à imprensa no Brasil.

Rui irá explicitar, mais claramente, seu pensamento a respeito da relação entre o Poder Público e a Imprensa, na conferência "A Imprensa e o Dever da Verdade", em 1920. Nela reconhece que, na realidade, ela estava subordinada ao Poder Público, pela subvenção recebida diretamente dos Governos Federal, Estadual ou Municipal, ou pelos favores dos empréstimos e importações de equipamentos.

A essa realidade Rui chamou de cultura da mentira, sistema de controle da opinião pública, vergonhoso industrialismo e mercantilagem da imprensa negocista. Comparava o Brasil a Alemanha, na era Bismarck, que, segundo ele, estabelecera a mais vasta "fábrica de opinião pública" e derramara filiais pelo mundo inteiro. Por isso, defendia a verdade como sendo a instituição social mais importante, a garantia maior da liberdade. Para ele, caberia às pessoas de cetro - "são todas as que têm o mando nos negócios comuns, desde o chefe do Estado até os eleitores, desde os legisladores, até os juizes, desde os tribunos até os jornalistas" - a responsabilidade de fiscalizar o governo. Sendo assim, afirmou que o dever elementar do homem público é "pôr a verdade e a consciência acima de qualquer consideração". E dizia ter jurado a si mesmo não mentir.

Para Rui, é necessário, para defender a verdade e praticá-la, ter princípios que a sustentem. É preciso ter fé na verdade para que, mesmo com sacrifício, o homem público consiga cumprir o dever da verdade.

A verdade, assim como a liberdade, são princípios presentes em toda a produção jornalística de Rui Barbosa. A verdade é o elo que, sustentado pelas pessoas de cetro, vai dar sustentação à liberdade. Rui acreditava que, se o jornalista não mentisse, automaticamente o jornal cumpriria o dever de dizer a verdade.

A defesa da verdade como primado da imprensa foi a contribuição maior de Rui Barbosa ao ideal de liberdade de imprensa que ainda ecoa nos dias atuais. Para ele, é do jornalista o dever da verdade.

João Francisco Lisboa
Tavares Bastos
José Carlos Rodrigues
Rui Barbosa
Gustavo de Lacerda
Roquette Pinto
Assis Chateaubriand
Barbosa Lima Sobrinho
Cásper Líbero
Carlos Drummond de Andrade

GUSTAVO DE LACERDA
Um homem de imprensa

Marialva Barbosa e Fernando Segismundo

Ensaio publicado na Revista Imprensa, nº 172, junho/2002, p.71-78.

Marialva Barbosa - Bacharel em Jornalismo, Mestre e Doutora em História pela Universidade Federal Fluminense. Pós-Doutorado em Comunicação pelo CNRS, Paris, França. Membro do Comitê Nacional da Rede Alfredo de Carvalho. Coordenadora do Núcleo de Estudos em Jornalismo da Sociedade Brasileira de Estudos Interdisciplinares da Comunicação - INTERCOM. Coordenadora do Programa de Pós-Graduação em Comunicação da Universidade Federal Fluminense.

Fernando Segismundo - Jornalista atuante na imprensa carioca há muitas décadas, tendo sido redator do Diário de Notícias, A Pátria, O País e Diretrizes.Fundador da Revista Brasiliense. Membro da Academia Brasileira de Jornalismo. Membro da Comissão de Ética e Liberdade de Imprensa da Federação Nacional dos Jornalistas. Presidente da Associação Brasileira de Imprensa – ABI. Autor de vários livros sobre a História da ABI.

"Homem de imprensa, amando sinceramente a sua profissão e respeitando o jornal como a força mais poderosa e eficiente para o progresso das sociedades civilizadas, Gustavo de Lacerda vivia obcecado pelo ideal generoso e nobre de tornar sua classe próspera, feliz, prestigiosa e útil"
(ABRANCHES - *A Fundação Lacerda*, Rio de Janeiro, 1938).

É dessa forma que Dunsche de Abranches define Gustavo de Lacerda. Inicialmente e antes de tudo, como homem de imprensa e, posteriormente, pela sua atuação no sentido de fortalecer o grupo jornalistas no cenário social do Rio de Janeiro da virada da Monarquia para a República.

Se os jornais passavam a ter um novo sentido nesta sociedade, também os jornalistas precisavam ser reconhecidos por este novo papel. Mas como transformar isso em realidade? Em primeiro lugar era necessário criar uma Associação cuja função inicial era dar assistência aos jornalistas. Naquele momento esse caráter assistencial não era inédito entre associações semelhantes. Mas a ABI já nascia com outra característica: a de possibilitar o fortalecimento da profissão.

Nascido em Florianópolis em fevereiro de 1852, Gustavo de Lacerda veio muito jovem para o Rio, entrando para o Exército, aonde chegou a sargento. Dando baixa, viveu por um tempo em Santos, onde foi guarda-livros. Retornando ao Rio, ingressou no jornalismo, fundando com Arthur de Azevedo, em novembro de 1880, o jornal "Gazetinha", ficando até o seu término, em agosto de 1882.

Fundou ainda "O Carbonário", sendo, além de seu proprietário e diretor, o único redator deste periódico de característica panfletária e que durou dez anos. Fez parte também da redação de "A Imprensa", fundada por Rui Barbosa. Foi também redator de "O Paiz", na época em que era propriedade de João Lage, ficando naquele periódico por doze anos consecutivos.

Mais importante do que esta faceta de homem de imprensa foi a função que Gustavo de Lacerda teve na criação de instrumentos para aglutinar e, sobretudo, dar amparo material e moral aos jornalistas. E a fundação da ABI é, sem dúvida, o exemplo mais contundente neste sentido.

Um jornalista além do seu tempo

*Texto da palestra proferida pela Professora Marialva Barbosa no seminário comemorativo dos 150 anos de nascimento de Gustavo de Lacerda, promovido pela ABI no dia 4 de abril de 2002.

Falar de Gustavo de Lacerda é se referir a um jornalista que, na construção de uma memória válida para o grupo, sempre esteve além do jornalismo de seu tempo.

Um jornalismo que naquela alvorada do século, quando ele fundou a ABI e tratou de fatos fundamentais para a profissão, fazia de seus proprietários pessoas idolatradas ou odiadas.

Antes de falar de Gustavo de Lacerda, convém caracterizar um pouco o jornalismo e os jornalistas da alvorada do século.

Emitindo mensagens dos grupos dominantes, os matutinos mais importantes da cidade elaboravam verdadeiras estratégias para transformar o uso das letras em mito social, tornando possível, assim, a sua inserção num lugar privilegiado. A criação de identidades próprias - como opositores ou defensores dos que ocupam os lugares-chave na política - também, faz parte dessa estratégia dos jornais se auto construírem como legitimadores do poder.

A identidade dos conteúdos e das mensagens que divulgam, a representação da realidade com tintas mais ou menos idênticas, o fato de todos se arvorarem em intermediários entre o público e a sociedade política não devem ser vistos apenas como coincidências editoriais. Tendo como função formar um discurso unificado e fazendo parte de uma nova ordem letrada, esses diários possuíam também um poder inquestionável.

Falar do jornalismo do início do século é, pois, se referir às relações desses jornais com o Estado, entendido não apenas como comando político, mas como formação que combina uma simbologia, onde os aspectos semióticos se sobressaem, passam a ser fundamentais.

Gramsci, na sua teoria ampliada de Estado, chama a atenção para o caráter multidimensional dos processos sociais, já que, para ele, o Estado seria produto de múltiplas e dinâmicas inter-relações entre sociedade civil e sociedade política, num permanente movimento de pressões e contrapressões entre grupos de indivíduos organizados, visando à produção do consenso, ou seja, a aceitação do projeto de um desses grupos por todos os demais.

Essa concepção implica na idéia fundamental de direção intelectual que é imposta por um grupo a toda a sociedade, através do consentimento e não apenas da coerção explícita. As representações, valores e concepções, apresentados muitas vezes como di-

Fachada do jornal "O País", no Rio de Janeiro, onde Gustavo de Lacerda foi redator por doze anos consecutivos

vergentes ou conflituosos, faz parte de um único processo, onde o que está em jogo é a imposição de projetos elaborados pelos grupos dominantes. A hegemonia deve ser lida tendo em conta a contra-hegemonia.

Numa sociedade recém-saída da Monarquia, onde era emergente a formação de uma nova e dinâmica ordem capitalista, as divergências, rivalidades e dualidades eram múltiplas. Mas, a par disso, havia todo um projeto de criação de uma estrutura de poder, onde as lutas entre os grupos dominantes afloravam para o restante da sociedade. Havia também o projeto comum de disseminação de uma nova visão de mundo, e era nessa intenção que os periódicos assumiam o seu papel emergencial.

A sociedade política dependia das instituições da sociedade civil, onde os jornais se incluíam, para divulgar o simbolismo da recém-criada República. Por outro lado, os símbolos incorporados ao novo cenário social precisavam se materializar sob as mais variadas formas, onde a transfiguração em realidade se sobressaía.

Nesse sentido, também, os jornais cumpriam a "missão" não apenas de disseminar idéias, mas ao transportar o relato da narrativa para o nível do real, eram responsáveis pela criação de uma outra realidade.

Ao mesmo tempo em que materializavam o Estado, tornando pública a sua simbologia e ideologia políticas, esses periódicos, ao narrar as ações, criavam contextos para a descrição, referendando convenções que passavam a ser interpretadas significativamente de uma forma ou de outra. Estado, hegemonia e cultura são dimensões dos mecanismos de exercício de dominação de classe e da reprodução social.

Por outro lado, através da criação de uma imagem extremamente peculiar, os jornais e os jornalistas criavam também uma idealização da profissão e do papel que deveriam desempenhar esses veículos. Essa imagem, divulgada ao extremo e imortalizada nas páginas impressas, se constituía numa memória do grupo forjada por ele mesmo.

Mas para que essas identidades fossem construídas era necessário fortalecer a própria profissão e, mais do que isso, forjar uma auto-estima, no interior de uma agremiação que fosse de fato um esteio para os homens de imprensa. É ai que surge a figura emblemática de Gustavo de Lacerda.

A Fundação da ABI

As primeiras reuniões para a fundação da ABI, segundo relatos de época, deram-se "numa acanhada sala da sobreloja de *O Paiz*, reservada à Caixa Beneficente dos Empregados daquele jornal" (SÁ, Victor de. *Um repórter na ABI*. Rio de Janeiro: Editora A Noite, 1955).

Em 3 de abril de 1908, reuniram-se para tratar da fundação da Associação Brasileira de Imprensa, além de Gustavo de Lacerda, os jornalistas Francisco Souto, Luis Honório, Arthur Marques, Alfredo Seabra, Noel Batista, Amorim Junior, Mario Galvão e Belisário de Souza Junior. O objetivo inicial da associação era "manter uma caixa de pensões e auxílios para os sócios e suas famílias, estabelecer um serviço de assistência médica e farmacêutica e instituir o Retiro da Imprensa, com enfermaria e residência para os velhos e enfermos" (Ata de Iniciação, citada por Sá, 1955).

Além dessas funções claramente beneficentes, comuns a muitas organizações mutualistas, a Ata de Iniciação da ABI registra ainda que esta teria a função de "habilitar por meio de título de capacidade intelectual e moral o pretendente à colaboração no jornalismo, organizar o Anuário de Imprensa e prestar pública homenagem ao dia do aparecimento do primeiro jornal no Brasil, para a realização da qual procurará o apoio do Governo da República" (Idem, Ibidem).

As indicações dessas funções subsidiárias revelam o papel de direção intelectual à profissão que desde o início a Associação toma para si. Para que a profissão fosse reconhecida era necessário regulamentar o seu exercício, sendo a Associação responsável pela expedição de um título de capacidade intelectual e moral àquele que pretendesse exercer a profissão.

Finalmente, quatro dias depois, na sessão de sete de abril de 1908, foram lidos os estatutos da nova Associação, elaborados pelo próprio Gustavo de Lacerda, além de Mário Galvão e Amorim Júnior. Em seguida, foi fundada a Associação de Imprensa sendo aclamada a Diretoria, por um período inicial de dois anos. Além de Gustavo de Lacerda, na presidência, esta era composta de Francisco Souto, vice-presidente, Luis Honório, primeiro secretário, Alfredo Seabra, tesoureiro, Arthur Marques, segundo secretário e Noel Batista, no cargo de procurador.

Um ano e poucos meses depois desta data, Gustavo de Lacerda veio a falecer, em 4 de setembro de 1909, na Santa Casa de Misericórdia. No dia seguinte, O Paiz, jornal onde trabalhou por doze anos assim se referiu:

"Apesar de esperado, em um tempo mais ou menos próximo, pelo caminho da moléstia, insidiosa, que derrubou ontem esse infatigável lutador, a morte de Gustavo de Lacerda, o excelente companheiro que 12 anos de trabalho vincularam fortemente à vida de O Paiz *causou entre nós dolorosa sensação"* (*O Paiz*, 5 set. 1909).

A nostalgia mítica dos jornalistas

A nostalgia mítica do tempo de antes apresenta-se como o momento do trabalho, da intensa atividade profissional, em contraposição ao presente onde só há lugar para a rememoração. A memória do grupo é construída, assim, através das imagens pessoais e da ação vivida não no passado, mas no presente.

Através de mecanismos peculiares, onde se destaca a transformação da profissão em imagem significativa, expõem também um corpo de idéias e representações da sociedade a cerca do papel que deveria ter os jornalistas não no passado, mas no presente.

Assim, do ponto de vista profissional, privilegia-se o poder de ser detentor da informação, da atualidade imediata e inédita, de se destacar pela polêmica e ser o orientador do público, cumprindo uma missão única no verdadeiro sacerdócio da imprensa.

Nessas memórias, os jornalistas procuram transmitir ao futuro todo um legado de experiências adquirido no dia-a-dia da profissão, onde desempenham papel de testemunha privilegiada de uma época. Ao fazê-lo, constroem uma imagem preponderante do seu eu - sujeito de sua própria descrição - caracterizando-o de maneira peculiar e transmitindo essa idealização como memória do grupo.

Constroem a própria profissão, através de parâmetros extremamente pessoais, mas apresentados como comuns ao grupo. Realizam, assim, uma transformação do objeto de memória - no caso a atividade jornalística - numa imagem significativa, criando um mecanismo de transmissão da memória coletiva.

Por outro lado, nesses relatos - onde o eu empírico do escritor é a fonte de todas as experiências que deseja transmitir - percebe-se sistemáticas simbologias em torno da figura do jornalista, da profissão que exerce, retirando do silêncio para a memória o objeto de sua simbolização.

Sua experiência permite uma construção textual próxima do vivido. Com base nessa vivência idealizam uma imagem preponderante da profissão e do profissional da imprensa, onde dois mecanismos essenciais de transmissão da memória coletiva – a simbolização e a globalização – estão sempre presentes.

O amor e a dedicação à atividade também se destacam nesses vestígios do passado. Mediados pelo seu lugar no mundo, esses autores fazem da lembrança, o objeto de seu relato, uma das memórias coletivas válidas do próprio grupo.

Se isso ocorre, de uma maneira geral, com a memória do jornalismo e dos jornalistas, o que dizer de um jornalista, cuja memória elevada a categoria de objeto-lembrança é a do idealizador da dignidade de uma profissão? O exemplo de Gustavo de Lacerda é assim cultuado como lugar de memória indispensável do ser jornalista. E talvez o exemplo mais marcante dessa função menômica indispensável à construção dos mitos em torno da profissão seja o fato de, quase cem anos depois, estarmos hoje reunidos nesta sala celebrando Gustavo de Lacerda, não como um simples jornalista, mas como o fundador de um lugar de celebração do próprio jornalismo, que é a ABI.

A Memória do Fundador

Nas memórias de época, observa-se também todo um sentido de liderança construído em torno da figura de Gustavo de Lacerda. Passando à História como fundador da Associação de Imprensa mais importante da história da imprensa brasileira, Gustavo de Lacerda transforma-se em marco do jornalismo e da profissão de jornalista.

Na idealização construída sobressai a figura do incansável lutador, as atitudes de companheirismo, mas, sobretudo, suas ações no sentido de valorização da profissão.

Distinguindo memória e história por possuírem natureza diversa, é necessário perceber a memória como um conjunto de relações, de acumulação de fatos e, sobretudo, como uma dialética entre lembrança e esquecimento: só é possível lembrar porque é permitido esquecer.

Para David Lowenthal essa questão é central. Segundo o autor, a memória seria uma seletiva reconstrução do passado, baseada em ações subseqüentes - ou seja, não localizáveis nesse passado -, em percepções e novos códigos, através dos quais se delineia, se simboliza e se classifica o mundo. A memória não preservaria o passado, mas o adaptaria, para enriquecer e manipular o presente. Essa seleção é feita pela história, que, assim, se constitui numa construção subjetiva e seletiva desse passado.

Se o jornalismo, na visão da época, passa a ser cada vez mais o lugar da imparcialidade e da neutralidade, e os jornais a expressão da verdade, porque representam o pensamento da sociedade, o jornalista passa a ser testemunha, ator, mediador e observador do próprio acontecimento, tornando-se candidato à operação histórica.

Reconstruindo a trajetória do grupo e sofrendo a influência dos trabalhos de memória, ou seja, das escolhas, esquecimentos e deformações da memória daquele grupo, os depoimentos são mais do que meras recomposições do passado. Através deles estariam construindo uma memória e legitimando-a, enquanto dominante no tecido social.

Assim, se o jornal afirma-se como independente, verdadeiro e imparcial, os jornalistas, na idealização corrente, devem ter educação esmerada e inteligência brilhante. A sua personalidade se caracteriza pela imparcialidade.

Mesmo os relatos baseados em memórias individuais são, por natureza, sociais, uma vez que foram escritos por indivíduos a partir de suas referências dentro de um grupo. Além disso, se reportam a símbolos, sinais sociais e não seriam recuperados sem as imagens do passado que ainda têm significação na memória coletiva. A memória não é uma operação mecânica, e sim de natureza simbólica.

A imagem de imparcialidade do jornalismo pressupõe a idéia de um profissional igualmente distante das paixões e dos arroubos momentâneos. Em busca da verdade, da justiça e por ser intelectual tem a missão de orientar o leitor, no instante em que informa sobre os fatos da atualidade.

Considerando a memória como representação e como ação, isto é, fazendo parte do presente, sendo revivida, no momento mesmo da lembrança, mais do que representada Bergson conclui que esta intercala o passado no presente, condensando momentos múltiplos da duração. O passado se armazenaria, pois, de duas formas extremas: nos mecanismos motores que o utilizam e nas imagens lembranças que desenham os acontecimentos com seu contorno, sua luz e seu lugar no tempo.

Essas observações são valiosas para se perceber a inclusão nesses relatos de toda uma nostalgia do passado, presente na caracterização da lembrança. Escritos no instante em que o jornalista sente-se distante daquela vivência, estão repletos não só de imagens e lembranças, mas dos movimentos motores de seus autores. A distância física do mundo do jornalismo, no presente, reforça a caracterização do passado.

O ideário socialista[1]

Fernando Segismundo

Gustavo de Lacerda nasceu em Florianópolis, antiga Desterro, e faleceu no Rio de Janeiro, após meio século de vida modesta e altruística. Veio ao mundo pobre e dele se foi quase mendigo. Passou os últimos dias numa enfermaria da Santa Casa de Misericórdia, onde chegara provavelmente tuberculoso. Houve discursos à beira da campa, no Cemitério de São João Batista, e noticiário nos jornais, porém enterram-no como indigente. Seus restos acabaram por desaparecer na vala dos anônimos.

Figura curiosa, sobre a qual ainda não vieram à luz todos os informes necessários. O pouco que sabido provém dos depoimentos de amigos e companheiros de profissão. Dentre eles, Dunsheee de Abranches, Manoel Lourenço de Magalhães, João Guedes de Melo, Alfredo Neves e Jarbas de Carvalho. Além da monografia pioneira que dedicou Magalhães, cuidaram da vida e da obra de Lacerda o autor destas linhas (*Imprensa Brasileira, vultos e problemas*, Editora Alba, SP, 1962) e Edmar Morel (*A trincheira da liberdade – História da ABI*, Editora Record, RJ, 1985).

Em 1901 Gustavo de Lacerda publica pequeno livro chamado *O problema operário no Brasil*, com o sub-título de "Propaganda socialista". É dos primeiros e mais interessantes trabalhos da literatura socialista nacional (Afonso Arinos de Melo Franco, *História e teoria dos partidos políticos no Brasil*, 3ª edição, Editora Alfa-Omega, SP, 1980). A posição

1. Síntese da palestra proferida no Seminário Comemorativo dos 150 anos de nascimento de Gustavo de Lacerda, ABI, Rio de Janeiro, 4/4/2002.

de Lacerda – sublinha Arinos – "parecia ser qualquer coisa entre o socialismo de: Blanqui e o de Tolstoi", isto é: entre o credo de Louis Auguste Blanqui, revolucionário francês, um dos chefes dos acontecimentos de 1848, e as convicções do conde Lev Nikolaivitch Tolstoi, idealista e místico, autor de *Guerra e Paz*.

Lacerda – acrescente Arinos – "mostra ter compreendido a necessidade de se desprender o proletário brasileiro da tradição anarquista e marchar à senda do socialismo organizado". Na obra recomenda-se que as reformas pra o bem-estar comum devam passar ao longe das greves econômicas... Nem Lacerda nem sua pregação influíram no curso das lutas sociais do tempo. Como é sabido, a situação econômica decorrente da lavoura cafeeira e o desenvolvimento comercial do regime implantado em 89, somados à imigração ítalo-espanhola, reforçaram no final do século XIX e nas décadas imediatas um socialismo de tipo anarquista e anticlerical. O movimento operário conformara-se no anarco-sindicalismo.

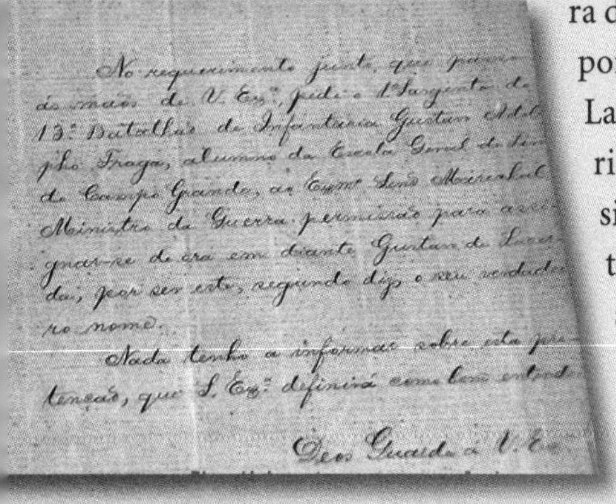

No requerimento junto, que passa às mãos de V. Ex.ª, pede o 1º Sargento do 13º Batalhão de Infantaria Gustavo Adolpho Fraga, alumno da Escola Geral de Tiro de Campo Grande, ao Exm.º Snr. Marechal Ministro da Guerra permissão para assignar-se de ora em diante Gustavo de Lacerda, por ser este, segundo diz, o seu verdadeiro nome.

Nada tenho a informar sobre esta pretenção, que S. Ex.ª definirá como bem entender.

Deos Guarde a V. Ex.ª

Singular era o socialismo de Gustavo de Lacerda, fundador da Associação Brasileira de Imprensa. Socialismo um tanto confuso, resultante de leituras desiguais, porém praticado com o nobre desígnio de suavizar a sorte dos trabalhadores. Lacerda imolou-se ao sonho filantrópico, desejando contemplar o proletariado com nova Canaã. Das tentativas experimentadas, uma prosperou: a singela Associação, de que os mais habilitados não cuidaram. Três institutos anteriores malograram-se à falta de pertinácia corporativa. Produto de amor ao próximo, a obra de Lacerda caminha para um século de existência. Não importa aprisionar o benfeitor num dos socialismos coevos. Perdura a Associação, cujo estatuto ele próprio redigiu e cuja criação, à distância, mais parece um ato unilteral, dele, e uma atitude complacente dos seus camaradas. Exceto Lacerda, ninguém acreditava que *aquilo* vingasse.

Poder-se-á estranhar o caráter desafetado da entidade ao nascer. O motivo decorreu do aperto doutrinário e do desinteresse da categoria, não da ingenuidade do criador. Lacerda sabia o que melhor convinha aos jornalistas; eles é que não queriam auxílio nem confraternidade. Individualistas, prosseguiam a trabalhar desassistidos, mal remunerados e sem garantias. Boêmios, presos a favores de ocasião, rendidos aos patrões e aos empregos públicos. Porque fortes confrarias de trabalhadores já vinham atuando de longe, denotando consciência profissional.

Co-fundador de partidos operários, autor de livro sobre o socialismo e conhecedor da situação real dos jornalistas como trabalhadores salariados (não liberais), sobrava perspicácia a Lacerda para reunir os homens de imprensa numa entidade que pudesse, enfrentando a conjuntura sócio-econômica, disputar ao patronato as vindicações das categorias. Em sendo tímida, a Associação ficou abaixo da capacidade estruturadora dos trabalhadores. Colada ao assistencialismo, distante das *resistências* e insensível ao espírito sindical despontante. Observe-se o detalhe: a Associação é mista (patrões e empregados) e prescinde do aliado inato: o gráfico.

Em 1892, como animador do Centro Operário Radical – conforme revelação de Astrogildo Pereira –, Lacerda programou o problema da terra e da reforma agrária, o combate aos monopólios e privilégios, a limitação das horas de trabalho aos menores, a fiscalização das condições de higiene nos locais de trabalho e nas habitações operárias, a gratuidade da justiça, a assistência patronal em casos de acidentes e doenças graves contraídas no trabalho.

Ao fundar a Associação de Imprensa (1908) tinha por objetivo manter uma caixa de pensões e auxílio para os sócios e suas famílias, instalar um retiro com enfermaria e residência para velhos e enfermos, prover a sede social com biblioteca, salão de conferências e diversões. Notável para o tempo foi a concepção do recrutamento profissional, a cargo da entidade. Seria de sua competência habilitar a pretendente ao jornalismo segundo título de capacidade intelectual e moral.

Perfil multifacetado[2]

"Mulato comprido e alto; indivíduo nervoso, de aparência gasta e mal vestido; passo tardo e bigode caído; modesto de posses e por temperamento; animado, porém, da idéias obsessiva de arregimentar os que trabalhavam na imprensa – tais os aspectos físico e psicológico mais estereotipados do fundador da ABI em 1908."

"Então, quando o jornalismo era um bico, uma atitude boêmia, ou servia trampolim para posições mais altas, Gustavo de Lacerda foi um dos raros a viver com exclusividade da imprensa, que desejava, já, uma indústria capaz de remunerar adequadamente seus artífices.

No exercício contínuo, à volta de 30 anos, da profissão de jornalista, não se distinguiu por nenhuma reportagem sensacional, não inscreveu o nome na galeria dos grandes editorialistas, nem galgou a hierarquia dos postos redacionais. Jamais passou de simples repórter, ou seja, no dizer elegante de Costa Rego, de "laborioso coletor de informações". Atuava junto ao Ministério da Marinha, à Prefeitura e a outros órgãos destacados da administração pública. Produziu para várias folhas, mas o jornal onde deitou raízes, mais como agitador do que, propriamente, como jornalista, foi *O País*, à época o mais importante diário da imprensa carioca."

"Sobre a superioridade moral de Gustavo de Lacerda, sua vontade de servir, sua consciência proletária, escreveu *O Globo* por ocasião do centenário do seu nascimento: "Dedicou-se sempre à causa coletiva, com o mais absoluto desprendimento pelo seu conforte e a sua comodidade".

Tendo trabalhado ao lado de Artur Azevedo, Pardal Mallet, José do Patrocínio e outros expoentes do jornalismo da XIX centúria, os quais o distinguiam pessoalmente e lhe admiravam o labor profissional, lógico será pensar que Gustavo de Lacerda não atingiu o fastígio da carreira, menos por modéstia intelectual ou desambição do que por implícita determinação de seus

2. Trechos do discurso que o autor proferiu no dia 13 de maio de 1958, na sede da ABI, durante evento comemorativo do cinqüentenário de fundação da entidade. Fonte: SEGISMUNDO, Fernando - *Imprensa Brasileira - Vultos e Problemas*, São Paulo, Alba, 1962, p. 15-25.

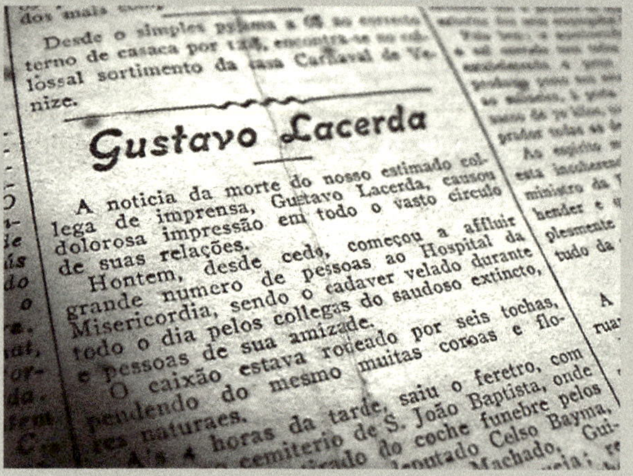

Desde o simples pyjama a 6$ ao correcto terno de casaca por 12$, encontra-se no colossal sortimento da casa Carnaval de Venize.

Gustavo Lacerda

A noticia da morte do nosso estimado collega de imprensa, Gustavo Lacerda, causou dolorosa impressão em todo o vasto circulo de suas relações.

Hontem, desde cedo, começou a affluir grande numero de pessoas ao Hospital da Misericordia, sendo o cadaver velado durante todo o dia pelos collegas do saudoso extincto, e pessoas de sua amizade.

O caixão estava rodeado por seis tochas, pendendo do mesmo muitas corôas e flores naturaes.

A's 4 horas da tarde, saiu o feretro, com ... cemiterio de S. João Baptista, onde ... do coche funebre pelos ... Celso Bayma, ... Machado, Gui-

superiores, os donos dos jornais onde mourejou desde 1880.

É ainda *O Globo* quem nos esclarece quanto à proeminência do nosso fundador e ao conceito em que era tida a ABI, mal ensaiava o primeiros passos. Assoalhavam os donos da imprensa, nos albores do século XX:

— "Aquilo (a ABI) é um grupo de malandros chefiados por um anarquista perigoso..." (Gustavo de Lacerda).

Por que se expressavam assim os proprietários de jornais? Porque, segundo dizia Lacerda a Dunshee de Abranches: – outro grande da nossa Casa: "O jornalismo ente nós não é uma profissão: ou é eito ou é escada para galgar posições"

"Mas, os méritos do criador da ABI transcendem do limitado ambiente do jornal, da concórdia da classe, como ele a entendia e cuidou de estabelecer. Lacerda foi abolicionista, republicano e socialista, – palavras tão significativas que dispensam nela demoremos para exaltar um homem tão integrado na mais caras conquistas do povo brasileiro e da Humanidade."

João Francisco Lisboa
Tavares Bastos
José Carlos Rodrigues
Rui Barbosa
Gustavo de Lacerda
Roquette Pinto
Assis Chateaubriand
Barbosa Lima Sobrinho
Cásper Líbero
Carlos Drummond de Andrade
Jenny Pimentel
Tarso de Castro
Gilberto Freyre

ROQUETTE PINTO
O pai do rádio brasileiro

Sonia Virginia Moreira

Ensaio publicado na Revista Imprensa nº 164, setembro/2001, p. 69-76.

Sonia Virgínia Moreira - Bacharel em Jornalismo pela Universidade Estadual do Rio de Janeiro. Mestre em Jornalismo pela Universidade do Colorado (EUA). Doutora em Ciências da Comunicação pela Universidade de São Paulo. Presidente da Sociedade Brasileira de Estudos Interdisciplinares da Comunicação – INTERCOM. Vice-Presidente da Federação Lusófona de Ciências da Comunicação – LUSOCOM.

"Roquette Pinto foi sempre, e cada vez mais, um aluno. Aos 70 anos, buscava conhecimentos novos com a humildade e a secura do jovem que passou da fase da coação intelectual – do "estuda ou apanha!" – para o período das fascinantes e livres aventuras do espírito no mundo da cultura. Essa curiosidade insaciável e cósmica defendeu-o do perigo de se tornar um especializado. Interessava-se por tudo e ia ao fundo de tudo. A exemplo de Goethe - deram-lhe coerentemente uma condecoração com esse patrono –, sentia a natureza como um sábio e como poeta".* [1]

Na tarde de segunda-feira, 18 de outubro de 1954, morria, no centro do Rio de Janeiro, Edgard Roquette Pinto, cientista respeitado, considerado por muitos o "pai do rádio brasileiro". Morava então no Edifício São Miguel, na esquina das Avenidas Beira Mar e Presidente Antonio Carlos, início da Esplanada do Castelo. Pouco antes, estava datilografando o seu texto para a coluna "Notas e Opiniões", publicada no *Jornal do Brasil*, no qual comentava o discurso do Presidente Café Filho da semana anterior.

1 Texto de Henrique Pongetti, titular da coluna "O Show da Cidade", publicada em *O Globo*, Rio de Janeiro, 20 de outubro de 1954. Fonte: Arquivo pessoal de Carmem Lúcia Roquette Pinto.

Da mesma forma que durante toda a sua trajetória intelectual, Roquette tratava de dois temas que lhe eram caros: Brasil e educação. No parágrafo inacabado, ele escreveu: "O presidente mobilizou toda a nação para lutar por melhoramento espiritual da sua gente. O regime colonial acostumou o Brasil a esperar tudo do governo. Mesmo porque as iniciativas progressistas eram logo punidas: culturas agrícolas, indústria dos tecidos, imprensa... O grito do presidente lembra o édito do Mikabo no meio do século passado; transformou o Japão em pouco tempo: *onde houver alguém que sabe ensine ao que não sabe. Foi a ordem de Mitsuhito.*" [2]

2 "Último trabalho de Roquette Pinto". *O Estado de São Paulo*, 20 de outubro de 1954, s/página.

Trajetória Intelectual

Roquette Pinto viveu 70 anos. Nasceu no Rio de Janeiro em 25 de setembro de 1884, "filho legítimo de Josephinc Roquette Carneiro de Mendonça e de M. Menelio Pinto", como está impresso na capa da sua tese de mestrado *Ethnographia Americana – O Exercício da Medicina entre os Indígenas da América*, de 1906. Foi personagem fascinante na história da ciência, da cultura, da educação e da política brasileira na primeira metade do século XX. Médico clínico e legista; antropólogo; etnólogo; integrante das expedições de Cândido Mariano Rondon em 1912 à Serra do Norte, Mato Grosso, na aventura de desbravar a região oeste do país; professor concursado e, mais tarde, diretor do Museu Nacional; fundador da Academia Brasileira de Ciências; fundador e diretor do Instituto de Cinema Educativo; fundador do Partido Socialista; membro da Academia Brasileira de Letras na vaga de Osório Duque Estrada; membro do Instituto Histórico e Geográfico Brasileiro; criador da Cátedra de Fisiologia na Universidade Nacional do Paraguai, Roquette Pinto também se lançou, em abril de 1923, no ainda incipiente ramo da radiodifusão brasileira ao colocar no ar a emissora de rádio que seria a primeira a operar em caráter regular no Brasil: a Rádio Sociedade do Rio de Janeiro.

O rádio

O fascínio pelo rádio como meio transmissor de cultura e educação coincidiu na vida de Roquette com a paixão avassaladora por Noemia Álvares Salles, uma de suas alunas na Escola Normal (hoje Instituto de Educação). Casado na época com Riza Batista, Roquette tinha dois filhos: Paulo e Beatriz, a Tiazinha. Da união com Noemia, nasceria em 1927 Carmen Lúcia, a Milu. Na descrição de suas filhas, Roquette Pinto foi "músico, poeta, jornalista, pesquisador, tinha tantas atividades, mas intitulava-se apenas professor" [3], bem como "um nacionalista não prepotente. Era um homem bastante suave, embora forte. O nacionalismo dele era preservar o Brasil para o povo brasileiro". [4]

Antes de fundar a Rádio Sociedade, Roquette já se interessara pelas transmissões radiotelegráficas que presenciara durante a expedição à Serra do Norte; lá também registrou em fonogramas músicas dos índios Paricis e Nhambiquaras, mais tarde orquestradas por Villa-Lobos ao compor as Canções Típicas Brasileiras. *Môkôcê cêmaká* (Dorme na rede), canção para acalentar crianças entre os índios Paricis, e Nozani-ná, canto dos Paricis, foram duas entre as canções recolhidas por Roquette Pinto e

3 Beatriz Roquette Pinto Bojunga. *O amigo ouvinte – Informativo da Sociedade dos Amigos da Rádio MEC*, Ano VII, nº 25, junho de 1999, pág. 6.

4 Carmem Lúcia Roquette Pinto. Depoimento gravado em 27 de julho de 2001 no Centro de Tecnologia Educacional da Uerj.

5 Ana Maria de Souza Barbosa. *O pássaro dos rios nos afluentes do saber – Roquette Pinto e a construção da universalidade*. São Paulo: PUC, tese de doutorado, 1996, pág. 327.

harmonizadas pelo maestro em 1932. "Os fonogramas trazidos por Roquette foram transcritos pelo Professor Astolpho Tavares, responsável pela notação musical dos belos sons sertanejos e indígenas que nos chegam pelas páginas de *Rondônia* (livro com relato da viagem publicado pela primeira vez em 1917). As músicas – em especial *Nozani-ná* – trazem uma incrível melancolia diante da intensa força da mata." [5]

Revista, cinema e TV

Beatriz, a filha mais velha, já falecida, acompanhou o pai nas suas incursões junto aos meios de comunicação. Num relato diz que, em 1923, "ele fazia aquelas experiências. Eu o vi, muitas vezes, com o radiozinho de galena, que ele fez para mim. Eu ouvia o Tito Skipa cantar, punha aqueles fones, ficava procurando ali, até

Evocações do cientista

"Na calada da noite, quando as coisas conversam, em segredo, eu ouvi:
— Vivo na lasca do carvão, negro e humilde, escravo do homem a cumprir os seus desejos; vivo na centelha do céo, que ensinou o fogo à humanidade e rompe a treva das nuvens para clarear o mundo na hora triste e majestosa das tempestades; vivo na lágrima e na gota de leite, num pensamento e num sorriso. Sou tão pequenino... que quase não existo; e sou tão grande que faço girar os mundos.
Agito-me, sem descanso, para que o Universo não morrae para que os violinos e as cigarras encham a Terra de harmonias. Quando um ser morre, cabe-me transmitir a outros seres a semente de vida que nelle existir. Do seio fecundo das raças, faço brotar a força dos homens e a belleza das mulheres.
Agito-me, sem descanso, para servir à Creação, na luz, no calor, no som e nas ondas fraternas. Fazem-me às vezes matar; mas o meu desejo é a vida integral de todas as bellezas. Os homens, desvairados, servem-se de mim para emprezas tristes de guerra e maldade; cumpro revoltado esse mister odioso. Mas a minha ambição maior, o meu loco desejo, é poder vibrar sempre, livre do mal, levando pelo infinito os pensamentos bons que, um dia, hão de transformar as gentes, livrando os escravos do trabalho e acorrentando as nações na mesma sympathia.
Sou tão pequeno... ninguém me vê!

Assim cantava *Electron*, quando se preparava, na antena da Rádio Sociedade do Rio de Janeiro, para desferir o vôo glorioso pelo espaço.
E foi assim que, por descuido, todo entregue ao seu delírio, perdeu a onda... e caiu nesta página."

Edgard Roquette Pinto, 1923

6 Beatriz Roquette Pinto Bojunga. Citado, pág.7.

ouvir".[6] Com a programação da Rádio Sociedade no ar, compartilhava as anotações diárias que Roquette – com um lápis vermelho – fazia nas páginas dos jornais, assinalando trechos que lia e comentava naquela que pode ser considerada a primeira versão de um jornal falado no rádio brasileiro.

Além da Rádio Sociedade – doada em 1936 ao Ministério da Educação e Saúde –, em janeiro de 1934 Roquette Pinto fundou, com o educador Anísio Teixeira, a Rádio-Escola Municipal, atual Roquette Pinto AM, emissora do governo do Estado do Rio de Janeiro. A partir daquele momento, a idéia de Roquette era fazer com que a Rádio Sociedade funcionasse como uma emissora de programação cultural, abrindo para a Rádio-Escola a possibilidade de trabalhar com outro segmento: a transmissão de programas educativos, principalmente aulas. Plantava, assim, a semente do que mais tarde seriam identificados como cursos de educação a distância via rádio.

O interesse de Roquette Pinto pelo rádio levou-o a criar em 1923, associado a representantes das rádios Club de Pernambuco e Sociedade da Bahia, a revista *Rádio* – "revista de divulgação científica geral especialmente consagrada à radiocultura". Publicação bimensal, cuja redação ficava na Rua São José, 114 – sobrado, *Rádio* apresentava Roquette Pinto na função de diretor, Carlos Sussekind de Mendonça como secretário e administrador, e Jorge Leuzinger como diretor substituto. Essa composição manteve-se até o número 29 da revista, edição de 15 de dezembro de 1924, quando foi publicada uma nota comunicando que, doente, Roquette estava se afastando da redação.

Na década seguinte, junto com o jovem cineasta Humberto Mauro (recém-chegado de Cataguazes, onde já dirigira três filmes), Roquette inaugurou o Instituto Nacional de Cinema Educativo (INCE). Fizeram vários trabalhos, mas o principal seria o filme *Descobrimento do Brasil*, de 1936, com Roquette Pinto trabalhando o texto cinematográ-

Projeto do Pavilhão da Tchecolosváquia, que, após a Feira Internacional em comemoração ao Centenário da Independência do Brasil, sediou temporariamente a Rádio Sociedade do Rio de Janeiro

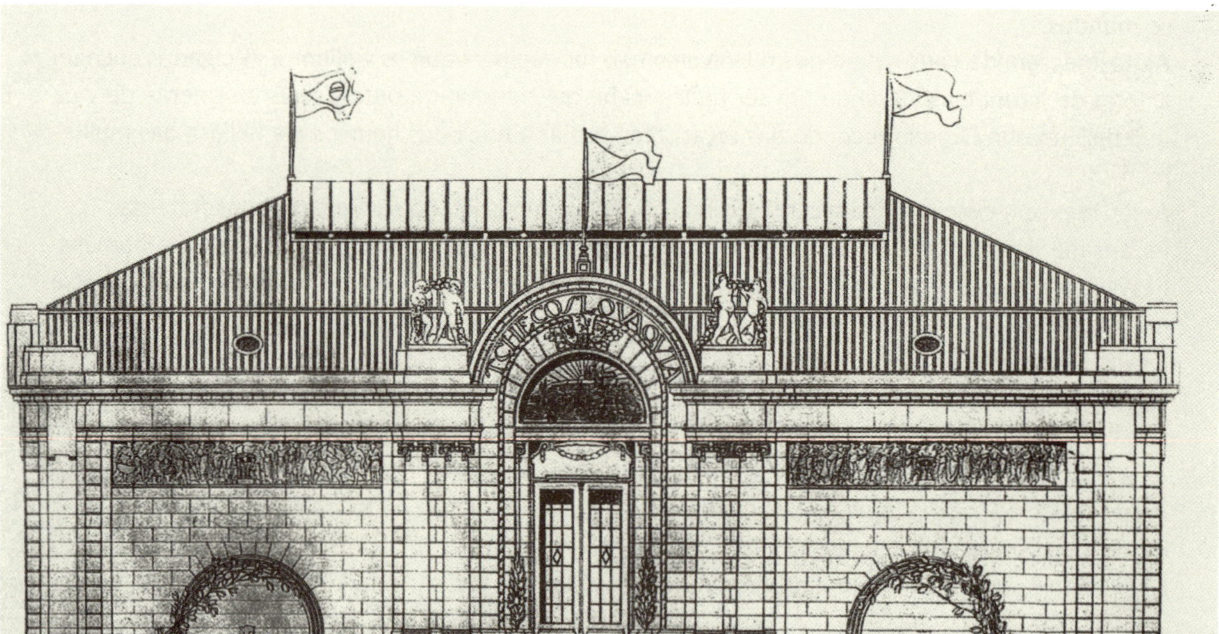

A missão educativa do rádio

"Um dia, em 1922, fui levado a estudar um pouco de rádio-eletricidade, tratando de certas pesquisas fisiológicas, que não vem a pelo recordar. O meio mais simples de obter no laboratório uma pequena fonte de ondas contínuas era construir um elementar heteródino, coisa fácil que na época era difícil, porque as válvulas de três electródios constituíam raridade no Rio de Janeiro. Procurei no Observatório o meu velho e querido mestre Dr. Morize e dele recebi as lições que precisava. Entrei assim na T.S.F. (Telefonia Sem Fio) de laboratório. Coincidiu com esses estudos a inauguração das estações radiotelefônicas do Corcovado (S.P.C.) e Praia Vermelha (S.P.E.). O Corcovado irradiava diariamente. Cada vez que tomava os fones vinha-me ao pensamento que o Brasil poderia ganhar com aquele meio formidável de expansão da cultura. Levei as idéias que me ocorreram para a Academia de Ciências."

Fonte: "*A tradição é lembrança acumulada na alma coletiva das gerações*". Espaço Funtevê, setembro de 1984, pág. 1

"O rádio é a escola dos que não tem escola. É o jornal de quem não sabe ler, é o mestre de quem não pode ir à escola, é o divertimento gratuito do pobre; é o animador de novas esperanças, o consolador dos enfermos e o guia dos sãos – desde que o realizem com espírito altruísta e elevado."

Fonte: *O amigo ouvinte*, Ano VII, nº 25, junho de 1999, pág. 6

"Nós que assistimos à aurora do rádio, sentimos o que deveriam ter sentido alguns dos que conseguiram ler e possuir os primeiros livros. Que abalo no mundo moral! Que meio para transformar o homem em poucos minutos se o empregar com boa vontade, alma e coração!".

Fonte: "*Cinzas de uma Fogueira (pelo rádio – 1923/1926)*". In: Seixos Rolados (Estudos Brasileiros), 1927, pág. 232

"Todos os lares espalhados pelo imenso território do Brasil receberão, livremente, o conforto moral da ciência e da arte; a paz será realidade definitiva entre as nações. Tudo isso há de ser um milagre das ondas misteriosas que transportam no espaço, silenciosamente, as harmonias."

Fonte: "*Cinzas de uma Fogueira (pelo rádio – 1923/1926)*". In: Seixos Rolados (Estudos Brasileiros), 1927, pág. 233

"O rádio não é um fim – é um meio. O nosso fim é a divulgação científica geral, a vulgarização de conhecimentos modernos que o povo muita vez não aprende unicamente porque não lhe dizem. Para chegar a este fim, há vários meios. O melhor até hoje foi o livro. Mas hoje veio o rádio, que é o livro falado e portanto muito mais agradável, muito mais simples, muito mais acessível".

Fonte: "*A tradição é lembrança acumulada na alma coletiva das gerações*". Espaço Funtevê, setembro de 1984

fico das *Cartas de Pero Vaz de Caminha*, Humberto Mauro cuidando da filmagem e Villa-Lobos compondo, criando músicas ou se encarregando da harmonia do material trazido por Roquette da Serra do Norte. Em depoimento nos anos 90, a filha Beatriz lembrava que "Villa-Lobos trabalhava onde o papai tinha o rádio-cinema, na Praça da República 141 – A. A rádio (Sociedade) era em cima e o cinema (INCE), no andar de baixo. E o Villa-Lobos estava fazendo a música do *Descobrimento do Brasil*, que o Humberto Mauro dirigiu. O Villa-Lobos estava compondo lá embaixo, com a orquestra e, quando fazia um trecho mais bonito, dizia 'Chama o Roquette! Chama o Roquette!'. E papai descia."[7] O filme estreou com sucesso no dia 6 de dezembro de 1937 no Cinema Palácio, Rio de Janeiro, e teve boa aceitação naquele mesmo ano em Paris e Nova York.

Ainda na década de 1930, a curiosidade de Roquette Pinto levou-o a realizar experimentos de transmissão de imagens de televisão. Em 1933, Roquette, membro da Associação Brasileira de Imprensa (ABI), estava às voltas com a construção de uma televisão primitiva. "Seria ele a fazer a primeira transmissão televisiva no Brasil. Gostava muito de mexer com as mãos. A primeira mesa de transmissão de televisão no Brasil foi feita por ele. As primeiras letras que foram transmitidas – A.B.I. – foi ele mesmo quem as fez e Beatriz as guarda até hoje. Ele transmitia as letras e quem as recebia era o marido da Elisinha Coelho, 'aquela cantora na rádio' [8]. Uma das transmissões pioneiras aconteceu entre o apartamento de Roquette, no centro do Rio, e a casa de Flávio Goulart de Andrade, na rua Cândido Mendes, usando um receptor que ele havia recebido do cientista.

Passadas duas décadas desse experimento, Roquette Pinto morreu vítima de um derrame, depois de vários anos sofrendo de espondilose – doença degenerativa identificada como ancilose vertebral, causadora da diminuição ou impossibilidade absoluta de movimento da coluna vertebral, gerando dores insuportáveis. Nem isso, porém, tirou-lhe o ímpeto, a criatividade e o desejo frenético de trabalhar com as mãos: Milu, sua filha mais nova, guarda até hoje em sua casa, no Leblon, a pequena balança construída com peças reaproveitadas na qual pesava as doses diárias de aspirina que ele mesmo fabricava para aliviar as dores de cabeça.

20-10-1954

Henrique Pongetti apresenta

O SHOW DA CIDADE

SABER

Roquette Pinto fugia à vida social dispersiva sem se reduzir a um misantropo. Mantinha contato com os frivolos e com os superficiais, achava encanto nos tempos alheios. Era um sabio em dia com tudo. Geralmente os nossos sabios dividem sua vida em duas fases: na primeira, estudam por ambição; na segunda, passeiam sua sabedoria estacionaria pelos cargos rendosos e pelos salões mundanos. Ninguem sabe a que horas aprendem coisas novas e relembram as velhas. Passam dos gabinetes e dos laboratorios para as revistas de condensações cientificas; informam-se o necessario para fugir às armadilhas de um futuro sabio, jovem, ambicioso e cruel.

Não direi nomes. Os "medalhões" andam por ai, donos de um ramo do saber humano sobre o qual fincaram sua bandeira e firmaram sua jurisdição. A ignorancia e a preguiça das novas gerações tornaram-se a melhor guarda da sua propriedade. E' cada vez mais facil ser sabio neste país onde qualquer concurso acaba numa hecatombe didática de noventa por cento de reprovados. Quase todos sabem quase nada: ninguem se envergonha de ignorar; qualquer simulador de sabedoria entra de sola e se guinda a uma cátedra.

Roquette Pinto foi sempre, e cada vez mais, um aluno. Aos setenta anos buscava conhecimentos novos com a humildade e a secura do jovem que passou da fase da coação intelectual — do "estuda ou apanha!" — para o periodo das fascinantes e livres aventuras do espirito no mundo da cultura. Essa curiosidade insaciavel e cósmica defendeu-o do perigo de tornar-se um especializado. Interessava-se por tudo e ia ao fundo de tudo. A exemplo de Goethe — deram-lhe coerentemente uma condecoração com esse patrono — sentia a natureza como sabio e como poeta. Ia do canto à análise; do ditirambo ao raio X e à lâmina do microscopio. A verdade e a beleza andaram sempre juntas no seu espirito. A emoção artistica não era prejudicada nele pela consciencia do cientista.

Desarmava os brinquedos que mais o haviam encantado e encontrava no seu bojo os mesmos encantos da superficie. Humberto Mauro, que fez cinema educativo com Roquette Pinto como técnico do Instituto, contou-me muitas das suas vigilias em companhia do mestre. Não se cansava nunca de fazer experiencias, de querer aprofundar-se no "porque" das coisas. Seus sofrimentos fisicos roubavam-lhe o sono, dilatavam-lhe as horas sentido figurado — Roquette Pinto de estudo. Realmente — e não em fez das suas dores um poema nietzschiano. Esse maravilhoso poema que é curvar-se sobre as incógnitas com o mesmo gesto da criança sobre a cartilha: e pedir a Deus mais tempo de vida para aprender, enquanto todo um povo e a cultura de outros países dão-lhe atestados de sabedoria e o convidam a considerar-se um sabio, a fechar os livros.

A FRASE DO DIA DE BELTRAFFIO SOBRE SEU MESTRE LEONARDO DA VINCI: "Dedica-se a uma infinidade de empreendimentos de uma só vez: sem terminar um, passa para outro: entretanto, cada uma dessas empresas parece um divertimento, cada divertimento uma empresa".

7 Beatriz Roquette Pinto Bojunga. Depoimento a Ana Maria de Souza Barbosa. Rio de Janeiro, abril de 1996.

8 Beatriz Roquette Pinto Bojunga. Depoimento a Ana Maria de Souza Barbosa. Rio de Janeiro, abril de 1996.

Recordações das filhas Beatriz e Carmem Lúcia

(Projeto do Pavilhão da Tchecolosváquia, que, após a Feira Internacional em comemoração ao Centenário da Independência do Brasil, sediou temporariamente a Rádio Sociedade do Rio de Janeiro)

"No dia em que nasci, meu pai, Edgard Roquette Pinto, compôs uma Ave-Maria. A música foi repetida na cerimônia de meu casamento. Herdei dele um ensinamento que, acho, deveria ajudar a vida de muita gente, como aconteceu com a minha: ter sempre um lápis vermelho para marcar as grandes coisas da vida."

Fonte: Beatriz Roquette Pinto Bojunga. Entrevista concedida a Décio Luís em 13 de março de 1989.
In: *O amigo ouvinte*, Ano VII, nº 25, junho de 1999, pág. 6

"Meu pai nunca foi político, não dava para a política. Ele era uma pessoa que vivia da Educação, vivia da Antropologia, vivia da Fisiologia. Ele era um homem eclético, não é? Muita gente até conhecia pouco e dizia: 'Ah, mas ele não pára em coisa alguma, ele fez tudo ao mesmo'".

Fonte: Beatriz Roquette Pinto Bojunga. Entrevista concedida a Renato Rocha em maio de 1990.
In: *O amigo ouvinte*, Ano VII, nº 25, junho de 1999, pág. 7

"Então ele foi ao Anísio Teixeira e disse: 'Anísio, eu quero fundar uma Rádio-Escola, está na hora de nós fazermos isso'. O Anísio Teixeira disse: 'Eu não tenho dinheiro, Roquette'. Papai disse: 'Quanto você tem?', e ele disse: 'Dez Contos de Réis'. Papai disse: 'Me dá os dez contos eu lhe dou o Rádio'. E, com o material antigo da Rádio Sociedade, os funcionários que iam trabalhar de graça, ajudaram a montar a Rádio, a PRD 5, a Rádio-Escola Municipal, que hoje tem o nome dele."

Fonte: Beatriz Roquette Pinto Bojunga. Entrevista concedida a Renato Rocha em maio de 1990.
In: *O amigo ouvinte*, Ano VII, nº 25, junho de 1999, pág. 9

"Curiosamente, a voz da minha mãe, Noemia Álvares Salles, foi a primeira voz transmitida durante as experimentações de meu pai com o rádio, em 1922, lendo versos de Vicente de Carvalho no ar."

Fonte: Carmem Lúcia Roquette Pinto. Rio de Janeiro, depoimento gravado, 27 de julho de 2001

"Minha melhor lembrança de papai é o seu amor à liberdade e à humanidade. Ele tinha muitas ligações com os humanistas. Era essencialmente um democrata. A democratização da informação era uma preocupação muito grande dele. Achava que todos deviam ter acesso à informação, que a pessoa, para ter cultura, deve ter informação."

Fonte: Carmem Lúcia Roquette Pinto. Rio de Janeiro, depoimento gravado, 27 de julho de 2001

"Tinha no escritório uma frase: 'O principal é fazer'. Ele se definia assim, como alguém com um grande amor à liberdade e ao movimento e um pouco de amor ao livros."

Fonte: Carmem Lúcia Roquette Pinto. Rio de Janeiro, depoimento gravado, 27 de julho de 2001

O legado intelectual e humano

"Em 1925, o Club Cultura Moderna do Rio de Janeiro realizou entre os intelectuais brasileiros um inquérito onde se exigia, de cada, uma espécie de profissão de fé. As respostas dadas por mais de 20 deles valem como um depoimento seguro de uma época e de vários pensamentos. Entre as respostas, tornou-se logo conhecidíssima a de Roquette Pinto, curiosa pelo seu conteúdo, profunda e atual pelo seu significado. Eis aqui um homem que pensa e sabe porque pensa. Eis aqui um intelectual que hoje, dadas as condições que lhe elevaram o seu trabalho e a sua inteligência, poderia renegar o povo e não o faz. Pelo contrário, chama a atenção dos professores, dos mestres e de todos os intelectuais para este chão que é preciso cuidar, para este terreno produtivo que necessita não ser desprezado."

Fonte: Joel Silveira. A inquietação artística de Roquette Pinto. Rio de Janeiro: *Vamos Ler!*, 23 de março de 1939, pág. 45

"Roquette Pinto integrou-se na vida de uma forma total. Interpreta-a em todos os seus movimentos e em todos os seus gestos. Homem de ciência, sempre foi o pesquisador incansável, 'o homem que faz'. Toda sua vida é uma crônica de esforço em prol de uma educação positiva e eficiente. Como mestre, é um amigo. Como amigo, é um sábio. Ensina porque nasceu para isso mesmo. Mas não é catedrático no sentido que esta palavra pede. É um professor das coletividades.

Fonte: Joel Silveira. A inquietação artística de Roquette Pinto. Rio de Janeiro: *Vamos Ler!*, 23 de março de 1939, pág. 45

"Roquette Pinto era figura goethiana. Atraente, viajado, colaborador famoso de Cândido Rondon, tinha voz modulada e atitudes de gentleman. A quem não seduzia? Ensinava de tudo a todos, com simplicidade. (...) Autor do festejadissímo Rondônia, contista, poeta, músico, pintor, cineasta, tombeur dês femmes... Mas não sabia matemática. Nos últimos tempos, dera para 'descobrir' a televisão, já em uso na América do Norte. Adquiriu ferramentas, comprou fios e madeiras e, de livros em punho, gastava as noites a fazer cálculos, a projetar sonhos... Morava, então, só e doente, na Avenida Beira Mar."

Fonte: Fernando Segismundo. S/título, 1995, pág. 204

"Há um fato interessante: cada uma de suas filhas representa um lado de Roquette Pinto. Beatriz é o seu lado alemão. Beatriz é a história do Rádio, que Carmem não viveu. Em contrapartida, os momentos de maior descontração de Roquette lhe pertenceram, nas pequenas molecagens do dia-a-dia, que Beatriz não conheceu no pai aristocrata."

Fonte: Ana Maria de Souza Barbosa. *O pássaro dos rios nos afluentes do saber – Roquette Pinto e a construção da universalidade.* São Paulo: PUC, tese de doutorado, 1996, pág. 450

"A lição maior de Roquette Pinto, porém, não foi no campo da etnologia, nem da psicologia, nem da antropologia, nem da geografia; ela está na sua fé no Brasil, na sua crença em nossa gente. Ele acreditava no Brasil e sabia animar aos que o liam e crer também no Brasil. O velho ditado, de que estamos 'à beira do abismo', frase que lhe parecia desmoralizada, à proporção que se estudava e compreendia o Brasil, servia para

Roquette Pinto como estímulo. E ele transmitiu em palavras a lição de fé que estava em toda a sua vida e que se projeta em toda a sua obra: 'A virtude da esperança é o maior bem da Terra; só quem espera pode ser bom; só quem espera pode ser sábio, e consegue ser forte.'"

Fonte: Manuel Diegues Júnior. Roquette Pinto. Rio de Janeiro, *Jornal do Brasil*, Suplemento Literário (Coluna Folclore e História), 24 de outubro de 1954, 3ª página.

Hipólito José da Costa
Manoel Antonio da Silva Serva
Cipriano Barata
Adolpho Emile Bois Garin
Jerônimo Coelho
João Francisco Lisboa
Tavares Bastos
José Carlos Rodrigues
Rui Barbosa
Gustavo de Lacerda
Roquette Pinto
Assis Chateaubriand
Barbosa Lima Sobrinho
Cásper Líbero
Carlos Drummond de Andrade
Jenny Pimentel
Tarso de Castro
Gilberto Freyre

XII

ASSIS CHATEAUBRIAND
O visionário que fundou a nossa televisão

José Marques de Melo

Ensaio publicado na Revista Imprensa nº 152, setembro/2000, p. 67-74.

José Marques de Melo - Presidente da Rede Alfredo de Carvalho para o Resgate da Memória da Imprensa e a Construção da História da Mídia no Brasil. Docente-fundador e Professor Emérito da Escola de Comunicações e Artes da Universidade de São Paulo. Professor-fundador e Ex-Coordenador do Programa de Pós-Graduação em Comunicação Social da Universidade Metodista de São Paulo, onde exerce atualmente o cargo de Diretor da Cátedra UNESCO de Comunicação para o Desenvolvimento Regional. Membro-Titular do Instituto Histórico e Geográfico de São Paulo.

Há meio século, na noite de 18 de setembro de 1950, Assis Chateaubriand protagonizava acontecimento que iria marcar a fisionomia da moderna sociedade brasileira. A inauguração da TV garantia ao Brasil a precedência sobre os demais países da América Latina no funcionamento de uma emissora destinada a difundir imagens em movimento: informação, entretenimento e anúncios comerciais.

A festa foi transmitida dos estúdios situados no morro do Sumaré, sendo captada em televisores estrategicamente localizados no centro da cidade de São Paulo, de modo a suscitar a atenção popular. O ato inaugural foi precedido de testes nos meses de abril e julho, especialmente franqueados à elite paulistana, perplexa diante de tal inovação cultural..

Refletindo essa atitude de ceticismo, a imprensa paulistana praticamente ignorou o fato. Não fosse o registro feito pelos jornais integrantes da cadeia dos Diários Associados – *Diário da Noite* e *Diário de São Paulo* - e a inauguração da TV teria ocorrido em brancas nuvens. O silêncio mais ostensivo foi praticado pelo principal órgão da imprensa diária, naquela época, o jornal *O Estado de S. Paulo.*

Entrevistando, para sua tese de Mestrado - "Assis Chateaubriand e a implantação da televisão no Brasil" (São Bernardo do Campo, UMESP, 1984) - personalidades que tomaram parte no evento, a professora Paula Casa Cundari encontrou respostas contraditórias. Na versão do museólogo Pietro Maria Bardi, essa conspiração do silêncio foi perpetrada pelas elites paulistanas como sinal de desprezo pelas iniciativas ousadas de Chateaubriand: "Eu posso dizer que foi por inveja !". Numa visão mais simplista, a apresentadora Hebe Camargo atribui tal omissão ao caráter inusitado do próprio acontecimento: "Ninguém acreditava, parecia loucura, coisa do futuro, ninguém podia nem imaginar o que seria televisão".

Consciente do seu pioneirismo, Assis Chateaubriand antecipou a iniciativa, compartilhando-a com os leitores que o liam diariamente em todo o Brasil. Ele registrou as explorações feitas junto aos fabricantes dos equipamentos, explicando também as negociações mantidas com os anunciantes. Mostrou sem subterfúgios a natureza da operação tecnológica que completaria o processo de integração nacional.

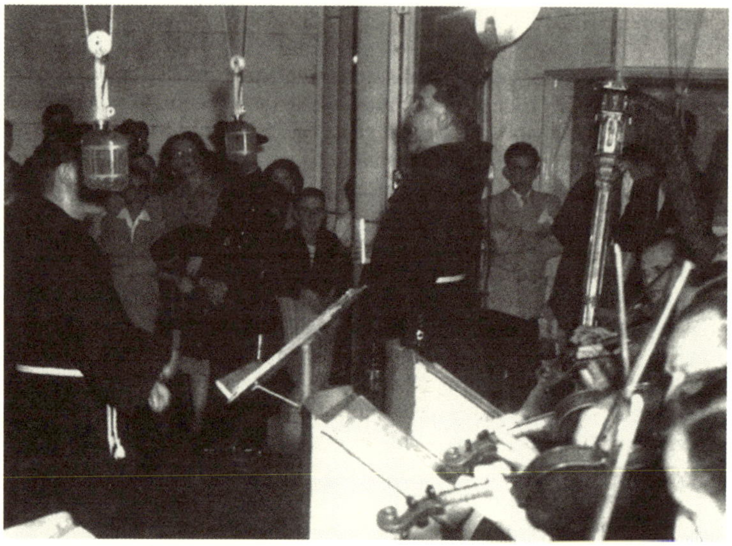

Cena da pré-estréia da inauguração da TV, apresentando o cantor José Royce Cenas da inauguração da TV Brasil

Chateaubriand discursando perante as câmeras da TV Tupi

Televisão para mais paulistas

Nova Iorque, 11 de Outubro (pelo Telégrafo)

Assis Chateaubriand

Tive, hoje, larga e instrutiva conversa com o presidente da Rádio Corporation of America, Sr. Meade Brunet, na sua casa de campo, nas vizinhanças desta metrópole. Falar da RCA é o mesmo que mencionar o que há de mais aperfeiçoado no rádio e na televisão. Em nenhum outro país realizaram-se progressos maiores nesse campo e não há a mínima dúvida de que tal se deve aos laboratórios RCA, aos seus engenheiros e técnicos, e bem assim aos da General Eletric cujas pesquisas incessantes mormente no terreno da televisão, deram a primazia aos Estados Unidos. Encontrei nesse assunto adiantamento que nem se sonhavam, há pouco mais de um ano quando aqui estive. A aparelhagem da televisão, precisamente por causa da rapidez com que se desenvolvendo, alcança preços inacessíveis para quem não estiver disposto a gastar muito dólar, em pura obra de pioneiro. Para se ter uma idéia do que é, basta mencionar as informações que me dá Mr. Brunet. Em três anos de funcionamento, uma estação emissora de televisão gasta o dobro do seu capital e para acompanhar os novos aperfeiçoamentos que se vão introduzindo na técnica arrisca a tresdobrá-lo. Isso explica por que somente os Estados Unidos, a Inglaterra e a França dispõem de televisão, explorada em bases comerciais, aliás, deficitárias. Todos os demais países da Europa, alguns até de indústria adiantada, não puderam ainda abalançar-se a incorporar esse novo meio de diversão, educação e publicidade nas suas atividades cotidianas e normais.

Posso anunciar a São Paulo que não tardará que a metrópole bandeirante assim como o Rio de Janeiro possua as mais modernas estações de televisão. Será um privilégio para as duas grandes cidades brasileiras, as primeiras a desfrutá-lo em todo a América Latina.

A estação paulista alcançará um raio direto de setenta e cinco quilômetros, o que representa sobre os aparelhos do ano passado um aumento de mais de vinte e cinco quilômetros. Assim a estação de São Paulo poderá ser captada nas cidades vizinhas de Santos, Mogi das Cruzes, Santa Isabel, Atibaia, Jundiaí e São Roque, diretamente sem ***relai****.*

O sr. Brunet dá-me as minúcias da grande estação televisora de São Paulo, com a qual a cidade de Piratininga passará a figurar, entre as mais adiantadas do mundo, no plano de uma das conquistas mais modernas e dispendiosas das comunicações sem fio.

O sr. Brunet que conhece muito bem o nosso País, admirando-se da audácia do nosso empreendimento, teve este comentário: Compreendo que os ***Diários Associados*** *e* ***Emissoras Associadas*** *queiram colocar-se à altura do espírito de aventura construtiva e empresa dos paulistas, dando-lhes a primazia desta estação, em todo a América, fora dos Estados Unidos".*

Fonte: *O Pensamento de Assis Chateaubriand*, Vol. 26, Brasília, Fundação Assis Chateaubriand, 2000, p. 790/791

A estreita relação de Chateaubriand com os políticos

Assis Chateaubriand com o Gal. Eisenhower dos EUA e Getúlio Vargas (acima); com Leonel Brizola, do Rio Grande do Sul, Adhemar de Barros, de São Paulo), e Antonio Balbino, da Bahia (esquerda para à direita)

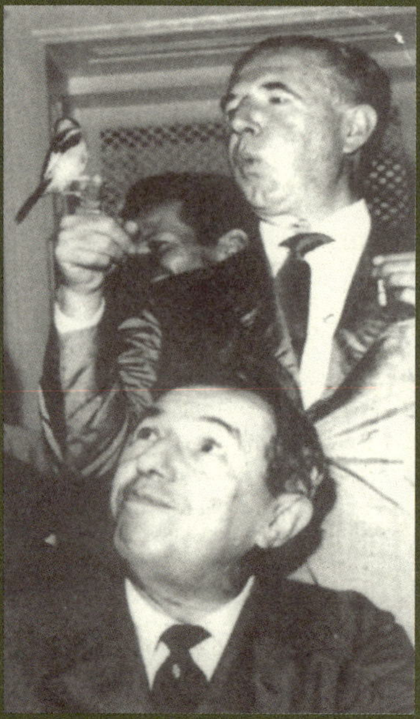

Chateaubriand com o presidente Eurico Gaspar Dutra (acima à esquerda), com o presidente Juscelino Kubitshek (acima à esquerda), com Café Filho, eterno presidente interino (acima), e com José Americo de Almeida (à direita)

O sinal de televisão no céu de Piratininga

Assis Chateaubriand
(19/9/1950)

São Paulo, 18 - (...) O empreendimentos da Televisão no Brasil, em primeiro lugar devemo-lo a quatro organizações, que, desde 1946, se uniram aos Rádios e Diários Associados para estudá-lo e possibilitá-lo neste País. Foram a companhia Paulista, a Sul América Seguros de Vida e suas subsidiárias, o Moinho Santista e a Organização F. Pignatari. (...)

Este transmissor foi erguido, pois, com a prata da casa, isto é, com recursos de publicidade que levantamos, sobre a prata Wolf, e outras não menos maciças pratas de casa: a Sul América que é o que se pode haver de bem brasileiro; as lãs Sams, do Moinho Santista, arrancadas ao coiro das ovelhas do Rio Grande e, mais que tudo isso, ao Guaraná Champagne Antarctica, que é a bebida dos nossos selvagens, a cauim dos bugres do Pantanal Matogrossense e dos trechos do vale amazônico. Atentai bem e vereis como é mais fácil alcançar uma televisão: com prata Wolf, lãs Sams, bem quentinhas, Guaraná Champagne, borbulante de bugre, e tudo isso bem amarrado e seguro na Sul América, faz-se um boquet de aço e pendura-se no alto da torre do Banco do Estado um sinal da mais subversiva máquina de influir na opinião pública, uma máquina que dá asas à fantasia mais caprichosa e poderá juntar os grupos humanos mais afastados.

Se sentimos madura a televisão, nos Estados Unidos e na Inglaterra, pedimos àqueles quatro anunciantes nossos que, em vez de nos entregarem autorizações de publicidade por 3 meses, demonstrassem um pouco mais de confiança em nossa estabilidade. E eles nos deram suas ordens de inserção de anúncios por doze e dezoito meses. Munidos dessas ordens fomos aos bancos que trabalham conosco, descontando autorizações de publicidade, por antecipação, do Rio e São Paulo, dezesseis milhões de cruzeiros, o que não é ainda uma terça parte do custo do negócio.

Chateaubriand, com Pietro Maria Bardi, foi um dos responsáveis pela criação do mais importante museu da América Latina – o MASP. Nesta imagem, ele com Baby Pignatari e esposa

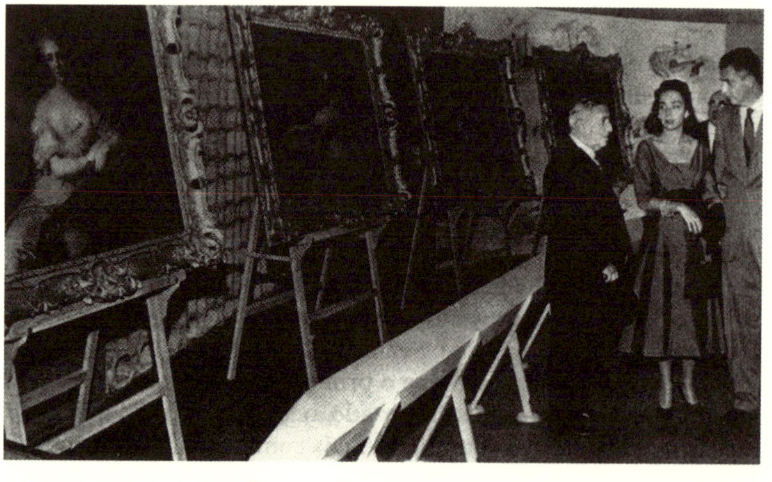

Chateaubriand reunido com políticos brasileiros

Chateaubriand na companhia de Nelson Rockfeller

– "Você é um dos sul-americanos ricos, hoje em Nova York", dizia-me em 47, o presidente do ramos internacional da RCA Victor.

Dispunhámos de 150 mil dólares no Colonial Bank, a fim de pagar a primeira prestação do primeiro equipamento de televisão que a Tupi se dispunha a adquirir da RCA em Nova York. Compramos, com autorização da Fiscalização Bancária, um crédito ao Banco Moreira Sales sobre o Colonial Bank, em Nova York.

– "Se você tem confiança na RCA", disse-me então este homem adorável que é o nosso amigo Mead Burnet, "deixe este dinheiro aqui, para que lhe mande a estação de televisão, quando entendermos que é chegada a hora de construí-la e embarcá-la. Abram-nos este crédito de confiança."

Como duvidar de uma companhia da boa fama da RCA, com quem temos transações faz tantos anos ? Não se duvidou um instante, do lado das Rádios Associadas. Demos ordem ao Colonial Bank para que entregasse os fundos que tínhamos em seu poder à RCA. Isto sem contrato de qualquer natureza. Transferiram-se, pura e simplesmente, os 150 mil dólares, da caixa do Colonial, para a da vendedora potencial do equipamento. Ficamos aguardando que os laboratórios da RCA ultimassem os aperfeiçoamentos, que seus diretores esperavam, na técnica da televisão. Querem saber o que significou a delonga, à qual nos submetemos voluntariamente na assinatura do contrato, por mais de ano e meio ? Em 1947 o raio de alcance da Televisão era de 20 milhas. Hoje o sinal de um transmissor de 3 kilowatts, do tipo desse da Tupi, alcança 80 milhas.

Agora poderemos refletir no que significa trabalhar em uma ambiência de confiança mútua. Tereis compreendido o que valeu para nós nos entregarmos cegamente à RCA. Tivemos a surpresa de, em vez de um transmissor de 20 milhas de cobertura, receber outro de 80. Quanto se tem confiança nos amigos, é preferível não ficar nos oito, para ganhar amanhã oitenta. Desta vez foi o que aconteceu conosco e a RCA com quem costumamos trabalhar na base de uma maravilhosa confiança não de 8, mas de 80.

Este novo instrumento de contato da nossa organização com o povo paulista, precisa ainda mais os objetivos de educação que inspiram e estimulam a nossa ação. Conhecereis o único motor que nos conduz: - elevar cada vez mais os níveis de cultura e de civilização da nossa terra e nossa gente. Dispõe hoje São Paulo dc uma rede de difusão de iagens, idéias e fatos, que está promovendo modificaçòes revolucionárias na estrutura da sociedade dos nossos dias.

Li na *Contemporary Review* um artigo de George Glasgow, dizendo que a televisão, na guerra de amanhã terá um papel de mais transcendência que a energia atômica.

Pouco antes de morrer, disse Lincoln: "Os dogmas do tranquilo passado são inadequados para o presente tormentoso. As circunstâncias são extremamente difíceis, e por isso nos devermos colocar `altura das circunstâncias. Como defrontamos um situação nova, cumpre pensar de novo apragir em termos de novas iniciativas.

A televisão Tupi aparece numa hora em que a sentença de Lincoln se reveste de uma autoridade palpitante. É evidente que o Brasil não logrará subsistir, com a suas gerações presentes preocupadas de tantos assuntos subalternos e tão nobres soluções para os problemas enormes que as esmagam.

A lição a tirar da vida de um Bismark, está nesta frase do Chanceler do Reich: "A preocupação das coisas de fora deve predominar".

Nosso destino está jogando lá fora, enquanto nós outros nos condenamos à impotência, a esbanjar, infatigáveis e pueris, tesouros de energia, nos debates frívolos e desprezíveis que jamais sacudiram a alma dos brasileiros.

A vida partidária como se está fazendo, neste momento no Brasil, envolve uma guerra de extermínio das verdes esperanças do povo na democracia.

É indispensável aproveitar a liberdade, num estilo mais construtivo, para fazer menos ruídos, nas ruas, nas vésperas de eleições e todos os dias mais seremos apelos às consciências, a fim de que consiga aqui provar que as instituições livres não são uma coisa *deplacé* e muito menos desorientada, na Terra de Santa Cruz.

Nossa televisão tem uma estrela: Rosalina. Ela vai baixar do céu para pôr em marcha o sinal Tupi, na taba dos guianazes, fazendo engatinhar esta nova criança de laboratório e de técnica. Nunca os santos se calaram, exclamou certa vez Pascal. Não somos santos.

Ao contrário, somos pecadores; mas pecadores que insistem em mandar deste caminho do céu, em que nos encontramos alguns raios de verdade sobre a terra, na esperança de que as nossas imagens iluminem o povo do Brasil.

Fonte: CUNDARI, Paula Casari - Assis Chateaubriand e a implantação da Televisão no Brasil (Tese de mestrado), São Bernardo do Campo, UMESP, 1984)

Hipólito José da Costa
Manoel Antonio da Silva Serva
Cipriano Barata
Adolphe Emile Bois Garin
Jerônimo Coelho
João Francisco Lisboa
Tavares Bastos
José Carlos Rodrigues
Rui Barbosa
Gustavo de Lacerda
Roquette Pinto
Assis Chateaubriand
Barbosa Lima Sobrinho
Cásper Líbero
Carlos Drummond de Andrade
Jenny Pimentel
Tarso de Castro
Gilberto Freyre

BARBOSA LIMA SOBRINHO
Pioneiro da reflexão crítica sobre o jornalismo

Rosemary Bars Mendez

Ensaio publicado na Revista Imprensa nº 156, janeiro/2001, p.71-78.

Rosemary Bars Mendez - Bacharel em Jornalismo e em História pela Universidade Metodista de Piracicaba. Mestre e Doutoranda em Comunicação Social pela Universidade Metodista de São Paulo. Professora de Jornalismo nas Faculdades ISCA e Coordenadora do Curso de Jornalismo do Centro Universitário Alcântara Machado (SP).

"O direito à informação não se limita ao jornalista que o utiliza. Alcança o público que dele se serve. A liberdade de imprensa não existe sem liberdade de informação, que não é um direito do jornalista, mas do público. É, assim, um dever do jornalista".

Estas palavras nortearam a vida de Barbosa Lima Sobrinho, referência nacional como jornalista. Tornou-se símbolo de admiração e respeito público pelas idéias que sempre defendeu ligadas ao direito de expressão e à liberdade da imprensa.

Testemunha e agente da história do século XX, seu falecimento em 16 de julho de 2000, aos 103 anos de idade, valeu muitas homenagens pelo trabalho que realizou na imprensa e na vida pública, pelos direitos humanos, contra a censura e repressão política.

Suas ponderações contemplam a trajetória da imprensa brasileira no século XX, tendo como ponto de partida sua própria perspectiva profissional. Ele acompanhou o impacto sofrido nas redações com o processo de industrialização e a modernização do fazer jornalismo. Sempre pregou a tese de que o jornalismo deve ser crítico, refletir sobre o cotidiano político, fazer análises que ajudem a formar a opinião pública para a transformação social.

As denúncias da imprensa

Barbosa Lima Sobrinho estudou a atuação jornalística no Império e as questões do jornalismo de sua época, geralmente panfletário e polêmico, com mais espaço para as opiniões do que para as notícias, mas permanentemente acossado pelo governo com leis de exceção e censura.

"Compreende-se melhor essa preeminência da liberdade da imprensa quando consideramos os serviços que presta à defesa de todas as outras liberdades.

Denuncia as prisões ilegais. Descobre as torturas, com que o sadismo se exercita ou se expande. Serve de veículo à liberdade do pensamento, esposando teses opostas e combatendo o fanatismo. Preserva a liberdade religiosa, defendendo o respeito a todos os cultos. Vale de defesa contra os atentados, que violem o domicílio do cidadão. E como um imenso pálio, sob o qual desfilam, asseguradas e garantidas, todas as liberdades públicas, privadas ou civis.

Sentinela incansável, na proteção dos direitos individuais, estão sempre a serviço da própria comunidade, para as denúncias necessárias, na condenação dos excessos, na correção dos abusos, na punição dos responsáveis, que só se multiplicam quando a censura prévia aparece, para abrigá-los e escondê-los".

Suas reflexões sobre a atuação da imprensa continuam atualizadas e podem ser conferidas no livro O Problema da Imprensa, publicado pela primeira vez em 1923, revisado na segunda edição em 1988, publicado pela Universidade de São Paulo, apontado como um clássico na literatura sobre o tema.

O livro surgiu no momento em que o Congresso Nacional discutia o projeto de lei de imprensa, restringindo sua liberdade, campanha liderada por Adolfo Gordo, em 1922, durante a presidência de Artur da Silva Bernardes.

Modernização da imprensa

Barbosa Lima envolveu-se na pesquisa sobre jornalismo, relatando a luta contra a censura, pela liberdade de expressão e pelos procedimentos éticos da profissão. Antecipa-se ao seu tempo e escreve como um estudioso da imprensa numa época em que o mundo acadêmico nacional estava distante dessa área do conhecimento, embora já existisse alguma tradição na Europa e nos Estados Unidos.

A produção abre as portas para os estudos científicos dos fenômenos da Comunicação, fazendo uma análise sobre a conjuntura em que se expande, no Brasil, a indústria cultural.

Informar com a objetividade pregada pelo jornalismo moderno ou apresentar a sua opinião diante das versões do fato? Eis a questão para a qual Barbosa Lima tem a resposta: o jornalista deve opinar para formar opiniões, acreditando na necessidade de fazer com que o leitor possa ter dados que o levem a refletir sobre a notícia.

Critica o processo industrial de se fazer jornalismo, por inverter as prioridades por ele traçadas: a imprensa, mais do que informar, deve formar opiniões, o que significa deixar de lado a objetividade e a neutralidade.

O desenvolvimento da imprensa para Barbosa Lima Sobrinho não é apenas uma questão econômica, mas de liberdade. As mudanças vividas pelo jornalismo neste século não estão em sua modernidade e transformações técnicas, mas nas idéias. Para chegar a esta conclusão, Barbosa Lima fez um levantamento histórico de todos os jornais que circularam no Brasil durante a monarquia até a Independência, resgatando o comportamento dos homens que pregavam mudanças políticas e econômica.

Sua pesquisa revela que no final do século XIX circulavam no país 53 jornais, sendo 11 de apoio à monarquia.

"À imprensa coube atuação preponderante. Ela tornou possíveis os encontros de idéias e, pois, as divergências; ela multiplicou os atritos, as incompatibilidades e as antipatias, ela manteve essa atmosfera calorosa de exaltação em que amadureceram facilmente os ideais autonômicos. Foi ela ainda que arrastou D. Pedro I para esse papel de príncipe liberal, generoso e protetor. A imprensa agiu nos fatos de independência como um dos artífices mais poderosos. Sem a imprensa, a independência não teria sido possível, nem tão cedo, nem tão facilmente. E, por isso, os fatos, que desde muito se haviam esboçado, tomaram súbito incremento desde que a abolição da censura permitiu o jornalismo de combate".

A formação dos jornalistas

De sua atuação diária na redação do Jornal do Brasil, onde começou a trabalhar em 1921, faz teoria, aplicada em seu próprio desempenho, sempre defendendo as questões que envolvem o direito de expressão – individual e coletivo – e de obtenção da informação; o direito de opinião e a busca da verdade.

Barbosa Lima mostra que o jornalismo da época descuidava-se da notícia. Os jornais envolviam-se em questões políticas e literárias. A prática da profissão aliada à paixão das idéias, ao parti-darismo, às ideologias políticas, enraizadas no romantismo moral, vai se dissolvendo diante das novas técnicas de produção da informação.

Nos 20 primeiros anos deste século, a introdução das máquinas rotativas nas oficinas impõem um novo ritmo para a imprensa, aumentando os recursos dos jornais, agora consolidados como empresa, com a organização de um noticiário farto e da reportagem.

"Com a industrialização da imprensa, o artigo político, quando muito, conservou a primeira coluna; mas em redor, como leitura de maior sensação, se foi

Barbosa Lima Sobrinho na biblioteca de sua residência

distribuindo e colocando o noticiário. E cedendo a esse impulso, as empresas jornalísticas se tornaram infinitamente complexas. Chegou a vez do fotógrafo, veio também o gravador, quando estampa fascinadora firmou seu prestígio; o telégrafo impôs despesas com que atender às informações de todo o mundo e que permitiram aos leitores acompanhar sem trabalho os acontecimentos nacionais. Pouco e pouco foi a colaboração deixando de ser gratuita e obtida por obséquio dos diretores da folha. Quando recomendava ao jornal, pagava-se o artigo, exceção feita de alguns plumitivos animados com a esperança de pagamentos futuros, e de outras dotadas de fúrias escrevinhantes".

A evolução tecnológica vivida pela imprensa brasileira no século XX deixa o velho jornalista atônito. Em aula inaugural que ministrou em 1984, na Faculdade da Cidade, no Rio de Janeiro, confessa ser difícil assimilar as modificações.

"Para um jornalista antigo, como é o meu caso, que ainda tenho na memória as antigas oficinas de tipo de metal, tudo isso chega a dar a impressão de uma viagem ao País das fantasias".

Fantasia ou não, a tecnologia tornou-se mais forte do que qualquer vocação jornalística. A imprensa recebe nova roupagem, modelando-se para assumir as características de uma empresa de comunicação de massa. Preocupado com o caminho seguido pela imprensa no final do século XX, diz Barbosa Lima:

"O artigo solene, o artigo de fundo metido em austeridade, vale menos do que um fato corriqueiro, com um título de sensação. Quando uma folha atinge esse ponto de industrialização, está muito longe da vida romântica de sacerdócio. Preocupam-na os negócios. É uma empresa comercial como outra qualquer, exigindo medidas especiais por causa de sua maior influência social".

Para enfrentar esse novo mundo da imprensa, Barbosa Lima defende a formação do profissional "escudada e fortalecida num curso universitário", para que o jornalista não caia nas garras do empresário, escrevendo o que ele manda, "sacrificando a sua sinceridade, escrevendo tudo o que o mandam fazer".

Diante desse cenário de industrialização das redações, que cortava as quatro primeiras décadas do século XX, as escolas de comunicação tornaram-se uma necessidade e se consolidaram no país. A profissão é regulamentada por decreto presidencial e o diploma de jornalista torna-se o passaporte para quem quer ocupar um lugar na redação, que elimina de seus quadros vestígios do passado, quando ser jornalista era a opção do apaixonado por uma causa política, social.

Jornalista Político

Barbosa Lima Sobrinho fez carreira como jornalista no Rio de Janeiro, depois de algumas participações e colaborações nos jornais de Recife, onde nasceu, em 22 de janeiro de 1897, e cursou a Faculdade de Direito. A família era de origem simples. O pai, Francisco Cintra Lima, era tabelião, e a mãe era Joana da Cruz Barbosa Lima.

O jornalista é herdeiro de três linhas de pensamento que teceram os fios que formaram a intelectualidade brasileira no início do século: o positivismo, influência que recebeu de seu tio Alexandre José Barbosa Lima, ex-governador de Pernambuco, político pernambucano e ex-aluno de Benjamin Constant, defendendo o desenvolvimento do país, sob a ótica da ordem e do progresso; o liberalismo político, como herança de Rui Barbosa, de quem já era leitor assíduo aos 13 anos de idade; e do nacionalismo para a economia contrário à interferência do capital estrangeiro para a exploração dos bens nacionais.

Sua inspiração inicial era seguir a carreira de advogado e ingressar na academia, interrompida após o cancelamento do concurso que estava prestes a fazer. Sem perspectivas profissionais, desembarca no Rio de Janeiro, em abril de 1921, com uma carta de recomendação do Barão de Suassuma, amigo de seu pai, ao Conde Ernesto Pereira Carneiro, que dirigia a parte comercial e financeira do Jornal do Brasil.

No JB, começou como redator iniciante. Um mês depois já cobria o Senado e a Câmara dos Deputados. Aos 27 anos ocupava o cargo de redator-chefe e, aos 30 anos, passou a assinar a coluna semanal Coisas da Política, interrompida apenas com a sua morte.

Barbosa Lima, com Astraugésilo de Athayde, presidente da Academia Brasileira de Letras

Barbosa Lima Sobrinho recebe visitantes na ABI

Pensamento jornalístico

Durante sua trajetória de 103 anos, Barbosa Lima Sobrinho deixou vários depoimentos, em entrevistas que concedeu ou em textos que publicou. Alguns desses pensamentos são rapidamente recuperados:

• O Problema da Imprensa: "No momento em que se elaborava a Lei Adolfo Gordo, exatamente para procurar elementos para restringir a ação da imprensa, eu discuti longamente nos jornais os aspectos técnicos da reforma que estava sendo projetada e escrevi o livro. Procurei mostrar os imensos serviços prestados ao Brasil pela imprensa brasileira, pois eu pensei que era dever de todos os governos mostrar uma gratidão a este trabalho".

• Nacionalismo: "O nacionalismo não é um conceito estático, não é um letreiro de rodovia, marcando o número de quilômetros percorridos ou a percorrer. É, antes, um conceito dinâmico, a soma ou o conhecimento de todos os letreiros, uma doutrina, uma experiência e uma política".

• Anti-candidatura: "Foi o período em que a imprensa vivia sob terrível censura, não se podia dizer nada, não se podia revelar coisa alguma. No fundo, talvez a anti-candidatura fosse um trunfo para o regime (militar), que lhe permitiria demonstrar que no Brasil havia certa democracia. De qualquer forma, a anti-candidatura podia ser usada para abrir brechas na censura prévia".

• Hipólito da Costa: "Historicamente, a figura que mais me impressionou foi Hipólito da Costa. Aliás, publiquei a Antologia do Correio Braziliense, porque achei que o desassombro do que ele publicou no seu jornal na defesa da independência do Brasil, por todos os problemas que naquele momento preocupavam o Brasil, tudo isso me fazia pensar num jornalismo ligado ao aspecto político. Eu acho também que é uma coisa que, de certa maneira me acompanha, porque me considero um jornalista político".

• Rui Barbosa: "Foi sim um doutrina-dor que, louvando a política como ciência das transações, que conci-

Barbosa Lima nunca desligou-se dos assuntos que envolvia sua terra natural, participando, junto com outros pernambucanos que moravam no Rio de Janeiro, do Centro Pernambucano. Sempre esteve dividido entre os acontecimentos políticos que envolviam os dois Estados.

Enquanto analisava a política nacional para o JB, envolvia-se em campanhas nacionalistas e disputava cargos eletivos em Pernambuco, estado que representou como deputado federal e atuou como governador.

O seu envolvimento com a vida partidária acontece com o apoio de Agame-non Magalhães, aliado de Getúlio Vargas, de quem recebeu apoio em várias campanhas. Barbosa Lima Sobrinho sempre repetia que "Getúlio Vargas foi o melhor presidente que o Brasil já teve", pelas teses nacionalistas que defendeu, como a do "Petróleo é nosso", e pela introdução das leis trabalhistas.

Durante o governo de Getúlio, assumiu ainda a direção do Instituto de Açúcar e Álcool, entre 1939 e 1941, período que iniciou o Programa do Álcool Motor.

O jornalista conviveu de perto com duas grandes transformações na vida brasileira: a Revolução de 1930 e o movimento de 1964, protagonizada pelos militares.

No período militar contestou a censura imposta à imprensa e aos direitos humanos, principalmente após a vigência do AI-5. Seu canal de atuação era a Associação Brasileira de Imprensa – ABI – entidade que sempre esteve à frente da defesa da liberdade

liavam divergências, usava as tribunas de que dispunha para a defesa de opiniões, que sempre ficavam acima de todas as transigências. Talvez uma ponta de orgulho, como a de um lutador que prefere morrer a declarar-se vencido, ou convencido".

• Fernando Henrique Cardoso: "Parece-me que o atual governo baseou sua política econômica exclusivamente nas privatizações, nos juros estratosféricos, como nunca se viu na história do mundo, e no atrelamento do real ao dólar, para tentar a estabilidade econômica. Essas três medidas levaram ao enfraquecimento do Estado, ao empobrecimento do Tesouro Nacional e também de todos os brasileiros. Admirava-o na mocidade quando, junto ao tio e ao pai, defendia interesses do país. Agora, pede que esqueçam o passado. Como é possível um presidente querer apagar a própria história? "

• Academia Brasileira de Letras: "A Academia de Letras é um largo estuário, a confluência dos rios de muitas vertentes literárias. Aqui podem caber todas as escolas; aqui se fazem representar os diferentes setores da atividade intelectual. E é por isso que lendo os volumes em que se acham reunidos os discursos acadêmicos, tive a impressão de que estava acompanhando, nas figuras dominantes, a própria história da vida mental do Brasil".

• Lei de imprensa: "A lei acode como um remédio para os males verificados. É posterior aos fatos, a que procura corrigir. Quando os usos obedeçam à moderação, não haverá necessidade de leis; se a imprensa se desmanda, os legisladores procuram as medidas restritivas da licença. A menos que a iniciativa reguladora o adote os intuitos despóticos do governo, que pode desejar o silêncio da imprensa para a realização de objetivos mais ou menos escusos".

de expressão. Foi anti-candidato a Vice-Presidente da República, na chapa liderada por Ulysses Guimarães, nas eleições de 1973.

Alexandre Barbosa Lima Sobrinho escreveu mais de 50 livros sobre a imprensa, de história, de economia e de política. Assistiu a todas as modificações tecnológicas do século XX. Acompanhou as transformações nas redações, as alterações editoriais e do comportamento do profissional, do boêmio e literário para o jornalista envolvido no processo industrial. Consagrou sua condição de imortal ao ingressar na Academia Brasileira de Letras, em 28 de abril de 1937. Nessa época não tinha escrito nem a metade de seus trabalhos. Na ABL envolve-se, em 1967, no projeto para a reforma ortográfica, preocupado com a necessidade de se preservar a cultura nacional, buscando a identidade do povo brasileiro através das palavras.

Trabalho que acompanhou de perto até 1996, quando foi assinado, entre os países Angola, Brasil, Cabo Verde, Guiné, Moçambique, Portugal, São Tomé e Príncipe tratado de cooperação pela promoção da língua portuguesa e pela preservação da cultura nativa.

Um militante na ABI

O mais novo e o mais velho presidente que a Associação Brasileira de Imprensa já teve em toda a sua história. Barbosa Lima Sobrinho tinha 29 anos quando assumiu, pela primeira vez, a direção da entidade, fundada em 07 de abril de 1908, para assistir aos profissionais, mas tornou-se uma instituição que lutou pelos direitos de informação e de expressão.

No início de seu mandato, Barbosa Lima conseguiu unir a categoria que até então estava dividida em três entidades diferentes. O segundo mandato começa em 1930, sendo reconduzido à presidência na eleição de 1978, depois em 1980 e em 1984, onde permaneceu até a sua morte.

Na década de 60, atua como conselheiro na Comissão de Defesa de Liberdade de Imprensa, época em que a entidade vive momentos históricos contra a repressão, a censura, a opressão e perseguição aos jornalistas. Integra ainda o Conselho dos Direitos Humanos e consegue reeditar a Declaração Universal dos Direitos do Homem.

Nas décadas de 70 e 80 desenvolveu vários debates públicos contestando as perseguições aos jornalistas. Na morte de Vladimir Herzog exigiu investigações, em artigos publicados no boletim informativo da ABI. "Os jornalistas de todo o Brasil estão unidos por um sentimento profundo de defesa da liberdade de imprensa que não precisam combinar qualquer ação para adotar uma atitude comum quando essa liberdade é vulnerada", analisou.

Nesse período, a ABI era o centro de referência nacional para as discussões sobre a lei de imprensa, código de ética, liberdade de expressão, direito à informação, pela democracia, contra a censura.

A atuação de Barbosa Lima Sobrinho é reconhecida pela Organização Internacional dos Jornalistas, sendo homenageado, em 1993, como principal representante na luta pela Defesa dos Direitos Humanos, da Liberdade de Expressão e da Democracia.

Sua representatividade no cenário nacional, levou-o a ser o primeiro cidadão a chancelar o abaixo-assinado pedindo o impeachment do Presidente Fernando Collor. Foi também uma das vozes que iniciaram o clamor público contra o programa de privatização executado pelo governo de Fernando Henrique Cardoso.

Principais escritos sobre a imprensa:

- O Problema da Imprensa (1923)
- O jornalismo e a literatura (1958)
- A imprensa na Independência (1972)
- Liberdade de Imprensa e Estado de Direito (1975)
- Ruy Barbosa e a Liberdade de imprensa (1980)
- Direito de Informação (1980)
- Imprensa, Nacionalismo, Desenvolvimento (1984)
- Hipólito da Costa: pioneiro da independência do Brasil (1996)

Hipólito José da Costa
Manoel Antonio da Silva Serva
Cipriano Barata
Adolpho Emile Bois Garin
Jerônimo Coelho
João Francisco Lisboa
Tavares Bastos
José Carlos Rodrigues
Rui Barbosa
Gustavo de Lacerda
Roquette Pinto
Assis Chateaubriand
Barbosa Lima Sobrinho
Cásper Líbero
Carlos Drummond de Andrade
Jenny Pimentel
Tarso de Castro
Gilberto Freyre

XIV

CÁSPER LÍBERO
O empresário que criou a primeira escola de jornalismo

Gisely Hime

Ensaio publicado na Revista Imprensa nº 153, outubro/2000, p.73-80.

Gisely Hime - Bacharel em Jornalismo, Mestre e Doutora em Ciências da Comunicação pela Universidade de São Paulo. Co-fundadora do Núcleo Paulista da Rede Alfredo de Carvalho. Coordenadora da Cátedra de Jornalismo Octavio Frias de Oliveira, no Centro Universitário Alcântara Machado (SP).

"Visto como tudo quanto possuo devo à Providência (...) e à Gazeta, jornal que é o reflexo e o orgulho de toda a minha existência de labores, sempre a serviço de São Paulo, do Brasil, da justiça e das grandes ideologias, quero e disponho que todos os meus bens remanescentes sejam reunidos e aplicados como patrimônio da fundação que ora crio e instituo: a Fundação Cásper Líbero". (do testamento de Cásper Líbero)

Assim nasceu a primeira faculdade de Jornalismo do Brasil: no testamento do jornalista, orgulhosamente paulistano, Cásper Líbero, diretor-proprietário de um dos mais modernos jornais da América Latina, no início dos anos 40. Ao definir os objetivos da fundação que deveria ser instituída após sua morte, ele determinou a criação de "uma escola de jornalismo e ensinamento de humanidades, particularmente português, prosa, estilo, literatura, eloqüência, história e filosofia, em cursos de grandes proporções, a começar pelo secundário e finalizar pelo superior.

Essa escola estaria agregada ao complexo jornalístico formado pelo vespertino A Gazeta, pela rádio de mesmo nome e pelo semanário A Gazeta Esportiva.

Estamos em março de 1943 e Cásper Líbero morreria alguns meses depois, a 27 de agosto, vitimado em acidente aéreo.

Devido aos entraves burocráticos e legislativos – pois o ensino de jornalismo, apesar de instituído por decreto em 1937, não fora regulamentado ainda pelo Ministério da Educação – a faculdade só entraria em funcionamento quatro anos depois, em 1947, vinculada à Pontifícia Universidade Católica de São Paulo.

A atitude pioneira não surpreendeu, porém, os contemporâneos do jornalista. Como demonstram diversos textos publicados na A Gazeta, Cásper, ao longo dos anos, aprofundou suas reflexões nesse sentido, valorizando o investimento na formação profissional. Para ele, o exercício responsável e competente da profissão exigia capacitação e aperfeiçoamento, tendo em vista a função social do jornalismo.

Foi o que pude comprovar nas pesquisas que fundamentaram minha dissertação de mestrado (A Hora e a Vez do Progresso - Cásper Líbero e o Exercício do Jornalismo nas Páginas de A Gazeta. São Paulo, Escola de Comunicações e Artes/Universidade de São Paulo,1997), em que me baseio para traçar aqui os principais aspectos do seu projeto jornalístico.

Se julgava fundamental para o futuro da Nação investir na formação cultural do povo e das elites, não tinha dúvidas quanto à influência do jornalismo nesses rumos.

Por isso, transformou seus veículos em instrumentos difusores de cultura. Para ele, os meios de comunicação exercem um papel fundamental na formação intelectual, moral e política da sociedade. Também costumava salientar o poder de influência da imprensa "sobre as multidões, orientando-as, guiando-as".

Em saudação a Benedito Valadares, governador de Minas Gerais, em 1940, Cásper afirma considerar-se "um general, no comando de uma legião de jornalistas, responsáveis pela formação da opinião pública do país". E porque acredita na força dessa influência, contrapõe ao mau exercício, a necessidade de se investir na formação profissional, endossando os debates liderados pela ABI e API, que apontam para a instalação de cursos de jornalismo no país.

Enquanto "homem de jornal" – como se dizia ele próprio -, manteve-se ligado a todos os movimentos da classe, onde a discussão sobre a necessidade de se investir na formação profissional ocupa praticamente toda a década de 30.

A Gazeta dá ampla cobertura ao assunto, promovendo eventos como a Semana do Jornalista, em janeiro de 1940. Dois anos depois, apoiará a realização do Primeiro Congresso dos Jornalistas Profissionais, onde propostas como cursos livres e em nível universitário são registradas, faltando apenas quem efetivamente lhes dê encaminhamento prático. O Sindicato dos Jornalistas, encarregado pela classe, não chegou a tirá-las do papel. As teses em debate, contudo, trazem profundos avanços na redefinição de contornos por que passa a profissão, impulsionada pela modernização do próprio processo de produção.

Organizada de acordo com os mais modernos padrões mundiais de empresa jornalística, A Gazeta se coloca na linha de frente dessas mudanças, pois necessita de profissionais preparados para lidar com as novas técnicas.

Por isso, ao valorizar o investimento na formação jornalística, Cásper também tem em vista a administração de seu empreendimento. A prática do dia-a-dia, aliás, teria colaborado e muito para tal posicionamento. Contam antigos funcionários que tinha o costume de contratar jovens interessados em ingressar na profissão, dedicando-se, ele próprio à sua formação.

As viagens ao exterior deram o empurrão que faltava. Tanto na Europa quanto nos Estados Unidos, Cásper teve a oportunidade de constatar os resultados positivos que as escolas de jornalismo imprimiam no exercício da profissão, reforçando, assim, a convicção de que era preciso investir na formação. Também teve oportunidade de conferir como se dava na prática o tão sonhado curso e as diversas formas de executá-lo.

Qual lhe agradou mais? Não se sabe ao certo. O tempo foi suficiente apenas para registrar a certeza de sua necessidade e traçar algumas breves indicações.

Definições de Cásper Líbero:

A Fundação

"A Fundação Cásper Líbero terá:

a) objetivo patriótico, de iniciativas e campanhas por São Paulo, pelo Brasil, pela justiça, pelos nobres ideais, pela cultura e grandeza de nossa Pátria, servindo-se para isso de A Gazeta, do seu auditório, de seu Rádio e dos recursos do patrimônio que a doto;

b) objetivo cultural, de criar e manter uma escola de jornalismo e ensinamento de humanidades, particularmente português, prosa, estilo, literatura, eloqüência, história e filosofia, em cursos de grandes proporções, a começar pelo secundário e finalizar pelo superior;

c) objetivo jornalístico, consistente em assegurar e desenvolver o nome, futuro, prosperidade econômica e prestígio de A Gazeta, mantendo-a órgão da genuína opinião pública e interesses da Pátria, aparelhada dos inventos e aperfeiçoamentos que o progresso for engendrando, fidelíssima da fundação".

A Gazeta

"A Gazeta é um lar. A Gazeta não é somente minha e dos meus companheiros do mais alto ao mais humilde. A Gazeta é de São Paulo. Dou independência moral, material e profissional aos meus redatores. A Gazeta é de todos...".

A Gazeta é "o templo onde o povo paulista pode adorar a sua terra e o Brasil".

"Desde que assumimos a direção deste vespertino, todo o empenho do seu atual diretor proprietário tem sido acompanhar o ritmo acelerado do progresso paulista. Cada inovação, cada melhoramento material e intelectual introduzido nesta folha tem decorrido naturalmente das necessidades do meio. Neste ponto, repetimos hoje o que há alguns anos afirmamos: A Gazeta não quer ser outra coisa senão um reflexo do ambiente em que se formou e em que se desenvolve continuamente. A missão que nos impusemos é a de espelhar a agitação da metrópole paulistana, os surtos vigorosos do seu progresso, as transformações contínuas por que passa, enchendo de assombro ao resto do país, de que há muito se constitui a escola vital".

Edições especiais de *A Gazeta*

O grito da sereia "repercutirá pela nossa Capital, como um alarme magnífico de força e energia, anunciando o meio-dia para os que a essa hora se agitam na vida febril, chegando aos ouvidos dos habitantes como um testemunho da urbe que não descansa e ao mesmo tempo como um braço estimulante de civilização!". Por sua vez, "o relógio (...), que se tornará famoso em todo o Brasil pela exatidão absoluta e perfeita, vai facultar a essa Capital o conhecimento da hora (...). São Paulo terá, de hoje em diante, a certeza da hora, a segurança completa do tempo!".

"Instalada agora em locais muito mais amplos e adequados, a redação d'A Gazeta pode desenvolver melhor a sua atividade, contribuindo para que a folha seja concluída, consoante se pede de um jornal da atualidade, dentro do menor espaço de tempo possível, a fim de que se torne o reflexo imediato dos acontecimentos mais importantes da cidade, do país ou do exterior, e correspondendo à enorme e constante consideração em que a tem o leitor, único elemento com que ela conta para a sua manutenção".

São Paulo

"Cada estado ou região tem o seu modo particular de fixar os acontecimentos da vida pública". Em São Paulo, o que se exige é "a serenidade da análise, a grave ponderação dos articulados, a isenção de ânimo consentânea com uma população solidamente disciplinada pelo trabalho intensivo, alheia aos ruídos demagógicos e compelida a uma permanente atitude reflexiva".

"Na composição inseparável e uniforme do Estado Nacional, começamos a sentir o direito de ser o carro que chega em primeiro lugar".

Cena de reportagem

Política

"Nunca almejei outra coisa, senão, apenas, ser diretor d'A Gazeta. (...) Respondi com fatos e não com palavras, pois que recusara a indicação do meu nome para cargos eletivos, com vitórias garantidas".

"Não estou nem muito alto, nem muito baixo. Na altura suficiente para ver o que se passa em baixo e apreciar o que se passa em cima. E com isso, poderei dizer que as minhas pretensões políticas

Máquinas modernas e rotogravura

não são outras senão ficar na posição em que estou, porque assim poderei, com grande prazer, amparar aqueles que precisem subir, da mesma forma que poderei dar a mão àqueles que tiverem que descer".

"Somente na honestidade prática de um regime verdadeiramente democrático, baseado nos princípios de auto-determinação dos povos, na leal cooperação dos países e no respeito inerente ao ser humano e ao cidadão, que são inseparáveis, encontrará o mundo a paz definitiva para trabalhar, progredir e viver".

Educação

"Quando a gente se vê, assim, num mesmo nível mental, pressupõe desde logo as mesmas conclusões sobre qualquer assunto em que as premissas são iguais".

"É preciso substituir a escola do livro pela escola do trabalho".

"Tem-se vivido em regime de 'ditadura pedagógica'. É preciso transformar a escola em núcleo de socialização inteligente de cada geração, ou seja, ajustar a escola ao meio social".

Jornalismo

"Uma força, não obstante as bufoneiras que o falsificam e os vícios que o derrancam. É um símbolo. O melhor e mais genuíno instrumento de opinião. A sua eficiência desafia qualquer atividade expositiva. Seja na hora amarga, seja nos momentos de alegria de uma nacionalidade ou de um povo, o jornal mantém sempre a sua posição de guerreiro e defensor das coletividades. Muitos o caluniam, muitos o invejam e muitos o insultam, mas no fundo todos o respeitam. É que a sua realeza sobrepuja as outras, quaisquer que sejam. Há uma diferença muito grande entre o orador e o jornalista: se aquele se empolga, impondo idéias e doutrinas, o jornalista é um orador de nova espécie e mais aliciante. Trabalha silenciosamente e permanentemente, e a força de seu

Professor, um título

Nascido a 2 de março de 1889, em Bragança Paulista (interior de São Paulo), filho de um dos primeiros intendentes da cidade, o médico dr. Honório Líbero, Cásper formou-se em Direito pela Faculdade do Largo São Francisco, hoje integrada à Universidade de São Paulo, mas foi no jornalismo que se realizou.

De personalidade apaixonada e explosiva, lançou uma nova perspectiva para os profissionais de jornalismo: ser empresário-jornalista. Até então, a profissão, intrinsecamente ligada à política, servia de trampolim para cargos públicos.

Cásper não deixa de empunhar bandeiras políticas. O que faz é subordinar o político ao jornalístico, enquanto outros subordinavam o jornalismo à política. Por outro lado, ao se dedicar de corpo e alma ao jornalismo, buscando concretizar suas reflexões sobre a profissão, colheu os frutos que coroam a carreira do empresário bem sucedido. E isso ele o foi.

N'A Gazeta encontramos o embrião das modernas políticas administrativas. Dispondo dos melhores equipamentos, instalados em acomodações adequadas, recebendo em dia e razoavelmente bem, os funcionários tornam-se mais eficientes.

O aprimoramento material, ao lado da sintonia com os interesses do mercado, contribui para um aperfeiçoamento da qualidade do produto. Dessa forma, a empresa obtém melhores resultados junto ao público-consumidor. Cativa os leitores antigos e conquista novos. Ou seja, vende mais.

O ideário de Cásper Líbero, revelado nas páginas d' A Gazeta, é composto de seis princípios básicos, profundamente relacionados entre si: progresso – a palavra-chave d' A Gazeta, tanto no que se refere às instalações e maquinário, quanto às idéias transmitidas, sintonizando-a com a vanguarda cultural; nacionalismo – traduzido no lema "para um Brasil cada vez maior e melhor". Enxerga na cultura nacional os elementos necessários para impulsionar o progresso do país, tornando-o uma nação grande e respeitada perante o mundo; regionalismo - manifesto no imenso amor por São Paulo, visto como a locomotiva do País na construção de uma Nação maior e melhor; jornalismo, enquanto função social - colaborador no fortalecimento do espírito cívico, que fundamenta os sentimentos de nacionalismo, patriotismo e regionalismo, tornando possível o engajamento do indivíduo no projeto de construção da nação; coletividade - como fator decisivo na formação da opinião pública, o jornalismo é responsável pela coletividade. Deve canalizar os interesses da sociedade, orientando-os para o engrandecimento da Nação em benefício da coletividade; juventude – simboliza a concretização desse Brasil maior e melhor, desde que bem orientada. O segredo do progresso de um país está na formação cultural de suas elites e a juventude encerra as elites do futuro.

apostolado cotidiano acaba levando o entendimento aos descautelados, convertendo-os às suas convicções. É um tribuno que se exibe numa praça pública especial: os lares, as repartições, os botequins, os agrupamentos políticos e profissionais, enfim a todos. Solerte propagandista, desfruta todas as vantagens, sem os tropeços dos oradores. Emite o seu pensamento, sem dispêndio de fluido nervoso, sem goles d'água, e sem a interrupção do 'apoiado', que muitas vezes só serve para cortar o discurso. Apesar de tudo isso, o jornalismo tem os seus espinhos, mas é, na verdade, uma profissão encantadora, se considerada como uma força humana irresistível".

O velho prédio de A Gazeta na Avenida Cásper Líbero

"O jornal influi sobre as multidões, orientando-as, guiando-as nas flutuações a que estão sujeitas pela falta de quem as eduque e de boa fé lhes aproveite os bons pendores e corrija os maus instintos. (...) O jornal é o professor, o jornal é o orador, o jornal é o técnico, graças à variedade da matéria que pode fornecer ao público e à mobilização imediata de todas as aptidões práticas chamadas a colaborar na sua feitura, no menor espaço de tempo. É a literatura, a agricultura, a economia política, a informação de toda espécie, tudo colocado ao alcance do leitor, mediante um níquel de cem ou duzentos réis. O jornal informa, o jornal educa, o jornal edi-fica, se encarado por este aspecto. Se posto a serviço dos ódios e despeitos, a sua eficiência não é menos notável".

"Nossa tarefa é pugnar por melhores diretrizes econômicas, financeiras e político-sociais, defender os interesses da coletividade permanentemente ameaçados pelas conveniências pessoais, surpreender o erro onde quer que ele se manifeste, combater o ridículo que pretende consolidar foros respeitáveis, refletir as mutações da atualidade".

A Gazeta foi a grande expressão do projeto de Cásper Líbero.

Era mais que um jornal. Era um pólo cultural de SP.

A Gazeta chega às mãos de Cásper Líbero em maio de 1918. Após passar por sucessivos proprietários. O que havia sido um dos principais jornais de São Paulo estava à beira da falência: como se dizia à época, era um verdadeiro abacaxi.

Em meados da década de 20, Cásper inaugura a primeira etapa do processo de modernização do vespertino, que inclui da aquisição de maquinário, capaz de acelerar e aprimorar a produção do jornal, à reforma das instalações para torná-las mais adequadas à acomodação desse maquinário e da redação. Compra o último tipo de rotativa disponível no mercado e faz a primeira edição impressa em tricomia e em rotogravura a cores no País.

1

2

1
Prédio da Fundação Cásper Líbero na Avenida Paulista

2
Edifício em construção

Ao mesmo tempo, a modernização editorial buscava sintonizar as principais preocupações do momento, privilegiando a vida da cidade, com suas questões políticas e econômicas, o processo de urbanização e suas conseqüências sociais, os eventos culturais e esportivos.

Nessa perspectiva, surgem, pioneiramente, A Gazeta Esportiva e A Gazetinha, em 1928, e a Página Feminina, em 1929. Além disso, a atuação do jornal é ampliada com iniciativas como a Escola Acadêmica de Pilotagem (de aviões), Travessia de São Paulo a Nado, Corrida de São Silvestre, I Torneio Atlético Feminino e Concurso Literário Escolar.

Os resultados positivos estimulam-no a continuar investindo. Em 1937, por exemplo, graças a contrato com a Associated Press, A Gazeta torna-se o primeiro jornal de São Paulo a ter radiofoto.

Dois anos depois, em 3 de novembro de 1939, após sucessivas reformas e compras de equipamento, Cásper inaugura o primeiro edifício brasileiro construído especialmente para abrigar um jornal.

Com projeto do escritório técnico Ramos de Azevedo, o edifício de oito andares tem, além dos espaços usuais das instalações de um jornal, como as oficinas de impressão, gabinetes individuais para os redatores, com telefone, máquina de escrever e comunicação direta com qualquer seção do jornal; arquivo e biblioteca, que ocupam totalmente o 4º andar do prédio; auditório para concertos e conferências, com capacidade para 300 pessoas e equipado com microfones, projetores e aparelhos cinematográficos; apartamentos para hóspedes de honra; e, no último andar, o restaurante Roof, uma das primeiras e mais requintadas boates da cidade.

Cásper aproveita essa estrutura para ampliar ainda mais sua ação, promovendo cursos, palestras, concursos e exibição de filmes. Dessa forma, o jornal torna-se um importante pólo cultural na cidade: com um espaço de pesquisa; um espaço para o debate intelectual; um espaço de encontro das mais diversas personalidades públicas: políticos, artistas, jornalistas, intelectuais etc.

É assim que o vespertino ganha destaque nas tardes paulistanas, sendo ansiosamente esperado nas bancas.

Torna-se um dos veículos de maior tiragem, penetração e prestígio. Chega brincando a 120 mil exemplares, comprovando a tese do antigo funcionário, Silveira Peixoto, que aquilo que diziam ser um abacaxi, Cásper foi descascando e soube saborear. E A Gazeta tornou-se um dos jornais mais importantes de São Paulo.

Ele não subordinava o jornalismo à política. Transformou-se, assim, num pioneiro na categoria dos empresários-jornalistas.

Rui Barbosa
Gustavo de Lacerda
Roquette Pinto
Assis Chateaubriand
Barbosa Lima Sobrinho
Cásper Líbero
Carlos Drummond de Andrade
Jenny Pimentel
Tarso de Castro
Gilberto Freyre

CARLOS DRUMMOND DE ANDRADE
Interação da poesia com o jornalismo

Sebastião Breguez

Ensaio publicado na Revista Imprensa nº 176, outubro/2002, p. 63-70.

Sebastião Breguez - Bacharel em Jornalismo pela Universidade Federal de Minas Gerais. Doutor em Comunicação pela Universidade de Strasbourg – França. Coordenador do Núcleo de Estudos de Folkcomunicação da Sociedade Brasileira de Estudos Interdisciplinares da Comunicação – INTERCOM. Professor do Curso de Jornalismo da Universidade Federal de Viçosa – MG.

Ao comemoramos este o ano o centenário de nascimento do poeta mineiro Carlos Drummond de Andrade (1902, Itabira, MG-1987, Rio de Janeiro, RJ). Embora seja conhecido internacionalmente como um dos mais brilhantes poetas brasileiros, Drummond foi jornalista e um dos maiores cronistas do nosso país. Começou sua carreira ingressando na imprensa, em Belo Horizonte, a partir de 1926, como redator das Minas Gerais. Foi através da prática cotidiana do jornalismo que ele, aos poucos, ingressou na carreira literária e participando, assim como outros jornalistas, para criar um elo de ligação entre o jornalismo e a literatura. Trabalhou e colaborou com os principais órgãos da imprensa nacional durante 64 anos, escrevendo crônicas até a sua morte em 17 de agosto de 1987. Sua última crônica, publicada no JB e no Estado de Minas, data de 14 de agosto deste ano. Em Minas Gerais, escreveu para o Diário de Minas, Estado de Minas, no Rio para o Jornal do Brasil, mas suas crônicas eram reproduzidas para dezenas de jornais espalhados pelo Brasil afora. A obra de Drummond inclui, ao longo de seis décadas, 10 livros de poesia e 17 livros de crônicas. Assim, quantitativamente sua produção é muito mais jornalística do que propriamente poética.

Como a maioria dos jornalistas e intelectuais de sua época, foi simpatizante do Partido Comunista Brasileiro (PCB) e sua obra, tanto poética quanto jornalística (crônicas) ironiza a vida social dos poderosos, mostra o cotidiano dos humildes, brinca com a vida burguesa e seus valores, valoriza os ditos populares, dando importância ao povo em sua produção intelectual. Durante os anos 1930 conseguiu a proeza de ser Chefe de Gabinete do ministro conservador Gustavo Capanema, do Estado Novo, membro do PCB e usar as palavras para destruir o capitalismo. Sua atuação da imprensa foi marcada por intensa produção de artigos, na maioria críticos da realidade, embora com traços de humor.

Em 1982, quando completou 80 anos de vida, foram realizadas exposições comemorativas na Biblioteca Nacional e na Casa de Rui Barbosa. Recebeu o título de doutor honoris causa pela Universidade Federal do Rio Grande do Norte. No ano seguinte declinaria do troféu Juca Pato. A Escola de Samba Primeira de Mangueira o homenageia em 1987 com o samba-enredo O reino dos palavras e é campeã do carnaval carioca daquele ano. Em 1987, em cinco de agosto, morre a mulher que ele mais amou, sua amiga e filha Maria Julieta. Desolado, ele pede a seu cardiologia que lhe receite um 'infarto fulminante'. Doze dias depois, Drummond morre em uma clínica em Botafogo, com as mãos dadas com Lygia Fernandes, sua namorada, com quem manteve romance secreto durante 35 anos.

Na história do jornalismo brasileiro, talvez só Machado de Assis, no passado mais longínquo, tenha mantido esta presença tão intensa na estreita ligação entre o jornalismo e a literatura como Carlos Drummond de Andrade teve na imprensa brasileira em passado mais recente. Machado de Assis, entretanto, viveu 69 anos, mas Drummond escreveu e conviveu com a redação dos jornais durante quase 70 anos. A geração de um e de outro mostrou bem que a vida do escritor não está separada da prática do jornalismo. A experiência deles mostra que a sobrevivência do escritor depende da redação dos jornais.

Entretanto, poucas pessoas lembram de Drummond como jornalista. Sua estréia no jornalismo aconteceu em Belo Horizonte, em meados dos anos 1920, no jornal oficial do governo do estado, o Minas Gerais, onde foi ser redator. Trabalhou também no Diário de Minas, onde foi redator-chefe, na época em que o jornal pertencia ao mais conservador dos partidos políticos, o Partido Republicano. Ainda nesta época fundou A Revista, uma publicação que difundia reportagens e textos de jovens escritores modernistas como Emílio Moura e Martins de Almeida.

Drummond, assim como Rubem Braga, Fernando Sabino, Paulo Mendes Campos, Raquel de Queiroz ou Olavo Bilac, desenvolveu um gênero jornalístico que é o elo de ligação entre o jornalismo e a literatura: a crônica. Artigo de jornal ou revista, a crônica contém reflexões sobre temas do cotidiano como política, vida social, acidentes, crimes ou mudanças econômicas. A crônica indica narrativa histórica, pela ordem temporal em que aconteceram os fatos, mas é atualidade, pode ser crítica, sentimental ou humorística, mas tem sentido jornalístico porque ajuda o leitor a compreender fatos e acontecimentos. As crônicas de Drummond foram publicadas simultaneamente, nos últimos 10 anos de sua vida pelos jornais Estado de Minas, de Belo Horizonte, e Jornal do Brasil, do Rio. Foram crônicas marcadas pelo humor e pelo cepticismo. Quem quiser conhecer o conjunto da produção de crônicas de Drummond uma boa indicação é o volume da Editora Nova Aguilar Poesia e Prosa.

Drummond na companhia de escritores de sua geração, Guimarães Rosa e Manuel Bandeira

O mineiro de Itabira

Drummond nasceu em Itabira, pequena cidade do estado de Minas Gerais em 31 de outubro de 1902. Seus pais se chamavam Carlos de Paula Andrade e Julieta Augusta Drummond de Andrade.

O pequeno garoto então ao descobrir o encanto pelas palavras começa realmente a usá-las. No seu primeiro colégio, Grupo Escolar Coronel José Batista, seus textos começam a receber os elogios de professores.

Quando jovem, vai trabalhar como caixeiro na casa comercial Randolfo Martins da Costa e seu patrão oferecendo um corte de casimira foi tido como presente valioso para o rapaz que o usara nas reuniões que participava do Grêmio Dramático e Literário Artur Azevedo. E neste local recebe o convite para realizar conferências. Vejam só: um garoto de 13 anos ministrando palestras sobre literatura!

Aos 14 anos vai para um internato em Belo Horizonte. No colégio Arnaldo, da Congregação do Verbo Divino, não termina o segundo período escolar por motivos de doença que o obriga a voltar para Itabira. Para não perder o ano escolar começa a ter aulas particulares e aparecem muitas descobertas.

No ano seguinte, em 1918, já melhor de saúde, Drummond é matriculado num colégio interno - o Anchieta, da Companhia de Jesus, na cidade de Nova Friburgo, onde seu talento com a palavra fica cada vez mais evidente. Seu irmão Altivo, percebendo que o jovem precisa de incentivo, publica o poema em prosa "Onda" num jornal de Itabira, Maio.

A vida no internato não é nada fácil para o jovem de 17 anos, que nesta idade se desentende com seu professor de português. A consequência desse incidente é a sua expulsão do colégio no ano de 1919, onde era conhecido de "general" por sua maestria.

No ano de 1920, a família Drummond transfere-se para Belo Horizonte e o jovem de 18 anos não precisa mais enfrentar aquela ordem que confisca tempo, que confisca vida. A ida para a capital mineira abre novas portas para o adolescente. Seus primeiros

Autobiografia relutante[1]

Carlos Drummond de Andrade

Convidado pela Revista Acadêmica a escrever minha autobiografia, relutei a princípio, por me parecer que esse trabalho seria antes de tudo manifestação de impudor. Refleti logo, porém, que, sendo inevitável a biografia, era preferível que eu próprio a fizesse, e não outro. Primeiro, pela autoridade natural que me advém de ter vivido a vida. Segundo, por que, praticando aparentemente um ato de vaidade, no fundo castigo meu orgulho, contando sem ênfase os pobres e miúdos acontecimentos que assinalam a minha passagem pelo mundo, e evitando assim qualquer adjetivo ou palavra generosa, com que o redator da revista quisesse, sincero ou não gratificar-me.

Isto posto, declaro que nasci em Itabira, Minas Gerais, no ano de 1902, filho de pais burgueses, que me criaram no temor de Deus. Ao sair do grupo escolar, tomei parte da guerra européia (pesa-me dizê-lo) ao lado dos alemães. Quando o primeiro navio mercante brasileiro foi torpedeado, tive que retirar a minha posição. A esse tempo já conhecia os padres alemães do Verbo Divino (rápida passagem pelo Colégio Arnaldo, em Belo Horizonte). Dois anos em Friburgo, com os jesuítas. Primeiro aluno da classe, é verdade que mais velho que a maioria dos colegas, comportava-me como um anjo, tinha saudades da família, e todos os outros bons sentimentos, mas expulsaram-me por "insubordinação mental". O bom reitor que me fulminou com essa sentença condenatória morreu, alguns anos depois, num desastre de bonde na Rua São Clemente. A saída brusca do colégio teve influência enorme no desenvolvimento dos meus estudos e de toda minha vida. Perdi a Fé. Perdi tempo. E sobretudo perdi a confiança na justiça dos que me julgavam. Mas ganhei vida e fiz amigos inesquecíveis. Casado, fui lecionar geografia no interior. Voltei a Belo Horizonte, como redator de jornais oficiais e oficiosos. Mário Casassanta levou-me para a burocracia, de que tenho tirado o meu sustento. De repente, a vida começou a impor-se, a desafiar-me com seus pontos de interrogação, que se desmanchavam para dar lugar a outros. Eu liquidava esses outros, mas apareciam novos. Meu primeiro livro, Alguma Poesia

trabalhos começam a ser publicados no Diário de Minas, na seção "Sociais", e ele se aproxima de escritores e políticos mineiros na Livraria Alves e no Café Estrela.

Dois anos depois, recebe um prêmio de 50 mil-réis pelo conto "Joaquim do Telhado" e publica seus trabalhos na capital federal, no Rio de Janeiro. Apesar destas realizações na área literária, Drummond, no ano seguinte, 1923, decide matricular-se na Escola de Odontologia e Farmácia de Belo Horizonte. O poeta, porém, jamais irá esquecer a profissão de farmacêutico.

Ainda estudante, em 1925, Carlos se casa com Dolores Dutra de Morais e, retorna a Itabira com a esposa e leciona geografia e português no Ginásio Sul-Americano. No ano seguinte, recebe convite para trabalhar no jornal Diário de Minas como redator e decide retornar a Belo Horizonte.

Em 1928, seu poema "No meio do caminho" é publicado em São Paulo, na Revista Antropofagia e se transforma num escândalo literário.

(1930), traduz uma grande inexperiência do sofrimento e uma deleitação ingênua com o próprio indivíduo. Já em Brejo das Almas (1934), alguma coisa se compôs, se organizou; o individualismo será mais exacerbado, mas há também uma consciência crescente de sua precariedade e uma desaprovação tácita da conduta (ou falta de conduta) espiritual do autor. Penso ter resolvido as contradições elementares da minha poesia num terceiro volume, Sentimento do Mundo (1940). Só as elementares: meu progresso é lentíssimo, componho muito pouco, não me julgo substancialmente e permanentemente poeta. Entendo que poesia é negócio de grande responsabilidade, e não considero honesto rotular-se de poeta quem apenas verseje por dor-de-cotovelo, falta de dinheiro ou momentânea tomada de contato com as forças líricas do mundo, sem se entregar aos trabalhos cotidianos e secretos da técnica, da leitura, da contemplação e mesmo da ação. Até os poetas se armam, e um poeta desarmado é, mesmo, um ser à mercê de inspirações fáceis, dócil às modas e compromissos. Infelizmente, exige-se pouco do nosso poeta; menos do que se reclama ao pintor, ao músico, ao romancista... Mas iríamos longe nesta conversa. Entro para a antologia, não sem registrar que sou o autor confesso de certo poema, insignificante em si, mas que a partir de 1928 vem escandalizando meu tempo, e serve até hoje para dividir no Brasil as pessoas em duas categorias mentais:

No meio do caminho tinha uma pedra
tinha uma pedra no meio do caminho
tinha uma pedra
no meio do caminho tinha uma pedra.
Nunca me esquecerei desse acontecimento
na vida de minhas retinas tão fatigadas.
Nunca me esquecerei que no meio do caminho
tinha uma pedra
tinha uma pedra no meio do caminho
no meio do caminho tinha uma pedra.

1 Carlos Drummond de Andrade, "Confissões de Minas" (Ensaios e crônicas). Rio de Janeiro, Americ-, Edit., 1944.

O ano de 1928 torna-se marcante para o poeta. Nasce sua filha Maria Julieta e o poeta vai trabalhar na Secretaria de Educação de Minas Gerais. Dessa data em diante, Drummond ocupa vários cargos ligados às áreas de Educação e de Cultura dos governos de Minas e federal, trabalha nos principais jornais de Minas e do Rio de Janeiro e vai publicando suas poesias. Em 1942, a Editora José Olympio edita Poesias e, durante 41 anos, até sua ida para a Editora Record em 1982, suas obras são publicadas com o selo da editora JO. A fama chega, e Drummond se torna um dos mais conhecidos autores brasileiros - seus textos são traduzidos e lidos em diferentes países, tanto que no metrô da cidade de Paris esteve exposto sua poesia "A vida é grande".

No dia 5 de agosto de 1987 morre sua filha Julieta; 12 dias depois, a 17 de agosto, falece o poeta.

Drummond deixa crônicas, obras, contos, poesias e um exemplo de vida a ser seguido por todos nós, onde em palavras ficam os sentimentos pregados que o vento não leva e a vida sempre nos traz "... a cada instante de amor".

O homem que não gostava de dar entrevista

Carlos Drummond de Andrade não gostava de dar entrevistas. Por quê? Homem sabidamente afável, sua recusa em expor-se decorre menos de princípio do que do temor de que digam o que de fato não disse nas entrevistas.

Em minha vida de repórter, tentei entrevista-lo várias vezes que fui ao Rio. Em 1977, trabalhava para o JORNAL DO BRASIL, Sucursal de Minas, em Belo Horizonte, produzia textos para o Caderno B e o Suplemento Literário, na época, editado por Mário Pontes. Fui uma vez ao Rio só para entrevistar o poeta e jornalista Drummond em matéria que deveria sair no JB. Muitos colegas haviam tentado a façanha, sem resultados. O poeta, há de perdoar, dizia, mas vou usar todas as estratégias e insistir por todos os meios. Assim foi.

Não adiantou um dia inteiro passado ao pé da porta duas vezes maior do que o poeta, fechada. Nem conversar com o porteiro, "ele não sai, é assim meio esquisito, trancado nesses 14 anos que trabalho aqui, nunca vi este homem viajar". Ou com a empregada, "paciência, insista, ela passa o tempo todo com a mão no telefone". Telefonar nem sempre adianta, dizem que Drummond desliga rápido o aparelho.

Durou dois dias a peregrinação até o apartamento que ocupa todo o sétimo andar da rua Conselheiro Lafaiete nº 60, em Ipanema, no Rio. O primeiro contato é ríspido. Só de ouvir de falar de reportagem ou ver uma máquina fotográfica, o porteiro fica arredio. A solução foi dizer que tinha uma carta da filha, que morava na Argentina. Subimos até o sétimo andar, e depois de tocar a campainha, a porta se abriu. Manoel, o porteiro, disse à empregada, Jurema, que "um rapaz barbudo, de óculos, tinha uma carta da filha que estava na Argentina". Ai apareceu dona Dolores Drummond de Andrade, a esposa, cinco anos mais nova do que ele, também mineira, pequena e arrebatada. Não diz se o marido está em casa ou saiu. Quer ver a carta, abre a porta e oferece o sofá. A situação fica confusa quando sou obrigado a dizer que não trouxe carta nenhuma, apenas "tive contatos com a filha que mandou abraços", e queria, então, aproveitar para conhecer a família, principalmente, o "conhecido Carlos Drummond de Andrade". Depois de muito insistir, ele, enfim, aparece. Disse

BIBLIOGRAFIA DO CRONISTA

1944	Confissões de Minas
1945	O Gerente
1951	Contos de Aprendiz
1952	Passeios na Ilha
1957	Fala Amendoeira
1962	A bolsa & a vida
1966	Cadeira de Balanço
1970	Caminhos de João Brandão
1972	O poder ultrajovem e mais 79 textos em prosa e verso
1974	De notícias & não notícias faz-se a crônica
1977	Os dias lindos
1978	70 Historinhas
1981	Contos plausíveis
1984	Boca de Luar
1985	O observador no escritório
1987	Moça deitada na grama
1988	O avesso das coisas
1989	Auto-retrato e outras crônicas

"Sou um homem comum, vivo uma vida comum. Não gosto de dar entrevistas, embora tenha trabalhado em jornais grande parte de minha vida".

que havia encontrado Maria Julieta, a filha, em Buenos Aires, através de alguns amigos que a conheciam, conversamos um pouco e ela mandou lembranças para os pais no Brasil. O professor – é assim que o chamei – apareceu sério na sala. Estava na biblioteca. Vestia calça cinza-escuro, um blusão colorido (vermelho e amarelo) e calçava um sapato escuro, de fivela. A conversa durou mais de dez minutos, mas nada de entrevista propriamente dita.

"Sou um homem comum, vivo uma vida comum. Não gosto de dar entrevistas, embora tenha trabalhado em jornais grande parte de minha vida". Assim se definiu Drummond depois que expliquei que era jornalista, escritor das gerais, colaborador dos Suplementos Literários do JB e do Minas Gerais. Não anotei nada e nem forcei a barra. Afinal depois de tal proeza, já tinha matéria para escrever. Um homem metódico, assim o próprio Drummond se define a quem teve a oportunidade de falar um pouco com ele. Um homem que adora acordar cedo, não atende telefone (é capaz de deixa-lo fora do gancho horas e horas), não recebe estudantes, já não compra jornais, só sai de casa o estritamente necessário, e se considera velho demais "para sair por ai me badalando...".

Um homem tímido, às vezes áspero, seco, de conversa curta. Um raro brasileiro que não abraça o amigo mais íntimo, que mal estende os dedos ao cumprimentar. Um literato que não gosta de comparecer aos bares e cafés e que passa na rua com o jeito iniludível de quem não quer ser molestado. Causou boa impressão este primeiro contato. Fiquei de voltar outra hora para, então falarmos um pouco mais e ai faríamos a entrevista. Mas este dia não aconteceu. Fiquei envolvido em muitos projetos, depois fui morar em Paris para fazer doutorado e fiquei por lá trabalhando também como jornalista cinco anos. Assim, não tive como retomar o diálogo com o jornalista e poeta mineiro de expressão nacional.

Até hoje não consegui entender como um homem como ele – conhecido no Brasil e no exterior, cujo itinerário literário havia começado como jornalista da imprensa mineira e depois carioca – conseguiu passar como alguém receoso diante da vida e dos homens. "Sou tímido.Evito a multidão e não gosto de festas. Vou contar uma piada e não consigo...".

Entrevista imaginária

Carlos Drummond de Andrade[2]

— Qual a mais bela palavra da língua portuguesa?

— Hoje é glicínia. Apesar de leguminosa.

— E amanhã?

— Cada dia escolho uma, conforme o tempo.

— A mais feia?

— Não digo. Podem escutar.

— Acredita em Deus?

— Ele é que não acredita em mim.

— E em Saldanha?

— O cisne ou o outro?

— O outro.

— Até Deus acredita nele.

— Então papamos a taça?

— Na raça.

— E se não paparmos?

— Eu não sou daqui, sou de Niterói.

— Mas tudo é Brasil.

— Para o Imposto de Renda, sim. Para o Imposto de Serviço, são muitos.

— Já fez a declaração.

— Quem faz por mim é um computador de terceira geração.

— Tão complicado assim?

— Ao contrário: a mais simples.

— Parabéns por ter renda.

— Mas eu não tenho. Imagine se tivesse.

— E a Apolo-9?

— O maravilhoso ficou barato. Quero ver aqueles três é guiando fusca no Rio.

— Vai melhorar. Olhe os viadutos.

— Estou olhando. Não vejo é pedestre. Já será efeito da pílula?

— O Papa é contra.

— O Papa nem sempre é Papa.

— Acha que China e U.R.S.S. irão à guerra?

— Não. A guerra é sempre feita entre um que quer e outro que não quer brigar. Quando os dois querem, verificam que estão de acordo, e detestam-se em paz.

— E a crise do teatro?

— Cada um leia a peça em casa.

— Os atores ficarão sem trabalho?

— Escreverão peças para leitura em casa.

— Os teatros estão fechando.

— Mas as cervejarias estão abrindo.

— E o Festival do Filme?

— Genial. Vai mostrar aquilo que não se vê mais nos cinemas: filmes.

— Esquadrão da Morte?

— Calma. Se é para liquidar com os bandidos, acabará fuzilando a si mesmo.

— É pela eleição por distrito?

— Sou radical. Por bairro.

— Seu prato predileto?

— Vontade de comer.

— Cor?

— A do vinho no copo; da luz no mar; dos olhos inteligentes.

— Sua divisa?

— A do meu apartamento. Em condomínio.

— Pretende reservar passagem para a Lua?

— Não aprecio lugares muito freqüentados.

— Que acha do gênero humano?

— Podia ser pior.

— E dos animais?

— Em geral têm muita paciência conosco.

— Que mensagem envia aos telespectadores?

— Que mantenham desligados seus receptores.

— Qual, o senhor é impossível!

— Também acho.

2 Carlos Drummond de Andrade. "O poder ultrajovem" (Crônicas em verso e prosa). Rio de Janeiro, 1972, Livraria José Olympio Editora.

Drummond e a crônica[3]

José Marques de Melo

A crônica que se pratica no Brasil a partir da década de 30 [do século XX], tendo em Carlos Drummond de Andrade, Rubem Braga, Fernando Sabino e Paulo Mendes Campos seus principais cultores, representa uma continuação do gênero que Machado de Assis e José de Alencar haviam sedimentado em nosso jornalismo. Mas os novos cronistas dão-lhe uma dimensão especial.

Se a crônica de costume se valia do real (fatos ou idéias do momento) simplesmente como "deixa" ou como inspiração para um relato poético ou para uma descrição literária, a crônica moderna assume a palpitação e a agilidade de um jornalismo em mutação. Ela figura no corpo do jornal não como objeto estranho, mas como matéria inteiramente ligada ao espírito da edição noticiosa.

A crônica moderna gira permanentemente em torno da atualidade, captando com argúcia e sensibilidade o dinamismo da notícia que permeia toda a produção jornalística. Ainda que o cronista mantenha, como diz Antônio Cândido, "uma conversa aparentemente fiada" em torno de questões secundárias, não vinculadas ao espectro noticioso, isso constitui um momento de pausa, que reflete a trégua necessária à vida social.

Carlos Drummond de Andrade, em carta a um dos seus leitores que reclamava da "frivolidade" do cronista, faz a reivindicação do "espaço descompromissado", argumentando que o jornal já está cheio de assuntos graves. "O inútil tem a sua forma particular de utilidade. É a pausa, o descanso, o refrigério, no desmedido afã de racionalizar todos os atos de nossa vida (e a do próximo) sob o critério exclusivo de eficiência, produtividade, rentabilidade e tal e coisa. Tão compensatória é a nossa pausa que o inútil acaba por se tornar da maior utilidade, exagero que não hesito em combater, como nocivo ao equilíbrio moral. Nós devemos cultivar o ócio ou a frivolidade como valores utilitários de contrapeso, mas pelos simples e ouro deleite de fruí-los também como a expressões de vida".

O cronista que sabe atuar como consciência poética da atualidade é aquele que mantém vivo o interesse do seu público e converte a crônica em algo desejado pelos leitores. Atua como mediador literário entre os fatos que estão acontecendo e a psicologia coletiva. É por isso que muitos cronistas (Drummond em especial) buscam inspiração no próprio jornal. Realizam uma tradução livre da realidade principal, acrescentando ironia e humor à chatice do cotidiano, à dureza do dia-a-dia. Os que se afastam do presente e enveredam pelo saudosismo, pela rememoração dos tempos passados, arriscam perder o público ou o limitam aos seus companheiros de geração.

Assim sendo, a crônica moderna configura-se como gênero essencialmente jornalístico. Suas características fundamentais são:

1) Fidelidade ao cotidiano, pela vinculação temática e analítica que mantém em relação ao que está ocorrendo, aqui e agora;

2) Crítica social, que corresponde a "entrar fundo no significado dos atos e sentimentos do homem". Diz Antônio Cândido que essa tarefa o cronista realiza de modo dissimulado, pois ele mantém o "ar despreocupado, de quem está falando coisas sem maior conseqüência". Esse é um traço essencial da crônica moderna, que assume o ar de "conversa fiada", de apreciação irônica dos acontecimentos, deixando de ser o "comentário mais ou menos argumentativo e expositivo" que se praticava nos fins do século passado [XIX].

3 MARQUES DE MELO, José – Crônica, In: A Opinião no Jornalismo Brasileiro, 2a. ed., Petrópolis, Vozes, 1994, p. 154-155

Itinerário Jornalístico

1902 Carlos Drummond de Andrade Nasce em Itabira (MG).

1920 Muda-se para Belo Horizonte e começa a publicar seus artigos na Secção Sociais do Diário de Minas.

1926 Começa a trabalhar no Diário de Minas como redator-chefe.

1928 Torna-se redator da Revista de Ensino da Secretaria de educação de Minas Gerais.

1929 Deixa o Diário de Minas para ser redator do Minas Gerais, òrgão oficial do Governo de Minas Gerais.

1933 Passa s ser redator de A Tribuna

1934 Volta a ser redator dos jornais Minas Gerais, Estado de Minas e Diário da Tarde simultaneamente. Publica Brejo das Almas. Muda-se com a família para o Rio Janeiro e assume a Chefia de Gabinete de Gustavo Capanema, nomeado Ministro da Educação.

1937 Colabora na Revista Acadêmica de Murilo Miranda.

1941 Assina artigos sob o pseudônimo 'o observador literário' na revista Euclides. Colabora no suplemento literário de A Manhã de Múcio Leão e Jorge Lacerda.

Autoretrato do jornalista

"Trabalhei na imprensa durante a minha vida, toda, com um ligeiro intervalo em que me dediquei só a burocracia do Ministério da Educação. Sempre tive muita consideração dos meus companheiros. E muita liberdade. Mas me recordo que, há algum tempo atrás, num momento de molecagem, para testar a resistência do copy-desk, no Jornal do Brasil, escrevi a palavra bunda. Cortaram e botaram traseiro. Hoje a palavra bunda circula até em fotografia, em desenho, por toda a parte. Uma das coisas mais celebradas pela grande imprensa é a bunda. A televisão está lá – mostrando a bunda do homem, o que, a nós, não interessa".

"Não participei da elaboração do grande jornal diário e intenso. Como cronista, escrevia em casa. O jornal, gentilmente, mandava apanhar a minha matéria. Como jornalista, não tive a emoção da grande reportagem e dos grandes acontecimentos que eu teria de enfrentar numa fração de segundo para que a matéria saísse no dia seguinte".

"O fato ainda não acabou de acontecer/ E já a mão nervosa do repórter o transforma em notícia/ O marido está matando a mulher/A mulher ensangüentada grita/ Ladrões arrombaram o cofre/ A polícia dissolve o meeting/ A pena escreve/ Vem da sala de linotipos a doce música mecânica (POEMA DO JORNAL).

Entrevista de Carlos Drummond de Andrade ao jornalista Geneton Moraes Neto, Suplemento IDÉIAS, Jornal do Brasil, 22 de agosto 1987).

1945 Escreve para o Correio da Manhã e a Folha Carioca. Deixa a Chefia de Gabinete de Gustavo Capanema. Passa a ser editor do jornal comunista Imprensa Popular, a convite de Luiz Carlos Prestes. Passa a trabalhar na Fundação do Patrimônio Artístico Nacional.

1948 Colabora em Política e Letras, de Odylo Costa, filho.

1949 Volta a escrever para o Minas Gerais.

1953 Exonera-se do cargo de redator do Minas Gerais depois de ser efetivado como funcionário do DPHAN.

1954 Inicia no Correio da Manhã a série de crônicas Imagens, mantida até 1969, quando o jornal deixa de circular.

1963 Recebe prêmios Fernando Chinaglia, da União Brasileira de Escritores e Luísa Cláudio de Sousa, do PEN Clube do Brasil.
Colabora em programa de rádios.

1969 Com o fechamento do Correio da Manhã, passa a escrever crônicas para o Jornal do Brasil . As mesmas crônicas são também publicadas no Estado de Minas.

1972 Publica O Poder ultrajovem. Jornais do Rio, São Paulo, Belo Horizonte e Porto Alegre publicam suplementos comemorativos do 70º aniversário do escritor.

1975 Recebe prêmio Nacional Walmap de Literatura e recusa o Prêmio Brasília de Literatura por 'questão de consciência'.

1980 Recebe Prêmio Estácio de Sá de Jornalismo.

1982 Ano do 80º aniversário do escritor. São realizadas exposições comemorativas na Biblioteca Nacional e na Casa Rui Barbosa. Os principais jornais publicam suplementos comemorativos. Recebe o título de Doutor Honoris Causa Universidade Federal do Rio Grande do Sul.

1983 Declina o Troféu Juca Pato.

1984 Despede-se do Jornal do Brasil com a crônica Ciao, depois de 64 anos de trabalho jornalístico.

1987 Depois de sofrer infarto fulminante, Carlos Drummond de Andrade morre no dia 17 de agosto.

2002 Centenário de nascimento de Drummond. Em sua cidade natal, Itabira (MG), a Fundação Carlos Drummond de Andrade organiza festa comemorativa . Maiores detalhes ver o site **www.carlosdrummonddeandrade.com.br**.

Hipólito José da Costa
Manoel Antonio da Silva Serva
Cipriano Barata
Adolpho Emile Bois Garin
Tavares Bastos
José Carlos Rodrigues
Rui Barbosa
Gustavo de Lacerda
Roquette Pinto
Assis Chateaubriand
Barbosa Lima Sobrinho,
Cásper Líbero
Carlos Drummond de Andrade
Jenny Pimentel
Tarso de Castro
Gilberto Freyre

JENNY PIMENTEL
A saga das jornalistas-empresárias

Ana Arruda Callado

Ensaio publicado na Revista Imprensa nº 165, outubro/2001, p.57-64.

Ana Arruda Callado - Bacharel em Jornalismo, Mestre e Doutora em Comunicação pela Universidade Federal do Rio de Janeiro. Professora do Curso de Jornalismo e Vice-Diretora da Escola de Comunicação na Universidade Federal do Rio de Janeiro. Professora do Curso de Jornalismo na Pontifícia Universidade Católica do Rio de Janeiro. Presidente do Conselho Administrativo da Associação Brasileira de Imprensa. Prêmio Luiz Beltrão de Maturidade Acadêmica em Ciências da Comunicação (INTERCOM, 2004).

A imprensa brasileira, de nascimento tardio, não esperou muito pelo concurso das mulheres. Porém, a primeira jornalista a atuar no País foi uma argentina, Joana Paula Manso de Noronha. Nascida em 1819, veio para o Brasil com família que fugia da ditadura de Juan Manual Rosas.[3]

No Rio de Janeiro, fundou O Jornal das Senhoras, em 1852. No primeiro número, escreveu que o jornal vinha "propagar a ilustração e cooperar com todas as forças para o melhoramento social e para a emancipação moral da mulher". Quando Joana Noronha voltou para a Argentina, em 1853, a baiana Violante Ataliba Ximenes Bivar e Velasco assumiu O Jornal das Senhoras por dois. Em 1873, Violante, a primeira jornalista brasileira, fundou seu próprio jornal, O Domingo, que durou um ano.

A vocação das mulheres para empresárias da imprensa se manifestou quando ainda eram raras as jornalistas. Entre as pioneiras do século XIX, estão Francisca Senhorinha da Motta Diniz e sua filha, Albertina Diniz. Francisca fundou, no ano de 1873, em Campanha, MG, o semanário O Sexto Feminino, editado ali até 1875. Depois, trouxe-o para o Rio de Janeiro, onde, além de tratar de assuntos literários e amenidades, o jornal informava as leitoras sobre os avanços das mulheres em outros países, fazendo campanha pelo voto feminino, pela abolição da escravatura e pela república. Quando esta foi proclamada, Francisca Senhorinha mudou o nome do semanário para O Quinze de Novembro do Sexo Feminino.

Em 1879, Amélia Carolina da Silva Couto, uma carioca atrevida, ou empreendedora na linguagem de hoje, fundou no Rio de Janeiro o Eco das Damas, que durou oito anos.

3 O caudilho Juan Manuel Rosas governou ditatorialmente a Argentina por dois períodos: 1829-32 e 1835-52. Depois da derrubada do poder pelo exército brasileiro, que se aliou ao seu opositor e sucessor Justo Urquiza, asilou-se na Inglaterra, onde morreu pobre.

O que diferencia Amélia Carolina das outras jornalistas-empresárias deste primeiro século de imprensa é ela ter criado uma firma comercial e captado anúncios, dando uma longa carreira ao jornal, considerando-se a época e o fato de que era dirigido por uma mulher e para um público feminino.

Quarenta e sete anos depois de desaparecido o Eco das Damas, a paulista Jenny Pimentel de Borba seria autora de outra grande façanha no mundo da imprensa, ao lançar a revista Wakyrias, para mulheres, que perdurou até 1960.

As walkyrias entram em cena

O ano de 1934 foi chamado por Darcy Ribeiro, em seu livro Aos trancos e barrancos: como o Brasil deu no que deu, de "Ano do Noel". Porque nesse ano o compositor Noel Rosa lançou dois sambas de estrondoso sucesso, dois clássicos da música popular brasileira: "O orvalho vem caindo" e "Feitiço da Vila". Foi também, assinala Darcy, o ano da fundação de Gustavo Capanema para o Ministério da Educação e Saúde, de grande expansão da Ação Integralista Brasileira, da publicação dos livros Suor, de Jorge Amado, São Bernardo, de Graciliano Ramos, Banguê, de José Lins do Rego, O quilombo de Manuel Congo, de Carlos Lacerda e Maleita, de Lúcio Cardoso. Foi o ano da promulgação da Segunda Constituição republicana, que institui o salário mínimo, a Justiça Eleitoral, a Justiça do Trabalho, a sindicalização, a nacionalização das empresas, o voto secreto e o voto feminino no Brasil.

Não foi sem motivo que a Constituinte de 1934 assegurou às mulheres brasileiras o direito do voto. Uma campanha liderada por Bertha Lutz, Carmen Portinho e Maria Eugênia Celso, entre outras, pressionara o governo e congressistas por mais de 15 anos, culminando com um lobby eficiente atuando durante todo o trabalho dos constituintes.

Para comemorar a conquista do voto, a Federação Brasileira pelo Progresso Feminino deu uma festa no Automóvel Clube, Rio de Janeiro. A "Festa da Vitória" não teve nada de "clube da Luluzinha". O interventor do Rio, Pedro Ernesto, e vários deputados foram convidados e fizeram discursos inflamados a favor dos direitos políticos para as mulheres.

No mês seguinte, também para comemorar a vitória das sufragistas, e contando os detalhes da festa, era lançada a revista Wakyrias, dirigida pela paulista Jenny Pimentel de Borba. A que vinha a revista, lançada por alguém ausente das lutas feministas? Uma primeira leitura do título da publicação, evocando a cultura germânica, com w,k,y, mostra a complexidade de se tentar enquadrá-la.

Amazonas e feministas

Datado de agosto de 1934, com 56 páginas e muitos anúncios, o primeiro número da revista reunia o melhor no jornalismo, na literatura e nas artes época: capa de Santa Rosa, artigo político de Múcio Leão, crônica de Carlos Maúl, conto de Berilo Neves, poema de Murilo Araújo, conselhos médicos do Dr. Raimundo Fraga, artigos aguerridos de Bertha Lutz e Anna Amélia Queiroz Carneiro de Mendonça, poema de Gilka Machado.

O recado da diretoria é democrático (embora escrito em português deficiente): "Walkyrias acolherá tanto os ataques como a defesa de todos os assuntos para esclarecer as mulheres, neste momento em que fomos elevadas à categoria de cidadãos". As posições ideológicas estão retratadas no primeiro número. Vale lembrar que as deusas virgens escandinavas que batizaram a revista trajavam-se de guerreiras, mas suas atividades eram mais apropriadas à gueixas. Nada melhor para simbolizar a dubiedade da publicação.

A capa é belicosa: uma valquíria em seu cavalo, com o escudo na mão esquerda e, na direita, uma lança prestes a ser atirada. Mas, sob o capacete, vêem-se longos cabelos e o traje da guerreira é um "tomara-que-caia". Na primeira página, ao lado do expediente, um único nome, o da diretora, e um anúncio do camiseiro Raul e de seus "objetos de luxo"; no rodapé, anúncio de uma fotogravura, com o aviso de que são os "gravadores desta revista" (portanto, um anúncio de permuta). Na página 2, o primeiro artigo, ilustrado com uma grande foto da mesa que presidiu a "Festa da Vitória". Nela aparecem: Bertha Lutz, Maria Eugênia Celso, Maria Luiza Bittencourt, Heloisa Rocha, Carmem Portinho, Lina Hirsch e Georgina Barbosa Vianna. O texto reportando à festa está anunciado para a página 41.

O artigo de abertura, de Anna Amélia, tem o título de "Amazonas e Feministas", e define o feminismo que a autora pregava, além de nacionalizar o simbolismo do nome da revista. "Eu venho da terra das amazonas, essas estranhas feministas das selvas... Na sua ânsia de conquistas e vitórias, elas ambicionavam uma liberdade selvagem, afrontaram os encontros sangrentos, as lutas com o inimigo e com as feras, afirmando a bravura do sexo e proclamando a revolta contra o homem. Não quiseram permanecer submissas, embaladas no aconchego da rede de tucum, na doce dependência do braço viril que abatia a caça e afastava o perigo. Adivinharam, na rudeza de seus ímpetos, que a metade de um povo não deve pesar sobre a outra metade," escreveu a poetisa, mulher do historiador Marcos Carneiro de Mendonça.

Jenny Pimentel

A denúncia da opressão das mulheres fica clara e a autora classifica as amazonas de "precursoras da emancipação econômica da mulher". Mas faz restrições aos métodos das guerreiras icamiabas. "Não souberam adivinhar que na harmonia das duas forças é que reside a força universal", afirma, pedindo às amazonas que sejam a guarda de "nosso generoso e sadio feminismo de hoje, feminismo pacifista e igualitário, maternal e humano, que prepara lentamente, mas seguramente, as brasileiras que despertam para o seu verdadeiro lugar na vida nacional". È a expressão do feminismo lento e gradual.

Ala radical

Na página 12 do primeiro número de Walkyrias, temos o manifesto assinado por Bertha Lutz, cientista e filha de cientista, fundadora da Liga para a Emancipação Intelectual da Mulher, em 1919, e da Liga Eleitoral Independente, em 1932, militante política de esquerda e, contrariando a onda nacionalista, uma internacionalista. Representa a ala feminista mais radical.

"Sem romper todas as cadeias e derrubar todas as barreiras, não chegaremos nunca a edificar a civilização duradoura", brada Bertha Lutz, ao mesmo tempo em que elogia a Constituição recém-aprovada falando de "triunfo integral" e advertindo para o muito que a Carta tinha deixado de incluir. "As pretensões justas dos que trabalham não tiveram a mesma acolhida que as reivindicações da mulher", lamenta. "O acanhado capítulo da Ordem Social não cogitou amplamente da mulher operária que cumpre pena dobrada, juntando ao horário da fábrica o trabalho sem salário e sem horário que desempenha no lar." Esta menção à mulher operária soa estranha à revista, repleta de notas sobre personalidades da alta sociedade e anúncios de moda caríssima.

Outra peculiaridade de Bertha Lutz, cujo centenário foi comemorado em 1994, era seu internacionalismo (marca do movimento de mulheres da década de 20). Nos anos 30, o nacionalismo era um fenômeno mundial, e que no Brasil conheceu grande exacerbação, sendo ponto comum nos projetos comunista e integralista. O nacionalismo, consagrado na Constituição de 34, não agrada a Bertha Lutz. "Acha-se a nova Carta Magna imbuída de uma nacionalismo estreito e rancoroso, que não tem razão de ser, pois destoa das mais nobres tradições da diplomacia brasileira, que, em tempos idos, foi o padrão excelso da diplomacia continental; que aberra aos postulados universais da ciência," afirma em seu manifesto, insistindo na "participação feminina na vida pública das Nações".

Igrejinhas femininas

O contraste brutal com as duas feministas que assinam os principais artigos – uma moderada, outra mais politizada – vem, na revista, das matérias assinadas por Edith,

Condessa Pereira Carneiro

viscondessa de Grenlawy, e Chysanthème. A viscondessa tem como tema a questão: "Veste-se a mulher para agradar ao homem?". Responde que não, mas lamenta que a moda não mais distinguisse senhoras de senhoritas. Um caso muito sério para a senhora viscondessa, que não descobri quem de fato é. Já Madame Chysanthème tem seu nome desvendado pela própria revista: Cecília Bandeira de Melo, que chegou a assinar com esse ridículo pseudônimo vários livros de poesia, chefiou uma das "igrejinhas femininas" dos anos 20, no dizer irônico do escritor Lima Barreto, e, participou da revista Única, editada por mulheres em 1925 e 1926, dirigida por Francisca de Vasconcellos Basto Cordeiro. A "igrejinha" ou o "canjerê" feminista de Mme. Chysanthème queria – ainda segundo Lima Barreto – "para a mulher, a plena liberdade do seu coração, dos seus afetos, enfim, dos seus sentimentos".

"A mulher, digam o que quiserem os utopistas, os exploradores de sua metamorfose e os quiméricos, foi criada e aureolada para desenvolver sua prole, instruí-la e velar, constantemente, por ela. O resto é fábula, fantasia, importação de idéias malsãs e pejorativas para a mesma mulher... Sim, a mulher atual, sempre a correr, a se exibir, a dispensar um dinamismo que lhe afeta a feminilidade, causa-me tanta compaixão como a infância que, dos cuidados, das atenções, da vigilância da mulher de outrora se vê hoje privada", escreve Mme.

Ao lado desse discurso de Dona Chysanthème contra o que chama, com horror, de "mulher moderna", encontra-se um folhetim francês de Henri Duvernois, "O avarento", nos moldes dos mais piegas folhetins do romantismo tardio; um artigo de ítala Gomes Vaz de Carvalho, filha de Carlos Gomes, sobre sua mãe, Dona Adelina, que chama de "suave inspiradora, a sacerdotiza daquele templo de arte"; um artigo sobre o papel da mulher na literatura japonesa, de Francisca de Vasconcelos Basto Cordeiro, editora da efêmera Única; e o editorial de Jenny Pimentel, garantindo que a revista não pretende "cavalgadas e campanhas contra o homem", mas que tratará de questões político-femininas, e justificando o lançamento da revista pela ausência de um periódico "onde só houvessem (sic) colaborações femininas". De fato, a imprensa feminina – e/ou feminista – havia sido abundante do final do século XIX até a década de 20, mas praticamente desapareceu nos anos 30.

Emancipação das mulheres

Neste período de patriotismo exacerbado, encontra-se entre as colaboradoras de Walkyrias, a líder sufragista Bertha Lutz. Ela fundara, em 1932, a Liga Eleitoral Independente, para fazer frente à Liga Eleitoral Católica, fundada por Dom Sebastião Leme, cardeal do Rio de Janeiro e campeão inconteste do catolicismo militante, que em 35 fundaria também a Ação Católica Brasileira, de grande influência no país durante décadas. A Carta de 34, celebrada por ter consagrado o voto feminino, havia praticamente incorporado o programa católico defendido por Dom Sebastião Leme e pelos intelectuais seus seguidores.

Significava, portanto, algo mais do que dar voz às feministas notórias a presença do manifesto da corajosa Bertha Lutz na revista. Neste número inaugural, havia o poema de Gilka Machado "Quarta-feira de cinzas", com ilustração do mesmo artista que assinava a capa, Santa Rosa – ilustrador, para a José Olympio, das obras de Graciliano Ramos, José Lins do Rego e Jorge Amado, entre outros. Ao contrário do que o título possa sugerir, o poema é tão pagão quanto a capa da revista, evocativa da mitologia escandinava.

Situada entre o simbolismo e o pré-modernismo, Gilka Machado, cuja filha, Eros Volúsia, viria a ser famosa por suas danças eróticas, estava então no auge do prestígio. "Amanhecia.../Minhas faces e as tuas/foram ficando ao sol inteiramente nuas...", começa o poema. Para terminar, quarta-feira-de-cinzamente: "Tua alegria.../minha alegria.../ que duas lindas máscaras da Mágoa!..."

Walkyrias não se alinhava nas fileiras de Dom Sebastião Leme, no que se chamava então de partido clerical. Mas tampouco pode ser classificada como revista socialista, comunista ou esquerdista. Jenny Pimentel de Borba parece ter escolhido um caminho próprio, longe das querelas masculinas da época, para sua revista, que, com todo o ecletismo ideológico e até a confusão sobre o que de fato seria a emancipação das mulheres, representou grande novidade editorial em um momento rico de idéias, debates, publicações e escritores, mas extremamente pobre em matéria de imprensa de mulheres.

Final infeliz

Talvez o dado mais importante para caracterizar Walkyrias, diante de alguns aspectos conflitantes que ela apresenta no primeiro número – e que continuam nas centenas de edições que se seguiram -, seja o fato de que sua proprietária e diretora, de 1934 até 1960 (só na segunda e decadente fase da revista, iniciada em 1955, aparece algumas vezes no expediente, como diretor-executivo ou como diretor-artístico, Júlio Ruy Borba), continua a ser sua fundadora, Jenny Pimentel de Borba.

A revista, na verdade, era ela. Refletia, nas seções de modas ou de acontecimentos sociais, na paixão literária, nos posicionamentos políticos tortuosos, a vida daquela que, segundo depoimentos de familiares e notícias em outras publicações da época, "freqüentava a alta roda", mas morreu na miséria em um asilo de velhos e hoje está completamente esquecida.

Supremacia Masculina

Voltando à análise do primeiro número da revista, vale a pena destacar o artigo do escritor e jornalista Múcio Leão, que iria entrar na Academia Brasileira de Letras um ano depois; e em 1957, foi paraninfo da turma de jornalismo da Faculdade Nacional de Filosofia (entre seus paraninfados estava a autora deste texto). Seu artigo é, na minha opinião, o que melhor assinala o problema central da dependência, da subordinação das mulheres aos homens na sociedade daquela época.

"Para as mulheres lerem", é o título. Múcio de início congratula-se com a existência de uma revista feminina "que trate de coisas sérias" e ironiza intelectuais do porte de Goethe e de Darwin por seus preconceitos em relação à mulher. O maior dos escritores alemães, segundo ele, "amava as quietas mulheres do lar, as boas mães de família, as doceiras sólidas, as sublimes preparadoras de bons filhos e de bons quitutes". E o cientista inglês que revolucionou o mundo com sua Teoria do Evolucionismo, "outro belo gênio, Darwin, tinha uma crença singular: acreditava na inferioridade da mulher!". Em seguida, vai mais longe: critica duramente a euforia da comemoração pela conquista do direito constitucional do voto pelas mulheres, que foi o próprio fato impulsionador do lançamento da Walkyrias. Vejamos:

"Não quero encerrar esta linhas sem ter advertido as minhas queridas patrícias contra uma perfídia atroz que contra elas estão fazendo os homens brasileiros. Com efeito. Eles falaram, com grandes vozes e grandes júbilos, de conceder direitos políticos à mulher. Concederam-nos, de fato.

A mulher passou a ser votada e a votar, nessa inepta e triste comédia das câmaras no Brasil. Mas, concedendo-lhe o direito de votar e o de ser votada, o homem brasileiro, que mantém o seu lar com os excessos e as violências dos velhos senhores de engenho, negou-lhe um direito básico, que é mais essencial de todos: o direito de se divorciar, de se libertar de uma vida de opressão e de tortura, quando tem necessidade disso. O homem brasileiro apagou a última possibilidade de dar à mulher um direito leal e verdadeiro, quando proibiu, na própria Constituição, o divórcio."

É curioso que nenhuma das articulistas mulheres deste número de lançamento de Walkyrias tenha se referido à derrota da tese do divórcio nos debates constituintes. O casamento indissolúvel havia sido um dos pontos mais importantes do programa da Liga Eleitoral Católica para a Constituição de 34. Posicionando-se contra e, mais ainda, apontando às mulheres o direito de divorciar-se como condição fundamental para a emancipação social e política, Múcio Leão alinha-se ao "partido" anticatólico no debate intelectual da época.

Mas é esta a posição da revista que abrigou e deu destaque a seu artigo? De certa maneira, implicitamente sim. Numa época em que a religiosidade – e católica – era exigida das mulheres "sublimes preparadoras de bons filhos e bons quitutes", não há qualquer menção à religião em todo este número.

A mulher na academia

Walkyrias entra em cena para valorizar a mulher. Publica a foto da primeira prefeita do Brasil, Maria Thereza Silveira de Mello Barros Camargo, de Limeira, São Paulo; tem como responsável por sua crônica esportiva uma mulher, Maria Vimar; homenageia a recentemente falecida escritora Júlia Lopes de Almeida. Registra a inauguração da Academia Científica de Beleza Mme. Campos que, no segundo número da revista, de setembro de 34, lança um concurso para saber "Quem deve ser a primeira imortal brasileira?".

É curiosa essa relação Academia de Beleza/Academia Brasileira de Letras, mas não causa espanto o fato de a revista fazer campanha, em 1934, a favor da entrada de mulheres na Academia. Nas reuniões de sua criação (de1897), um dos fundadores, Lúcio de Mendonça, defende ali a presença feminina e o nome de Júlia Lopes de Almeida foi cogitado para figurar entre os primeiros 40 imortais. No lugar de Dona Júlia, porém, entrou seu marido Filinto de Almeida.

Heloisa Buarque de Hollanda, em um ensaio intitulado "A roupa da Rachel", a propósito da entrada de Rachel de Queiroz na Academia, em 1977, e o problema da invenção dos debates sobre o fim do exclusivismo masculino na Academia. Conta que Filinto de Almeida, sabendo dos maiores méritos literários de sua mulher, tinha o bom humor de se auto-intitular "o acadêmico-consorte". Heloisa destaca a luta empreendida por Amélia Bevilacqua, esposa do acadêmico e jurista Clóvis Bevilacqua, a partir de 1930, quando se candidatou e teve o registro de sua candidatura recusada, para que a Academia mudasse a posição a respeito das mulheres. Em 1934, o debate ainda estava vivo.

Projetos nacionalistas

Desde 1933, com o início dos trabalhadores da Constituinte, o debate político reavivara-se no Brasil. A intelectualidade, como um todo, dedicava-se neste momento à reavaliação do país. A partir de Casa grande e senzala, de Gilberto Freyre, livro que inovou o estudo das ciências sociais no país, e continuando pelo ensaio Evolução política do povo brasileiro, de Caio Prado Júnior, passando por obras que "não pegaram", mas fizeram furor na época, como Fórmula da civilização brasileira, de Aníbal Falcão, Terra de ninguém, de Albertino Moreira, Introdução à realidade brasileira, de Afonso Arinos de Melo Franco, e Psicologia da revolução, de Plínio Salgado, todos de 1933, direita e esquerda debruçavam-se então sobre a idéia do que seria o novo Brasil que emergia das crises de 30 e 32. Essa reflexão marcou também a literatura. Foi o ano de Serafim Ponte Grande, de Oswald de Andrade, de Parque Industrial, de Pagu e de Essa Nega Fulô, de Jorge de Lima.

A radicalização política brasileira, que chegaria ao auge em 1935, com a chamada Intentona Comunista e a terrível repressão que se seguiu, já era bem visível no início dos trabalhos da Constituinte.

Em maio de 1934, apenas três meses antes do lançamento de Walkyrias, Jorge Amado escrevia, no primeiro número da revista literária Lanterna Verde: "A situação está de tal modo trágica que aquele que não está de uma lado está necessariamente do outro". Os dois lados a que se referia Jorge Amado são identificados pela maioria dos autores que tratam da década de 30 como o comunismo (ou o esquerdismo em geral) e o integralismo. Acho mais realista a classificação de Gilberto Amado, em A dança sobre o abismo: "A corrente católica e a corrente comunista, absolutas e intransigentes".

A polarização católicos/comunistas iria aparecer ainda mais nítida em 1934, com a revitalização do Centro Dom Vital, cuja atuação se destinava a, segundo Darcy Ribeiro, "imprimir ao catolicismo brasileiro um estilo apoplético" e, em contrapartida, a realização, no Rio, do Congresso Regional da Liberdade de Consciência, com o propósito de reduzir a influência clerical na vida pública. Neste congresso foi aprovada a tese de Carlos Sussekind de Mendonça que, desenvolvida, iria aparecer em livro com o título de O catolicismo: partido político estrangeiro.

O ataque era bem dirigido: naquele momento político, como vimos, enquanto a religião era claramente o que desunia, o nacionalismo era claramente o que desunia, o nacionalismo era o sentimento que unia direita e esquerda. O Brasil estava em alta: era hora de reavaliação, de reconstrução. Os projetos nacionalistas podiam diferir muito uns dos outros, mas todos os projetos eram nacionalistas.

Comunicação de massa

Os dois novos meios de que a construção da identidade nacional dispunha eram o rádio o futebol. Segundo Hobsbawn, este fenômeno era geral; no mundo todo, o nacionalismo havia se fortalecido com o surgimento da comunicação de massa e o advento das competições esportivas internacionais. Como marco inicial da utilização do rádio na construção do símbolo maior da identidade nacional britânica que é a família real, ele cita a transmissão radiofônica do Natal real em 1932 (a televisão herdou esta tradição na Inglaterra).

Getúlio Vargas iria criar, em 1935, A voz do Brasil, programa transmitido obrigatoriamente em todas as emissoras de rádio do país, das sete às oito da noite, passo fundamental para a execução de seu projeto de afirmação da nacionalidade e de centralização do poder. Já foi bem estudado, neste sentido, o papel representado pela Rádio Nacional, criada no ano seguinte, e que carregava a ideologia nacionalista no próprio nome. Sobre a utilização política que o governo de Getúlio Vargas, principalmente na fase do Estado Novo (1937/1945), iria fazer da Rádio Nacional há copiosa bibliografia.

Mas o rádio era também um signo da modernidade. Com o título de "Ici, Paris...", três modelos de radiorreceptores – um deles combinado com phonographo – são apresentados com a vantagem de colocarem seus proprietários "em contacto directo com o movimento artístico, intelectual e político do planeta". "Seja um cidadão de 1934", é o grande apelo.

As viúvas do Rio

No final da década de 1950, dizia-se que os jornais do Rio de Janeiro eram todos de viúvas. Isso era quase verdade.

O conde Pereira Carneiro, proprietário do Jornal do Brasil, faleceu em 1954 e sua viúva, Maurina Dunshee de Abranches, assumira o jornal, então decadente, transformando-o em alguns anos no melhor jornal do país, a começar pelo lançamento do suplemento cultural SDJB.

Dona Ondina Dantas herdara, em 1953, o Diário de Notícias, fundado por seu marido, Orlando Dantas. Embora tivesse entregue a direção da empresa a seu filho, João Dantas, Dona Ondina, que assinava uma coluna com o pseudônimo D'Orey, continuou presente na redação durante anos.

Dona Célia Rodrigues, viúva de Mário Rodrigues, dono do Jornal dos Sports, renovou seu jornal com a introdução de suplementos culturais (Cultura JS e Cartum JS) e ousou, em 1967, uma experiência singular com o lançamento do jornal-escola O Sol, de curta duração, mas extremamente influente.

Niomar Moniz Sodré, que assumiu o Correio da Manhã – um dos mais importantes jornais do Brasil no século XX – depois da morte de Paulo Bittencourt, em 1963, foi outra viúva que marcou presença na imprensa carioca. Embora tenha apoiado o golpe militar de 1964 que derrubou o governo João Goulart, o Correio logo em seguida voltou-se contra o regime de exceção, denunciando as prisões arbitrárias e as torturas. Niomar enfrentou os militares, tendo sido presa e perdendo seus direitos políticos. Com grande pressão política e, principalmente, econômica que o jornal passou a sofrer, ela arrendou-o em 1969.

Não se pode esquecer A Folha de Eva, de Teresa Cesário Alvim, Regina Coelho e Germana Delamare, fundada em 1971.

Niomar Moniz Sodré

A que não quis ser dona

Um exemplo admirável na história das proprietárias de jornal é Dora Pacheco, que reconheceu não ser jornalista e passou o comando total da empresa a um profissional. Laura e Cícero Sandroni contam, na bibliografia de Austregésilo de Athayde:

"O jornalista Félix Pacheco, proprietário do Jornal do Commercio e um dos primeiros a ajudar Chateaubriand quando ele veio do Recife para o Rio de Janeiro, falecera em 1935, deixando o jornal para sua viúva, D. Dora Pacheco. Em dezembro de 1940, D. Dora resolve doar metade de suas ações a Elmano Cardim, chefe de redação do jornal. A notícia agradou a Chateaubriand, que desde seus primeiros tempos na capital pensava em adquirir o Jornal do Commercio. Escreveu então longo artigo para O Jornal contando como Félix Pacheco o ajudara e elogiando o gesto da dama: na sua opinião, jornal devia ser propriedade de jornalistas, e não de capitalistas."

Fontes bibliográficas

ALVES, Branca Moreira. Ideologia e feminismo: a luta da mulher pelo voto no Brasil. Petrópolis: Vozes, 1980.

ALVES, Branca Moreira, PITANGUY, Jacqueline. O que é feminismo. São Paulo: Brasiliense, 1981. pág. 49.

CALLADO, Ana Arruda. Jenny, Amazona, Valquíria e Vitória-Régia, Rio de Janeiro, DLBrasil, 1996.

CARVALHO, Katia de. A cidade das revistas – imprensa feminina no Rio de Janeiro, anos 20. Tese de Doutorado, ECO/UFRJ,1995.

CARONE, Edgar. A terceira república 1937-1945. São Paulo: Difel, 1976.

GOLDFEDER, Míriam. Por trás das ondas da Rádio Nacional. Rio de Janeiro: Paz e Terra, 1980.

HOBSBAWN, Eric J.. Nações e nacionalismo. Rio de Janeiro: Paz e Terra, 1990.

HOLLANDA, Heloisa Buarque de. A roupa da Rachel. Estudos feministas, Rio de Janeiro, ECO/UFRJ, n. 0, 1992.

MARTINS, Wilson. História da Inteligência Brasileira, São Paulo, Cultrix, 1977-78.

RIBEIRO, Darcy. Aos trancos e barrancos: como o Brasil deu no que deu. Rio de Janeiro: Guanabara, 1985.

RUBIM, Lindinalva S. O. Impresa de mulheres no Brasil (1852-1982). Comunicação & Política, Rio de Janeiro, Paz e Terra, v.2, n. 1-2, págs. 189-205, mar-jun, 1984.

SANDRONI, Cícero e Laura Constância A. de A.. Austregésilo de Athayde – o século de um liberal. Rio de Janeiro, Agir, 1998.

SAROLDI, Luiz Carlos, MOREIRA, Sonia Virginia. Rádio Nacional: o Brasil em sintonia. Rio de Janeiro: Martins Fontes, Funarte, 1984.

Rui Barbosa
Gustavo de Lacerda
Roquette Pinto
Assis Chateaubriand
Barbosa Lima Sobrinho
Cásper Líbero
Carlos Drummond de Andrade
Jenny Pimentel
Tarso de Castro
Gilberto Freyre

TARSO DE CASTRO
Pasquineiro vocacionado

Sonia Bertol

Ensaio publicado na Revista Imprensa nº 162, julho/2001, p. 59-66.

Sonia Bertol - Bacharel em em Jornalismo pela Pontifícia Universidade Católica do Rio Grande do Sul. Mestre em Comunicação pela Universidade Federal do Rio Grande do Sul. Doutoranda em Comunicação Social pela Universidade Metodista de São Paulo. Fundadora e Coordenadora do Curso de Jornalismo da Universidade de Passo Fundo (RS).

Na década de 50, o Brasil assistiu ao fim da era de Vargas e à ascensão de Juscelino Kubitscheck à presidência da República. Foi nessa conjuntura que Tarso de Castro iniciou seu aprendizado jornalístico. Natural de Passo Fundo, RS, primogênito de seis filhos, Tarso começou a trabalhar, aos 12 anos, no jornal da família, O Nacional, revelando sua vocação de cronista, de jornalista crítico e polemista.

Uma crônica, em particular, escrita no final de 1959, seria o pivô de uma séria desavença entre sua família e aquele que era o "dono" da cidade na época, o bispo Dom Cláudio Colling. Graças ao episódio, Tarso foi mandado para o internato de um tradicional colégio da capital.

Com quase vinte anos, residindo em Porto Alegre, descobriu duas de suas grandes paixões: Samuel Wainer e Leonel de Moura Brizola.

Tarso iniciou uma aproximação com Brizola, então governador do Rio Grande do Sul, quando esse instaurou a chamada Rede da Legalidade, pregando a legitimidade de João Goulart. Acompanhou Leonel Brizola, no Palácio Piratini, quando ele estabeleceu a rede nacional de rádio montada em 1961 "a fim de proteger a posse de seu cunhado, Jango". (Francis, 1994, pág. 33)

No jornal Última Hora de Porto Alegre, Tarso trabalhou na editoria de política, o que lhe deu a base para a amizade com Samuel Wainer.

Jornais alternativos

Em 1961, já no Rio de Janeiro, ajudou a fundar o semanário Panfleto, de apoio ao Presidente João Goulart e a Leonel Brizola. Com o golpe militar, extinguiu-se o Panfleto,

e Tarso passou a ser perseguido, passando breves temporadas no exílio com João Goulart e Leonel Brizola, no Uruguai.

Porta-voz das idéias da Frente de Mobilização Popular, o Panfleto, em menos de um mês, passou de uma tiragem de 70 mil exemplares para incríveis 200 mil, caracterizando-se pela apresentação de artigos políticos. Ele é considerado um percursor no uso de charges e caricaturas e, também, um dos pais do Pasquim, no mesmo com a publicação de apenas sete números.

Tarso lê o jornal de sua família em Passo Fundo (acima)

Em pé, os irmãos Mara, Paulo, Nécio, Gilra, Tarso e Vera. Sentados, os pais Ada e Nécio de Castro (direita)

Tarso ainda criança com funcionário do jornal *O Nacional* (abaixo)

Hora H

Tarso de Castro passou a trabalhar na sucursal carioca da Folha de S. Paulo, onde reencontrou o amigo Sérgio Cabral, que viria a ser seu grande parceiro na composição d' O Pasquim. Em seguida, foi chamado por Samuel Wainer, por sugestão de Jaguar – que na época se tornara seu companheiro de noitadas nos bares de Ipanema -, para fazer uma crônica social em Última Hora. Entre os colunistas de UH estavam os nomes de Sérgio Porto, Nélson Rodrigues, Vinícius de Moraes, Di Cavalcanti, Nelson Werneck Sodré, Adalgisa Nery, Marisa Raja Gabaglia, Luís Carlos Maciel, Ivan Lessa, Paulo Francis, Sérgio Cabral, Nelson Motta. Nesse tempo, Tarso viria a conhecer Ziraldo, um dos maiores cartunistas brasileiros, que mais tarde passaria a integrar a equipe de O Pasquim.

A passagem de Tarso de Castro pelo Última Hora foi marcante. A rede de jornais de Samuel Wainer já estava plantada nas principais cidades brasileiras. Tendo começado em São Paulo, difundira-se para Porto Alegre, Curitiba, Brasília, Belo Horizonte e Recife, mantendo uma editoria central no Rio de Janeiro.

No início dos anos 70, o Pasquim já chegara ao incrível número de 200 mil exemplares vendidos por edição; todo esse sucesso, é claro, começou a despertar o ódio da repressão e também da grande imprensa.

Quando o general Costa e Silva publicou o AI-5, em dezembro de 1968, não era mais permitido falar sobre política. Em sua coluna, então, Tarso de Castro começou a se valer da ironia, num estilo que teria continuidade em O Pasquim. A coluna que iniciara em UH viria a se transformar, pouco depois, em O Pasquim, que surgiu como idéia logo depois que Tarso recusou o convite para substituir o falecido Sérgio Porto, Stanislaw Ponte Preta, na revista A Carapuça.

Talento de aglutinado

Tarso de Castro chegou ao Rio de Janeiro no início da década de 1960, quando a cidade pulsava com a Banda de Ipanema, Leila Diniz e o bairro de Ipanema ditava a moda para todo o Brasil. Na cidade, envolveu-se com jornalistas e intelectuais que buscavam alternativas para exercer seus ofícios, já que outra realidade se delineava no País. Os militares haviam tomado o poder em 31 março de 1964, ameaçando as liberdades democráticas. A grande imprensa da repressão; havia perseguições, mortes, exílio.

Entre conversas e preocupações, surgiu um convite para o cartunista Sérgio Jaguaribe, o Jaguar, substituir o colunista Sérgio Porto, o Stanislaw Ponte Preta, na revista A Carapuça. Jaguar declinou do convite, mas ofereceu-o a Tarso, que também acabou recusado. Depois disso, os dois decidiram que seria melhor fundar um novo jornal. Assim nasceu O Pasquim, apontado pelos seus autores como o mais bem-sucedido exemplo de "Imprensa Alternativa" que já se fez no Brasil.

Logo após a prisão de toda a equipe pela repressão, Tarso desentendeu-se

1 Fonte oral: Sérgio Jaguaribe, Jaguar.

2 Chargista e cartunista carioca.

Um jornal com a cara do Rio[1]

Jaguar[2]

"Conheci Tarso de Castro nos bastidores de Ipanema. A gente se cruzava toda hora e aí ele acabou se enturmando com o pessoal. Fui convidado pelo Samuel Wainer para fazer uma coluna social, que naquela época eu estava badalando muito em Ipanema (...) e aí, Banda de Ipanema, aquela coisa toda, a Leila Diniz...

Então, o Samuel, com seu faro, achou que eu seria um excelente cronista, mas o meu negócio era outra coisa, eu gosto mesmo é de fazer desenho. Eu falei: não vou fazer, não. Não tô a fim, mas eu tenho um homem excelente, porque eu conhecia o trabalho do Tarso, e sugeri o Tarso pra ficar fazendo uma coluna. (...) Ele fez o maior sucesso. Bom, isso foi uma primeira etapa.

Continuamos bebendo pelos bares e tal, e a Segunda etapa foi quando aconteceu o seguinte: o Stanislaw Ponte Preta, o Sérgio Porto, tinha uma revista chamada A Carapuça, uma revistinha tablóide, mas o Sérgio Porto, na verdade, não escrevia, quem escrevia a revista era um cara chamado Alberto Eça. O Sérgio Porto morreu, uma coisa muito chata, e a revista poderia Ter continuado, porque quem escrevia era um cara que imitava o estilo dele, esse Alberto Eça, mas aí poderiam pensar que era espiritismo, que ele estava escrevendo do além...

E os caras da revista convidaram Tarso para fazer uma coluna na Carapuça. Aí, ele veio me consultar: O que você acha...? Falei: Olha, eu acho o seguinte... você sugere a ele fechar A Carapuça, não tem nada a ver, principalmente agora que morreu o Sérgio Porto, e vamos fazer uma outra revista, uma outra publicação completamente diferente. A gente senta... eu, você, o Sérgio Cabral, o Claudius e o Prosperi (que faria o planejamento gráfico da revista)... e foi assim que surgiu a idéia do Pasquim.

(...) Ele se enturmou, virou flamengista e acabou criando, porque na verdade quando o jornal foi criado, ele foi o primeiro diretor, o editor. Ele é quem deu a carta, quer dizer, nós todos, né... mas ele ajudou o jornal a ser a cara do Rio de Janeiro."

com Millôr Fernandes, deixando o jornal. Quando na prisão, a equipe que fazia O Pasquim contou com a solidariedade dos amigos e intelectuais do Rio de Janeiro e de várias cidades do Brasil, que garantiram a circulação do jornal em bancas. No início dos anos 70 já chegara ao incrível número de 200 mil exemplares vendidos por edição; todo esse sucesso, é claro, começou a despertar o ódio da repressão e também da grande imprensa.

Em fevereiro de 1970, a Junta Militar baixou o decreto-lei 1.077, reintroduzindo a censura prévia, obrigando a redação a submeter todas as matérias à provação da Política

Federal. Contudo, seus editores sempre conseguiam driblar os censores, como, por exemplo, com a funcionária designada para censurar as matérias. Como Dona Marina gostava de beber, ofereciam-lhe scotch na hora em que começava a ler as matérias; então, ela ia aprovando tudo, até que foi demitida...

De parte da grande imprensa, O Pasquim sofreu um baque quando Adolpho Bloch, proprietário da Manchete, que fora ironizado por Juca Chaves numa entrevista ao Pasquim (Juca Chaves disse que achava que ele era anti-semita), pressionou seu distribuidor, Murilo Reis. Detentor de 50 % das cotas d' O Pasquim, Reis imediatamente desalojou o jornal, suspendendo a sua distribuição pela empresa.

Essas pressões culminaram com a prisão da equipe d' O Pasquim no início de novembro de 1970. Policiais invadiram a redação durante o fechamento da edição, prendendo todos os que ali estavam. Tarso fugiu pulando o muro e refugiou-se na casa ao lado, de onde dirigiu clandestinamente o jornal por alguns dias, até prenderem sua mulher, Bárbara Oppenheimer, usando-a para que ele se entregasse.

Bernardo Kucinski rememora aqueles dias: "Naquele Natal de 1970, o Pasquim virou símbolo de resistência, instrumento de intervenção de uma sociedade civil não totalmente adormecida" (1991, pág. 165)*.

Millôr revela a verdade: -MEU NOME É HERMANN; MAS PODE ME CHAMAR DE LAURA!

O PASQUIM

LEILA DINIZ: &$£7!

Jaguar lembra que havia sido convidado por Samuel Wainer para fazer uma coluna social no jornal Última Hora. Declinando do convite, pois preferia desenhar – fazer charges e cartuns -, sugeriu o nome de Tarso de Castro: " O Tarso emplacou, fez o maior sucesso e a gente começou a ficar amigo". (informação oral)

Tarso de Castro conseguia imprimir ao produto final o seu estilo próprio, de jornalista criativo, audaz, intuitivo e conhecedor das técnicas: "nosso fenemê", como disse o próprio Millôr. Produziu textos que marcaram época, como a famosa entrevista com a atriz Leila Diniz. Era ousado e, num tom irreverente, apresentava críticas ao regime ditatorial imposto pelos militares e à sociedade, que fizeram com que O Pasquim aumentasse a tiragem, esgotada a cada nova edição.

Além de ser um dos fundadores de O Pasquim, Tarso editou os semanários JA – Jornal de Amenidades, Panfleto, Enfim, o suplemento Folhetim, do jornal Folha de S. Paulo, a Tribuna da Imprensa, a revista Careta, publicada pela Editora Três, e o semanário O Nacional, no Rio de Janeiro. Foi colunista de Última Hora, Folha de S. Paulo, da revista Afinal e da Folha da Tarde.

Tarso de Castro morreu em 20 de maio de 1991, aos 49 anos. De sua vocação como pas-

Casamento de Tarso com Bárbara Openheimmer, Porto Alegre

3 Fonte: Kucinski, Bernardo. Jornalistas e revolucionários. São Paulo: Página Aberta, 1991, p. 8-10.

4 Professor de Jornalismo na Escola de Comunicações e Artes da USP.

O exílio profissional de uma geração[3]

Bernardo Kucinski[4]

"Os primeiros jornais alternativos nasceram pelo vazio deixado pelo desbaratamento da imprensa vinculada ao campo popular e pelo estreitamento do espaço crítico na grande imprensa. O golpe completava um ciclo de fechamento progressivo de jornais e revistas, de concentração do capital na imprensa, que vinha desde os meados dos anos 50 (quando a política de estabilização monetária de Lucas Lopes suprimiu preços diferenciados de papel, e agravou-se em dezembro de 1961, com a extinção do câmbio preferencial para o papel, o que multiplicou seu preço). Entre os atingidos estavam a revista mensal de cultura e debate Anhembi, fundada por Paulo Duarte em 1950, e a revista Senhor, criada por Nahum Sirotsky, em 1959. (...) Senhor contou com um projeto gráfico vanguardista de Carlos Scilar e teve editores de categoria como Newton Rodrigues, Luiz Lobo e Paulo Francis. Voltada a um público de elite, revolucionou o jornalismo de revistas no Brasil.

(...) À política concentracionista, seguiu-se, a partir de abril de 1964, a força da repressão. Todos os veículos do campo popular, a maioria defensores das reformas de base, fecharam.

(...) Obviamente, desapareceram todos os jornais dos partidos políticos de esquerda. Entre os quais, o semanário Panfleto, fundado pouco antes do golpe para a Frente de Mobilização Popular (brizolista), por um jovem e talentoso jornalista gaúcho, Tarso de Castro, filho de um petebista dono de jornal, com passagem pelo Última Hora de Porto Alegre. Panfleto vinha circulando com tiragens crescentes desde fins de 1963, chegando a vender quase 200 mil exemplares às vésperas do golpe, quando foi fechado. Tarso de Castro seria um dos fundadores e primeiro condutor d' O Pasquim.

(...) Além do fechamento de todos esses espaços, o golpe de 64 destruiu o grande veículo de massas voltado ao campo popular, engajando dezenas de jornalistas de espírito crítico, a cadeia Última Hora, criada por Samuel Wainer em 1951."

A criação[5]

José Luiz Braga[6]

"O Pasquim nasceu nos bares do Rio, de encontros entre Jaguar, Tarso de Castro, Sérgio Cabral, Claudius, Carlos Prosperi, Luiz Carlos Maciel. Este último não lembra quem sugeriu 'Pasquim', mas lembra que foi num barzinho da Cinelândia, e que ele, Maciel, foi contra o nome – "um lugar comum", que sua "atração pelo sofisticado, o sutil e o original rejeitava com certo constrangimento" (Pasquim número 20). Coisa de jornalzinho de colégio. Mas a autoironia do título escolhido era adequada ao momento. Tarso e Jaguar (este, o autor da sugestão) fecharam questão: "É isso mesmo que a gente quer".

Começa aí a história do Pasquim. Mas convém recuar um pouco no tempo para ver como é que se chegou à decisão de lançar o tablóide.

Em 1967, Ziraldo criou o Cartum JS, suplemento domingueiro de seis páginas no Jornal dos Sports. O Cartum JS faz aparecer uma geração de cartunistas: Miguel Paiva, Al, Juarez Machado, Henfil, Vagn. Em 1968, Nélson Rodrigues, membro da família proprietária do JS, alarmado com as críticas feitas ao governo, decide encerrar o suplemento.

Nessa época, Fortuna estava fazendo o Manequinho, no Correio da Manhã, e acolheu os cartunistas saídos do JS. Mas o Manequinho logo foi fechado também.

Quando surgiu a idéia de fazer um semanário de humor (que apareceu em 68, com o nome A Carapuça), Altair de Souza e Murilo Reis, da Distribuidora Imprensa, chamaram Jaguar, For1tuna e Claudius, mas eles recusaram. Sérgio Porto (Stanislaw Ponte Preta) aceitou então dirigir o semanário. Segundo Jaguar, quem fazia mesmo A Carapuça era Alberto Eça, "que escrevia a revista inteira, fazia um pastiche (...) e, como o Sérgio tinha muito nome, a revista vendia muito" (Pasquim número 626). Aí, Sérgio Porto morreu, não dava para continuar usando o nome de Stanislaw Ponte Preta.

Tarso de Castro foi procurado pela Distribuidora Imprensa para organizar um grupo e continuar A Carapuça. Jaguar achou que era uma fria, propôs fazer um outro jornal inteiramente diferente. É aí que começam as conversas de bar, referidas por Luiz Carlos Maciel, que levam ao nome 'Pasquim' e à concepção do jornal."

5 Fonte: Braga, José Luiz. O *Pasquim e os anos 70*. Brasília, DF. Editora Universidade de Brasília, 1991, p. 23-24.

6 Professor de Comunicação na Universidade do Vale dos Sinos (UNISINOS), no Rio Grande do Sul.

quineiro, foi prova inconteste a coluna que inaugurara em O Nacional, nos anos 50, sob o pseudônimo de TeDeCê – ali era o espaço que Tarso, numa cidade provinciana, legitimaria como o da discussão das questões que julgasse pertinentes, não importando contra quem voltaria seu escopo.

Passional, radical, irreverente, de estilo sarcástico, Tarso sempre vem à lembrança como o homem que amava jornais e mulheres. É possível afirmar, portanto, que ele encontrou no regime militar brasileiro um campo fértil para despejar sua criatividade e ironia. Por outro lado, é possível afirmar que Tarso exerceria a polêmica e a passionalidade no jornalismo em causas menores mas também importantes. Legando uma grande contribuição ao jornalismo brasileiro, foi agente da história de seu tempo, não importando o lugar em que estivesse.

Se considerarmos apenas a fundação d' O Pasquim, Tarso de Castro já estaria entre os grandes jornalistas da época. E ele foi mais, porque sua ironia e sua crítica foram uma contribuição para o jornalismo em nível local ou nacional.

Rui Barbosa
Gustavo de Lacerda
Roquette Pinto
Assis Chateaubriand
Barbosa Lima Sobrinho
Cásper Líbero
Carlos Drummond de Andrade
Jenny Pimentel
Tarso de Castro
Gilberto Freyre

GILBERTO FREYRE
Modernizador precoce da imprensa brasileira

José Marques de Melo

Ensaio publicado na Revista Imprensa nº 150, julho/2000, p.47-54.

José Marques de Melo - Presidente da Rede Alfredo de Carvalho para o Resgate da Memória da Imprensa e a Construção da História da Mídia no Brasil. Docente-fundador e Professor Emérito da Escola de Comunicações e Artes da Universidade de São Paulo. Professor-fundador e Ex-Coordenador do Programa de Pós-Graduação em Comunicação Social da Universidade Metodista de São Paulo, onde exerce atualmente o cargo de Diretor da Cátedra UNESCO de Comunicação para o Desenvolvimento Regional. Membro-Titular do Instituto Histórico e Geográfico de São Paulo.

Antes de ser reconhecido como pioneiro das Ciências Sociais no Brasil, Gilberto Freyre fez uma apaixonada incursão pelo Jornalismo.

Essa trajetória começou quando ele tinha apenas 17 anos, escrevendo para jornais estudantis. Prosseguiu, depois, durante a temporada como estudante universitário nos Estados Unidos e na Europa.

No tempo em que permaneceu fora do país – 1918-1923 – ele escreveria regularmente para o Diário de Pernambuco. Eram textos em que narrava suas impressões de viajante e fazia remissões. a paisagens e personagens brasileiros.

Essa produção foi posteriormente reunida no livro Tempos de Aprendiz.

Retornando ao Recife, assumiu temporariamente o cargo de redator-chefe, organizou a edição comemorativa do primeiro centenário daquele jornal e o representou em congresso panamericano de jornalismo.

Contudo, Freyre realizaria sua mais rica experiência em 1929, ao assumir a direção do jornal recifense A Província, onde implantou o primeiro manual de redação do Brasil.

Em seguida, enfrentou o exílio na Europa. Mas, ao regressar, integrou-se plenamente à vida brasileira e voltou ao jornalismo, escrevendo artigos para jornais e revistas. Essa atividade ele preservou até sua morte, deixando farto manancial a ser reunido em livros, de modo a permitir que as novas gerações conheçam sua verve e ironia como comentarista midiático.

Para ilustrar facetas daquela fascinante experiência jornalística juvenil, selecionamos e reproduzimos aqui trechos do seu diário de mocidade – Tempos Mortos e Outros Tempos (Rio de Janeiro, José Olympio, 1975).

Primeiras impressões

RECIFE, 1916.

"É sempre um encanto para mim a leitura de um artigo de Assis Chateaubriand. Tem cor, movimento, flama. Alfredo de Carvalho parece-me, no que escreve, sem o ânimo do verdadeiro escritor. É um ânimo que se encontra em Oliveira Lima e sobretudo em Chateaubriand, assim como em Aníbal Fernandes – para me referir aos colaboradores do velho Diário."

RECIFE, 1917

"Fui ao Diário de Pernambuco convidar Aníbal Fernandes, que admiro, para a minha formatura. O mesmo edifício a que muito menino eu vinha às vezes com meu Pai que era muito amigo de Artur de Albuquerque. Sempre Artur de Albuquerque me dava algum livro ilustrado. (...) Lembrei-me de que uma vez, descendo do Diário, encontramos um homem atarracado, pescoço curto, feioso, a quem meu Pai me apresentou dizendo: 'Este também se chama Gilberto'. Era Gilberto Amado.".

Recorte do Diário de Pernambuco (1921)

DIARIO DE PERNAMBUCO—DOMINGO 3 DE ABRIL DE 1921

DA OUTRA AMERICA

(Especialmente para o "Diario")

Hontem, domingo, 13, fui pelo braço de um amigo congenial visitar a casa em que morou Edgar Allan Poe de 1846 a 1849. Estava um dia soturno, e portanto azado para a visita. E era 13, data agoureira.

A caminho de Fordham — que é onde está a casa do poeta, imaginei-a erma e merencoria como o mesmo Poe. Tres annos bastam para que uma creatura de genio deixe na casa em que habita um pouco de si propria. Encontrei de facto na pobre morada de Poe alguma coisa do poeta, toques de sua pessôa, suggestões directas do seu genero de vida. Isto apezar da casa estar cheia de gente — gente sem o proprio respeito pela intimidade ou mesmo religiosidade do logar, a misturar-se pelas salas, a tagarelar e até a rir escancaradamente — como se aquillo fosse um "café-cantante" de Broadway onde se dança o "fox-trot" ao rufe-rufe de pratos, bombos e pandeiros.

A casa de Poe é pequena, em forma de chalet hollandez, e feita de taboas, a não ser a chaminé que é de tijolo. Tem sotão. Dos moveis e objectos que pertenceram ao poeta restam a cama de casal, uma cadeira de balanço, um velho espelho de parede e uma Biblia.

Com algum esforço — porque o fallatorio não permitia facil devaneio — experimentei reconstituir mentalmente, com aquelle resto de moveis, o lar de Edgar Poe, quando para alli veio de segundo ou terceiro andar de um predio em Turtle Bay, em busca de ar puro para a esposa já doente.

Eram tres, na casa: Edgar, a esposa, Virginia, e a bôa Mrs. Clemen, mãe de Virginia e tia do poeta, caseira e pratica como a Martha da Biblia, dando á habitação, com seus cabellos brancos e seu avental, a nota de ordem e de methodo.

Estavam Edgar e Virginia ainda em doce idyllio. Casara-se o poeta com sua priminha depois de um namoro que lembra o classico dos amorosos de Dante: ella, quatorze annos, "mezinha moça", doce pessoinha de fala de mel; elle, em volta dos trinta, já pensador doloroso, de uma fina belleza intellectual... seu mestre. E um dia, como Francesca e Paolo, esqueceram-se mestre e discipula do livro aberto, em cujas paginas "não leram mais o dia todo". Tocara-os o mesmo "fuoco d'amore", de que fala o florentino.

Por algum tempo foi a vida doce para os amorosos. Nos primeiros annos de casada Virginia Clemen encheu de sorrisos a vida de Poe. Foi ainda com essa felicidade a sorrir que vieram para Fordham. Aquella casinha de taboas, encheram-na os primos amorosos do murmurio de seus beijos.

E' porém em Fordham que começa a phase mais amargurada e mais acre da existencia de Poe. Em vez de melhorar com o ar puro, peiora a fragil Virginia. A thysica entra a roer-lhe os pulmões, sem que o grande, victima da sovinice dos editores, possa comprar xaropes ou cobertas de lã. Nem mesmo para a lenha, chega-lhe o minguado dinheiro — arrancado á avareza em troca de escriptos primorosos: poemas, artigos de critica litteraria, contos. [illegible]

[illegible] ingleza, não tendo por isso sido difficil a uma escriptora de verdadeiro talento, a dra. Dorothy Scarborough, de quem tenho o prazer da gentil amizade, colher material para um livro encantador sobre o assumpto, "The Supernatural in the English Fiction".

Morreu Poe aos quarenta annos — o que quer dizer que sua philosophia acre não foi mero Byronismo da mocidade, ao qual pagam tributo [illegible]

New York, Fevereiro, 1921.

GILBERTO FREYRE

RECIFE, 1917

"Fui levar ontem a Aníbal Fernandes, que admiro muito, o jornal do colégio com meu artigo "O período feudal na vida do homem". Esse período feudal é a adolescência com suas buscas de aventuras e suas ânsias de glórias. Confesso que o artigo me parece coisa acima da banalidade da literatura colegial. Aníbal me recebeu como se eu – um meninote- fosse já igual a ele: como um intelectual a outro intelectual. Eu sei que ele é um intelectual feito e eu ainda um menino com pretensões a intelectual.. Com uma agilidade que me espantou, leu o artigo todo e exclamou: "Espantoso! Vou transcrevê-lo amanhã!"

O aprendizado do ofício

RECIFE, 1925.

"Trabalho no Diário de Pernambuco, na organização de um livro comemorativo do centenário do jornal,

Três momentos de trajetória intelectual de Gilberto Freyre

no andar nobre: o ocupado pelo diretor Carlos Lira Filho, que o Recife inteiro sabe ser um viúvo esquisitão. Homem inteligentíssimo, vive isolado e conversa com raras pessoas (...) Temos nossas mesas, no mesmo vasto salão."

RECIFE, 1925

"Seguirei breve para os Estados Unidos (que vou rever depois de quase três anos de readaptação já quase completa no Brasil), menos por vontade própria de realizar tal viagem que por vontade do meu amigo Carlos Lira Filho, o diretor proprietário do Diário de Pernambuco, com quem venho trabalhando nestes dois últimos anos. Está ele decidido a que eu o substitua na direção do jornal. Isto é ainda um segredo."

RECIFE, 1925.

"Devido a sumiticaria dos L., o livro comemorativo do centenário do diário (Diário de Pernambuco) no qual trabalhei com tanto afã, auxiliado na parte gráfica pelo José Maria de Albuquerque (que é um mestre no assunto), "arte gráfica", e nas ilustrações, pelo meu irmão Ulisses, fotógrafo, e pelo Bandeira, desenhista, saiu um fracasso. Deu-me vontade de chorar. Quase chorei. O papel ordinário tornou a impressão um horror. Algumas páginas ninguém as consegue ler."

Gilberto Freyre em Apipucos no Recife

RECIFE, 1925

"Grande comemoração, a do 1° centenário do Diário de Pernambuco. (...) Justiça seja feita aos Lira, tão mesquinhos com relação ao papel para a publicação do Livro do Nordeste, comemorativo do centenário – que trabalho

Gilberto Freyre
na África

me deu! Redimiram-me, de algum modo, dessa mesquinharia, gastando uns bons dinheiros na festa de ontem. De ontem entrando pelo dia de hoje. Muito peru, muito presunto, muitos doces, muito vinho. Entrei forte no champagne. Tinha dinheiro."

Na confraria jornalística

RECIFE, 1926.

"Pé no estribo: sigo para os Estados Unidos a fim de representar o Diário de Pernambuco no grande Congresso Pan-Americano de Imprensa. Seguem do Brasil Medeiros e Albuquerque, Cícero Peregrino, Carlos Dias Fernandes, Rangel Pestana, Paulo Hasslocher. Oliveira Lima representará o Correio da Manhã. Notícia no Diário de Pernambuco em destaque, terceira página, bem no alto. Excepcionalmente elogiosa. Põe nas nuvens "o Dr. Gilberto Freyre". Identifico o autor: Carlos Lira Filho. Pois dos redatores, eu conseguira que não me chamassem de doutor. C.L.F. é intransigente neste ponto."

WASHINGTON, 1926.

"Os latino-americanos delegados ao Congresso de Imprensa me dão quase todos a impressão de uns meninões. O próprio Mitre de La Nación, que proferiu um discurso com todo o ar de um colegial rico e muito vestidinho pela governante inglesa que recitasse o seu número em festa de fim do ano, é um meninão abobalhado. O Soto-Hall, de La Prensa, este é positivamente um criançola: meninão feio com inveja do bonito que, no caso, é o Mitre; e desdém pelo garoto de jardim de infância perdido entre os "grandes" que, no caso, sou eu. É verdadeiramente ridícula a fúria de alguns dos meninões contra mim – o mais menino do grupo – por ter sido escolhido para responder em inglês à saudação do Mr Kellogg, Secretário do Estado e sobretudo por haver realizado essa missão do modo por que a realizei."

WASHINGTON, 1926

"Sei já qual é o mistério: porque jornal nenhum se referiu ao meu discurso de ontem no Congresso Pan-Americano de Imprensa mas só ao de Mr. Kellogg e ao do Sr. Luís Mitre, da La Nación. Houve protesto de La Prensa contra o fato de ter sido eu, e não o seu redator, Soto-Hall, o orador principal da solenidade de ontem. E como La Prensa, a poderosíssima La Prensa, protestasse, resolveu-se dar o meu discurso como não tendo sido pronunciado. Silêncio completo nos jornais daqui, de Nova Iorque, e, decreto, de todos os Estados Unidos. Meu discurso me trouxe muitos aplausos e felicitações, especialmente de Mr. Kellogg, que é um velhote muito simpático, e dos Embaixadores do Brasil - O. Amaral – da Argentina e do Chile. (...) O incidente mostra que a imprensa aqui é uma imprensa dirigida: e não livre. Nem de todo fiel aos fatos. Censurada e à mercê de interesses – e não independente."

A família Gilberto Freyre

Jornalismo modernizante

RECIFE, 1929

"Todo meu empenho é fazer d' A Província um jornal diferente dos outros e fiel à sua condição de jornal de província. Autêntico. Honesto. Com colaboração de alguns dos melhores talentos modernos do Rio de Janeiro e de São Paulo. Mário de Andrade não me interessa: de modo notável, está sendo um admirável renovador de artes e de letras brasileiras, mas é artificial em muita coisa. Artificial demais. Oswald de Andrade, também, embora bem mais inteligente e autêntico que Mário. Já tenho assegurada a colaboração de Manuel Bandeira e de Prudente de Morais neto: os dois "modernistas" da minha mais pura admiração. Também a de José Américo de Almeida, a de Pontes de Miranda, a de Jorge de Lima, a de Barbosa Lima Sobrinho. Bandeira pediu-me para convidar seu amigo Ribeiro Couto. Um dos meus empenhos é dar ao noticiário e às reportagens um novo sabor, novo estilo: muita simplicidade de palavra, muita exatidão, algum pitoresco. Isto é que é importante num jornal. E nada de bizantinismo. Nada de se dizer "progenitor" em vez de pai nem "genitora" em vez de mãe. Já preguei no placard um papel em que se proíbe que se empreguem no noticiário não só essas palavras pedantes em vez das genuínas, como "estimável", "abastado", "onomástico", "deflui", "transflui", etc."

RECIFE, 1929.

"Tomei a liberdade de cortar todo um trecho de artigo de Barbosa Lima Sobrinho, meu amigo, homem de letras que admiro, para A Província: trecho de elogio a mim. Creio que como diretor do jornal, não devo publicar nela elogios a mim, nem em editorias, nem mesmo em artigos de colaboradores. Já fiz o mesmo com um artigo de outro escritor de porte: o Manuel Bandeira, este também grande amigo."

RECIFE, 1929.

"Já fiz n' A Província alguma das coisas que desejava fazer. Seu noticiário é hoje o mais exato, o melhor, da imprensa do Recife, e talvez do Brasil. Inclusive reportagens. Eu próprio tenho feito, sem nunca assinar, entrevistas e reportagens - jornalismo de campo e não de gabinete. O jornalismo de campo é o verdadeiro jornalismo. Fiz entrevistas com Agache e Rondon. Iniciei as séries "históricas" (pois jornal, no Brasil, tem de ser um pouco diário e um pouco semanário e até magazine): "Crimes célebres no Recife" e "Assombrações no Recife". Material que mandei Oscar Melo colher nos arquivos da Policia, para o que obtive todas as facilidades de Eurico Sousa Leão. Planejo outras sobre "os últimos pastoris do Recife", "os últimos bumbas-meu boi", "os últimos xangôs". Outra de interesse urbanístico: "onde deve ser o bairro universitário do Recife (contando que o Recife tenha breve universidade)". Ótima a atuação de Aníbal Fernandes. Esplêndidos seus editoriais. Apenas é preciso ter a gente cuidado com ele: opiniões excessivamente pessoais em artigos de responsabilidade da redação, por exemplo. E disparates com que às vezes me surpreende, sendo o homem admiravelmente inteligente que é. Por exemplo: pôr no fim de um artigo, a ser continuado em número seguinte do jornal, em francês: "La suite au prochain numéro". Felizmente vi a coisa em tempo e eliminei a disparatada expressão francesa. É um afrancesado, o nosso A. F. Quanto a Olívio não tem o menor jeito para secretário de jornal. Ou para jornalista. Pouco jornalístico é também o Silvio Rabelo. É demasiado escritor, do tipo erudito, para ser jornalista. Enquanto A. F. o escritor, o homem de letras, o erudito é superado pelo jornalista nato que ele é: ágil, plástico, sensível ao que o cotidiano tem de mais dramático, de mais humano.

APÊNDICE

Jornal da Rede Alfredo de Carvalho, 2001-2002

Institucionalização da Rede Alcar[1]

Em reunião histórica, realizada na sede da ABI – Associação Brasileira de Imprensa – na cidade do Rio de Janeiro, no último dia 5 de abril, foi institucionaliza a Rede Alfredo de Carvalho – REDEALCAR, destinada a resgatar a memória e a construir a história da imprensa no Brasil.

O evento foi presidido pelo jornalista Fernando Segismundo, presidente da ABI, e coordenado pelo professor José Marques de Melo, Titular da Cátedra UNESCO/UMESP de Comunicação.

Participaram do encontro, além das duas lideranças, já mencionadas, os seguintes representantes institucionais: Cátedra FENAJ/UFSC de Jornalismo – Prof. Dr. Francisco Karam; Revista IMPRENSA – Editor Sinval de Itacarambi Leão; Ministério da Cultura (Projeto Resgate) – Historiadora Esther Bertoletti; IHGB – Instituto Histórico e Geográfico Brasileiro – Professora Cybelle de Ipanema e Escritor Mário Barata; INTERCOM – Sociedade Brasileira de Estudos Interdisciplinares da Comunicação – Profa. Dra. Marialva Barbosa.

A representação das universidades se fez através dos seguintes pessoas ou grupos: Universidade Federal do Amazonas – Prof. Dr. Narciso Lobo; Universidade do Estado do Rio de Janeiro – Profs. Drs. Marco Morel, Lucia Bastos e Tania Bessone; Pontifícia Universidade Católica do Rio de Janeiro – Profa. Dra. Ana Arruda Callado (atualmente ocupando o cargo de Vice-Presidente da ABI); Universidade do Sul de Santa Catarina

1 Jornal da Rede Alcar, nº 1, 17 de abril de 2001

- UNISUL - Prof. Paulo Scarduelli; Centro Universitário Salesiono - UNISAL/SP - Prof. Zulio Zapata; Universidade Federal Fluminense - Profa. Ana Paula Goulart Ribeiro; Centro Universitário Carioca - UNICARIOCA - Prof. Antonio Brasil; Universidade Metodista de São Paulo - Prof. Dr. Valdenizio Petrolli (também representando a Fundação Pro-Memória do Município de São Caetano do Sul/SP; Universidade Federal do Rio de Janeiro - Prof. André Motta Lima.

Também compareceram: Profa. Carmen Pereira - Forum Nacional dos Professores de Jornalismo;. Mirane Albuquerque (Projeto Rsgate/MINC) e o conselheiro da ABI: Antonio Dominguez Calvo.

Núcleo Baiano [2]

2 Jornal da Rede Alcar, n. 3, 8 de maio de 2001

No último dia 27 de abril, na sede do Conselho Estadual de Conselho Estadual de Cultura, em Salvador (BA), realizou-se o primeiro encontro da sub-rede bahiana da Rede Alfredo de Carvalho - REALCAR, com a finalidade de promover o resgate da memória e a construção da História da imprensa brasileira.

O evento foi auspiciado pelo Dr. Waldir Freitas Oliveirfa, presidente do referido Conselho, contando a adesão das seguintes entidades:

UFBA - Universidade Federal da Bahia - representada pela Profa. Dra. Katia de Carvalho, do Instituto de Ciência da Informação, e Flávia di Garcia Rosa, diretora da Editora da UFBAS

UNIBAHIA - Unidade Bahiana de Ensino, Pesquisa e Extensão - representada pelas professoras Sonia Regina Neves Costa e Matilde Eugenia Schnitmair

IGHB - Instituto Geografico e Historico da Bahia - representado pela sua presidente, Profa. Dra. Consuelo Pondé de Sena

ABI - Associação Bahiana de Imprensa - representada pelo jornalista Agostinho Muniz

Fundação Pedro Calmon - representada pela pesquisadora Alice Maria Ribeiro dos Santos

Fundação Clemente Mariani - representada pela pesquisadora Maria das Graças Nunes Cautalino

Fundação 2 de Julho - representada pela Profa. Vera Matos

Também compareceram personalidades da vida intelectual bahiana, que se integram pessoalmente à Rede: o historiador Cid Teixeira, o publicitário Nelson Varón Cadener e o jornalista Fernando Oberlander.

O encontro foi organizado pela entidade que cabeça a sub-rede bahiana da REALCAR, o Nucleo de Estudos da Historia dos Impressos da Bahia - NEHIB, coordenado pelo Prof. Dr. Luis Guilherme Pontes Tavares. Como convidados especiais participaram os representantes da coordenação nacional da Rede Alfredo de Carvalho: José Marques de Melo (Cátedra UNESCO/UMESP e ABI), Esther Bertoletti (Ministério da Cultura / Projeto Resgate) e Cybelle de Ipanema (IHGB - Instituto Histórico e Geográfico Brasileiro).

A sub-rede bahiana também conta com a participação do Arquivo Público da Bahia, cuja diretora, Ana Amelia Vieira Nascimento, promoveu o Ciclo de Conferencias "Avaliando a Imprensa Brsileira nos 190 anos da primeira tipografia da Bahia", no periodo de 25 a 27 de abril de 2001.

Núcleo Paulista na Região do Grande ABC[3]

A Rede Alfredo de Carvalho para a preservação da memória e a construção da História da Imprensa no Brasil conta com mais um núcleo regional. Na ultima terça-feira, dia 15 de maio, realizou-se na sede da Associação Comercial da cidade de Santo André um encontro de entidades históricas, culturais e universitárias da micro-região O evento foi liderado pelo Prof. Dr. Valdenizio Petrolli, conselheiro da Fundação Pro-Memoria do Municipio de São Caetano do Sul.

Compareceram mais de vinte representantes dos municípios que formam a região do Grande ABC Paulista - Santo André, São Bernardo, São Ceatano, Diadema, Mauá e Rio Grande da Serra. O grupo presente decidiu constituir um núcleo regional da Rede Alfredo de Carvalho, comprometendo-se a inventariar a imprensa da região e a promover uma série de eventos destinados a conscientizar a sociedade sobre a importância cultural da imprensa.

Esteve presente à reunião de Santo André o Prof. Dr. José Marques de Melo, titular da Cátedra UNESCO/UMESP de Comunicação e idealizador da Rede Alfredo de Carvalho.

O principal evento a ser realizado em este ano é a Semana Freitas Nobre de História da Imprensa, no período de 10 a 14 de setembro. Pretende-se celebrar os 80 anos de nascimento do historiador da imprensa paulista, José de Freitas Nobre, jornalista que esteve muito ligado ao Grande ABC como articulista semanal do jornal "Diário do Grande ABC".

Haverá nova reunião da equipe no próximo dia 18 de junho, em Mauá, com a finalidade de estruturar a programação de atividades do núcleo para os próximos anos. Informações: petrolli@terra.com.br

3 Jornal da Rede Alcar, n. 4, 21/5/2001

Rede Alcar na internet[4]

Mensagem do Prof. Dr. Francisco Karam, Titular da Cátedra FENAJ/UFSC informa que já esta no ar, desde o dia 1 de junho, o sítio digital Rede Alfredo de Carvalho. Navegue na internet e visite o seguinte endereço: www.jornalismo.ufsc.br/redealcar

A meta inicial é estabelecer conexões com os centros de pesquisa ou memória sobre a história do jornalismo. Pretendemos vincular o sítio às pesquisas e centros específicos de trabalho. E colocar endereços de pesquisadores da área.

Também os eventos, por enquanto ano a no, podem ser trabalhados a cada momento. Para isso, é preciso que nos sejam enviadas as informações. O ideal, futuramente, é que haja equipe de cobertura de cada evento e as informações nos sejam repassadas. Solicitamos que os organizadores de eventos integrados à Realcar providenciem a cobertura, contando com a colaboração dos estudantes de jornalismo da cidade ou região, repassando os textos e imagens à equipe da UFSC.

As informações podem ser recebidas pelo Prof. Karam e pelo Prof. Clóvis Geyer , para que atualizemos toda semana. No segundo semestre haverá equipe mais definida, também com alunos. Email: karam@cce.ufsc.br

4 Jornal da Rede Alcar, n. 5, 11/6/2001

Selo editorial[5]

A Rede Alfredo Carvalho para o Resgate da Memória e a Construção da História da Imprensa no Brasil já possui um selo comemorativo, que deverá figurar em todas as suas

5 Jornal da Rede Alcar, n. 6, 22/6/2001

peças de divulgação, bem como nos produtos editoriais que mereceram o seu respaldo institucional. O selo foi elaborado pela equipe da EDUFBA - Editora da Universidade Federal da Bahia, sob a liderança de Flávia di Garcia Rosa. Ele já está adotado pelo Jornal da Realcar, da mesma forma que será incorporado ao nosso sítio digital, sob a égide da Cátedra FENAJ de Jornalismo da Universidade Federal de Santa Catarina.

Par uso do selo em publicações respaldadas pela Realcar, torna-se necessário prévia solicitação ao nosso comitê editorial, coordenado pelo Prof. Dr. Luis Guilherme Pontes Tavares (NEHIB), email: grupoeditorial@alba.ba.gov.br

190 anos da imprensa baiana[6]

6 Jornal da Rede Alcar, n. 7, 3/8/2001

A Intercom - Sociedade Brasileira de Estudos Interdisciplinares da Comunicação - promoveu na 53ª Reunião da SBPC - Sociedade Brasileira para o Progresso da Ciência (13 a 18 de julho do corrente), em Salvador, o simpósio sobre os 190 anos da Imprensa baiana. Em 14 de maio de 1811 estreou o jornal A Idade d`Ouro do Brazil, primeiro periódico impresso na Bahia. O tema do simpósio foi desdobrado pelos professores Sônia Serra, da UFBA, Weliton Aragão, da Unibahia, e Luís Guilherme Pontes Tavares, do Núcleo de Estudos da História dos Impressos da Bahia (Nehib). Chovia às 11h do dia 17 quando a professora Sônia Serra começou a falar sobre "O Momento e o seu tempo". A sala 123 do Pavilhão de Aulas da Federação (PAF) estava lotada e assim permaneceu até as 13h, após o professor Aragão falar sobre "A formação da grande imprensa na Bahia", o professor Luís Guilherme alertar sobre "A urgência do levantamento documental sobre a história da Imprensa da Bahia" e os três responderem perguntas da platéia constituída de estudantes e professores.

O Momento, explicou a professora Serra, foi jornal de inspiração comunista que circulou em Salvador no período final e posterior a II Guerra Mundial, mantido, sobretudo, com os recursos do jornalista João Falcão, de família de pecuaristas. Falcão publicara a revista Seiva, de igual viés, antes de O Momento. A expositora acentuou o papel que esse jornal teve como meio de aprendizado da profissão, de que se beneficiou a iniciativa de Falcão de criar o Jornal da Bahia em 1958, reunindo ali os remanescentes do outro jornal. A professora Serra sugeriu que estudo semelhante seja realizado sobre o periódico Folha da Bahia, também de viés comunista, que circulou em Salvador entre 1960 e 1964.

O professor Weliton Aragão relembrou que em 1982 ele pretendeu pesquisar o tratamento que a imprensa deu ao fenômeno do cangaceirismo. Esbarrou no conceito de "grande imprensa" e fez sua dissertação de Mestrado de Ciências Sociais sobre esse tema, analisando coberturas jornalísticas que marcaram a passagem de imprensa artesanal para imprensa industrial de quatro jornais de Salvador: O Imparcial, o Diário da Bahia, o Diário de Notícias e A Tarde. O professor Aragão, ao final de sua exposição, foi estimulado a retornar ao tema do cangaceirismo quando decidir fazer o doutoramento.

O professor Luís Guilherme abriu sua exposição denunciando o abandono da biblioteca da Associação dos Empregados no Comércio da Bahia, em Salvador, onde 10 mil volumes do século XIX e início do século XX, de procedência portuguesa e francesa, e outros impressos no Brasil, estão arruinando. Por outro lado, ele informou que o Instituto Geográfico e Histórico da Bahia localizou dois documentos que eram dados como perdidos: o álbum Centenário da Imprensa na Bahia, de 1911, exemplar artesanal único com mais de 200 autógrafos de profissionais das Artes Gráficas; e o Álbum da Imprensa da Bahia, de 1908, impresso, com a iconografia de prédios e pessoas afins com o jornalismo da capital e do interior.

Semana Freitas Nobre[7]

Na próxima segunda-feira, dia 6 de agosto, no período da tarde, haverá nova reunião da Rede Alfredo de Carvalho no ABC Paulista. O encontro será realizado no Museu Histórico de São Caetano do Sul - Rua Maximiliano Lorenzini, 122 - Bairro da Fundação.

7 Jornal da Rede Alcar, n. 7, 3/8/2001

A finalidade dessa reunião, coordenada pelo Prof. Dr. Valdenizio Petrolli, é discutir a programação da Semana Freitas Nobre, prevista para a semana de 10 a 15 de setembro, cuja programação preliminar é a seguinte:

Exposição sobre Imprensa Alternativa do Grande ABC: Do mimeógrafo ao offset.
Local: Espaço Cultural Alpharrabio
Rua Eduardo Monteiro, 151 - Santo André

Exposição sobre o jornalista João Domingos Tavares e seu semanário O Imparcial (1933)
Local: Serviço de Memória e Acervo de São Bernardo do Campo
Rua João Pessoa, 236 - Centro - São Bernardo do Campo

Capas dos Jornais que circularam em São Caetano do Sul (1915 – 2001)
Local: Museu Histórico Municipal de São Caetano do Sul
Rua Maximiliano Lorenzini, 122 - Bairro da Fundação - São Caetano do Sul

Mostra de Arte/Colagem em homenagem ao Jornalista Oswaldo Donadio
Local: Casa de Cultura e Museu Barão de Mauá
Av. Dr. Getúlio vargas, 276 – Vila Guarani – Mauá

Núcleo carioca[8]

Realizou-se na sede da ABI, no último dia 20 de agosto, no período da tarde, o primeiro encontro da Rede Alfredo de Carvalho no Rio de Janeiro. A Profa. Dra. Marialva Barbosa, articuladora do evento, enviou o seguinte registro da reunião:

8 Jornal da Rede Alcar, n. 7, 3/8/2001

1. Estiveram presentes: Fernando Latman-Weltman - do CPDOC/FGV, Penha Rocha da Universidade Cândido Mendes do Rio de Janeiro, Gustavo Gindre da Universidade Cândido Mendes de Niterói, Patrícia Souza Lina historiadora, Ana Arruda Calado (PUC/ABI) e Mirane Albuquerque (PUC/MINC), além de Marco Morel (UERJ).

2. Reafirmou-se a idéia já discutida em reuniões anteriores de formar equipes estaduais para inventariar a história da imprensa e concomitantemente realizar levantamentos bibliográficos;

3. Reafirmou-se também a idéia do aprimoramento da metodologia para retomar a proposta de Alfredo Carvalho;

4. Os representantes da Cândido Mendes colocaram a instituição á disposição para participar em vários níveis da Rede;

5. A UERJ realizará no próximo ano um Seminário com jornalistas historiadores e historiadores jornalistas (primeiro semestre) e o inventário do século XIX;

6. Decidiu-se realizar no dia 31 outubro de 2001 um Seminário na ABI sobre as tendências atuais da pesquisa da História da Imprensa, em duas mesas: uma pela manhã e outra a tarde, com o intuito de envolver um número ainda maior de instituições. Expositores convidados: Fernando Lattman-Weltman, Marco Morel, Fernando Segismundo, Ana Arruda Callado.

7. Haverá uma reunião do comitê executivo da Rede no dia 17 de setembro, às 14 h30 basicamente para formatar esse Seminário (definição das mesas, temas, etc).

8. A coordenação da Rede no Rio de Janeiro será integrada também pela professora Ana Paula Goulart de Andrade, que é pesquisadora do Projeto Memória da Rede Globo, entidade que também se integra ao mutirão nacional para a construção da História da Imprensa no Brasil.

IHGB homenageia historiadores-jornalistas[9]

9 Jornal da Rede Alfredo de Carvalho, n. 8, 24/8/2001

O Instituto Histórico e Geográfico Brasileiro, entidade co-fundadora da Rede Alfredo de Carvalho para o Resgate da Memória e a Construção da História da Imprensa no Brasil, realiza o Simpósio "Lembrando Historiadores Jornalistas". O evento, coordenado pela historiadora Cybelle de Ipanema, inicia-se às 15 horas, no próximo dia 12 de setembro, na se de do IHGB, Av. Augusto Severo, 8, Rio de Janeiro.

O Simpósio homenageará 3 historiadores-jornalistas que pertenceram aos quadros do IHGB - Pereira da Costa, Werneck Sodré e Barbosa Lima Sobrinho. O programa é o seguinte:

150 anos de Francisco Augusto Pereira da Costa
Expositores: Luiz de Castro Souza e Miridan Britto Falci

90 anos de Nelson Werneck Sodré
Expositor: Fernando Segismundo

70 anos de Barbosa Lima Sobrinho no IHGB
Expositor: Arno Wehling

Núcleo capixaba[10]

10 Jornal da Rede Alfredo de Carvalho, n. 10, 30/11/2001

O Núcleo capixaba da Rede Alfredo de Carvalho acaba de instalar um comitê estadual para organizar as atividades de pesquisa sobre a história da imprensa do Espírito Santo. A iniciativa foi tomada durante reunião dos organizadores locais, realizada em 20 de novembro último, na sede da Rede Gazeta de Comunicações.

O Comitê, ainda em fase de estruturação, conta com três comissões, quais sejam, científica, financeira e divulgação. A científica, liderada pelos professores Juçara Brittes e Edgard Rebouças, se subdivide em monitorias setoriais, para abrigar distintos segmentos do jornalismo: impresso, radiofônico, televisivo e online. Inclui, ainda, uma monitoria encarregada de biografias, outra que cuidará, especificamente, de metodologia em pesquisa histórica e uma terceira para ocupar-se de publicações. A comissão de divulgação está sob os cuidados de Letícia Lindenberg Azevedo, assessora de comunicação empresarial da Rede Gazeta de Comunicações.

Já estão em andamento pesquisas sobre os jornalistas João Calmon e Rubem Braga. Estas deverão juntar-se aos trabalhos já existentes no Espírito Santo, os quais estão sendo repertoriados. O Comitê promete, para breve, lançar um calendário de atividades, conforme determina o projeto central da Rede Alfredo de Carvalho, sob a coordenação do professor doutor José Marques de Melo.

A Rede Alfredo de Carvalho foi instituída no Espírito Santo em março deste ano, durante o VIII Simpósio da Pesquisa em Comunicação da Região Sudeste, que se realizou na Ufes. A Rede foi apresentada à comunidade acadêmica e à imprensa em 19 de outubro, durante o Comsaúde. O evento foi abrigado pela Faesa e contou com cerca de 50 participantes, entre professores, pesquisadores, estudantes de graduação e profissionais das áreas de comunicação e história.

O Comitê capixaba conta, até o momento, com oito instituições participantes, a saber: Universidade Federal do Espírito Santo (UFES) – Juçara Brittes Faculdade de Educação e Comunicação Social (FAESA) – Edgard Rebouças Academia Espírito-Santense de Letras (AEL) – Gabriel A.de M.Bittencourt Assessoria de Imprensa da OAB – Raquel Salaroli Lugão Coordenadoria de Comunicação Social da Prefeitura Municipal de Vitória – Angèle Murad Rede Gazeta de Comunicações – Leticia Lindenberg Azevedo Sindicato das Empresas de Rádio e Televisão do ES (SERTES) – José Carlos Corrêa Sindicato dos Jornalistas do Espírito Santo (SINDIJORNALISTAS) – Fabiano Mazzini.

NEHIB em ação[11]

Fundado em 2001, por iniciativa do Prof. Dr. Luis Guilherme Pontes Tavares, o NEHIB – Núcleo de Estudos sobre a História dos Impressos na Bahia, instituição associada à Rede Alfredo de Carvalho para a Preservação da Memória e a Construção da História da Imprensa no Brasil, contabiliza um conjunto de realizações no seu primeiro ano de atividades:

11 Jornal da Rede Alcar, n. 13, 31/1/2002

1. Preparação de texto e formatação do livro Rumo ao bicentenário da Imprensa no Brasil, dos professores José Marques de Melo, Esther Bertoletti e Cybelle de Ipanema. A publicação reúne as palestras que os autores proferiram no Arquivo Público da Bahia, em abril de 2001, antecipando as comemorações dos 190 anos da Imprensa baiana, comemorados em 14 de maio último. O material foi encaminhado à Editora da Universidade Federal da Bahia (Edufba), que solicitou em agosto parecer da professora Sônia Serra a respeito.

2. Debate e divulgação do livro Los primeros cien años de la empresa informativa en Bahía (Madri: Fragua, 1996) do professor José Augusto Ventín Pereira, da Universidade Complutense de Madri. O autor tomou conhecimento da criação do Nehib através do periódico eletrônico JBCC, da Metodista, e remeteu para o Núcleo um exemplar de sua obra. Neste tópico referente às relações internacionais, registre-se também a visita de Luís Guilherme Pontes Tavares, em setembro, e Kátia de Carvalho, em dezembro, ao Museu Nacional de Imprensa do Porto. Os dois, em viagem particular, tiveram a gentileza de contatar com o diretor do Museu, professor Luís Humberto Marco, em nome do Nehib.

3. Levantamento fotográfico dos prelos existentes em Cachoeira (BA) e posterior remessa do material ao professor Luís Humberto Marco, do Museu Nacional de Imprensa do Porto, para atestar a data de fabricação dos equipamentos. O prelo da marca francesa Alauzet tem impresso no tinteiro o número 1736, que foi tomado por data para basear várias versões em torno dele. O comentário do professor Marco auxiliará no estabelecimento da verdade a respeito.

4. Levantamento do acervo e assessoramento à equipe de museólogos que montou a exposição alusiva aos meios de comunicação na Bahia por ocasião do ato solene de cessão do Forte de São Diogo para sede do Museu da Comunicação Jorge Calmon. Nelson Varón Cadena tanto ofertou as ilustrações quanto escreveu o texto de quatro dos seis painéis expostos.

5. Levantamento de textos sobre a história da imprensa baiana e posterior digitação: "A Notícia", de Antonio Viana; "A Imprensa na Bahia em 100 anos", de Aloysio de Carvalho; "Jornalismo na Bahia: 1875-1960", Aloisio de Carvalho Filho; "Apontamentos para a história da Imprensa na Bahia", Antonio Loureiro de Souza; "Imprensa Official do Estado", de Honestilio Coutinho; e "Alguns aspectos do jornalismo baiano", de Luis Viana Filho.

Rumo ao bicentenário da imprensa brasileira[12]

12 Jornal da Rede Alcar, n. 14, 28/2/2002

Será vendida exclusivamente nas livrarias da Edufba a pequena tiragem do livro Rumo ao bicentenário da imprensa brasileira (70 páginas), que reúne as palestras dos professores José Marques de Melo, Cybelle de Ipanema e Esther Bertoletti, proferidas entre 25 e 27 de abril do ano passado no Arquivo Público. A obra contém as idéias fundamentais a respeito das comemorações, em 2008, do bicentenário da instalação da Imprensa no Brasil.

O preço de capa do livro é R$ 8,00. A Edufba vende para qualquer ponto do país. O procedimento é o seguinte: depósito na conta 603.354-7, do Banco do Brasil, agência 3457-6 (Ondina/Ufba) em favor da Fapex-Edufba acrescido ao valor do livro a despesa de correio: mais R$5 para encomenda simples ou mais R$ 10, para sedex. Enviar, em seguida, pelo fax 71 235 8991 cópia do comprovante do depósito. A Edufba atende pelos telefones 71 245 9564 ou 331 9799 ou pelo e-mail edufba@ufba.br.

O livro foi organizado pelo Núcleo de Estudos da História dos Impressos da Bahia – Nehib –, criado no ano passado, e pela Rede Alfredo de Carvalho – Redealcar –, também criada em 2001. O Núcleo é o parceiro da Rede na Bahia e reúne, por enquanto, poucos pesquisadores. A Rede é mais ampla, de âmbito nacional, comprometida com a preservação da memória e a construção da história da Imprensa do país. A Edufba materializou a iniciativa disponibilizando ao público cerca de duas centenas de exemplares.

As palestras dos três professores foram proferidas no Arquivo Público durante o ciclo "Avaliando a historiografia da Imprensa brasileira nos 190 anos da primeira tipografia baiana". Comemorava-se então a idade redonda da instalação da tipografia de Manoel Antonio da Silva Serva, de onde saiu, em 14 de maio de 1811, o número de estréia da A Idade d`Ouro do Brazil. A Bahia, portanto, além de comemorar o bicentenário da Imprensa brasileira em 2008, deverá comemorar o bicentenário da Imprensa local em 2011.

O professor Marques de Melo, coordenador da pós em Comunicação Social e titular da Universidade Metodista de São Paulo, abriu o ciclo apresentando as idéias centrais que regem a Rede Alfredo de Carvalho – homenagem ao pesquisador pernambucano que no início do século XX procedeu o primeiro levantamento dos periódicos brasileiros. O compromisso da Rede, segundo ele, é manter nos próximos anos a Imprensa em debate com o propósito de aperfeiçoá-la e torná-la cada vez mais instrumento de fortalecimento da cidadania. O palestrante juntou ao pronunciamento a relação de efemérides da Imprensa brasileira a serem lembradas até 2008.

A professora Cybelle de Ipanema, secretária do Instituto Histórico e Geográfico Brasileiro, falou sobre o empresário Manoel Antonio da Silva Serva e sua tipografia. Ressaltou o traço empreendedor dele e convocou os pesquisadores baianos a retomarem os estudos a respeito. Silva Serva teria fabricado prelos em Salvador entre 1811 e 1819, ano de seu falecimento, assim como teria cunhado tipos e fabricado papel.

A assessora especial do Ministério da Cultura, Esther Caldas Bertoletti, defendeu a execução dos seguintes projetos até 2008: a instalação rio da hemeroteca brasileira da Biblioteca Nacional num dos armazéns das docas do Rio de Janeiro; a publicação do catálogo atualizado dos periódicos brasileiros; a criação da base de dados dos periódicos brasileiros correntes; a intensificação da microfilmagem dos periódicos brasileiros e a publicação em cd-rom de edições fac-similares dos principais periódicos surgidos no Brasil a partir de 1808.

ABI comemora sesquicentenário do fundador[13]

A Rede Alfredo de Carvalho para a Preservação da Memória e a Construção da História da Imprensa no Brasil prestigiou a Associação Brasileira de Imprensa – ABI – na data em que a entidade comemorou seus 94 anos de fundação.

15 Jornal da Rede Alcar, n. 16, 8/4/2002

No último dia 4 de abril, a ABI desenvolveu uma programação intensiva, durante todo o dia, cabendo à RedeAlcar a organização de duas atividades. No período da manhã, uma Reunião do Comitê Executivo da Rede, contando com a participação de vários dos seus integrantes: Ana Arruda Callado, Cybelle de Ipanema, Fernando Segismundo, José Marques de Melo, Marialva Barbosa, Mirane Albuquerque, grupo ao qual se incorporou o professor Erasmo de Freitas Nuzzi, representando a Fundação Cásper Líbero de São Paulo.

No período da tarde, realizou o Seminário sobre os 150 anos de Gustavo de Lacerda, fundador da ABI, contando com exposições de Marialva Barbosa, Fernando Segismundo e Mário Barata.

Na carta-convite de 18 de março, dirigida aos associados da ABI, o presidente Fernando Segismundo, assim destacou a participação da RedeAlcar:

"Fundada a entidade no dia 7 de abril, que este ano cai num domingo, deliberou-se comemorar o aniversário no dia 4, quinta-feira. A partir das 10 horas e pela tarde fora, realizaremos eventos para os quais apreciaríamos contar com a sua participação.

Entre os mesmos, salientar-se-á a mesa redonda sobre a vida e a obra de Gustavo Lacerda, fundador da Associação, a cargo de especialistas em história da imprensa radicados nesta Cidade e nos Estados.

Ato de longo alcance será de responsabilidade da Rede Alfredo de Carvalho, à qual estamos associados. Vamos cuidar, em nível acadêmico, de aspectos marcantes da vida e di trabalho de jornalistas e escritores que têm a ver com o ano em curso".

No discurso de abertura das comemorações, Fernando Segismundo anunciou que o próximo seminário da série será dedicado à memória do Repórter Edmar Morel, assinalando os 80 anos do seu nascimento. A data desse evento será anunciada brevemente.

Repercussão latino-americana[14]

14 Jornal da Rede Alcar, n. 16, 8/4/2002

A Rede Alfredo de Carvalho conquista, pouco a pouco, legitimidade nacional e reconhecimento internacional. Evidência disso é a repercussão que o movimento vem despertando na América Latina.

Um indicador concreto é a tradução para a língua espanhola do ensaio escrito por José Marques de Melo a propósito da plataforma desse mutirão acadêmico. Sob o título "El pragmatismo utópico de la Red Alfredo de Carvalho", o trábalo foi publicado na antología "Redes, Gestión y Ciudadania – Um análisis crítico desde la Comunicaciõn", coordenado pelo jornalista Washington Uranga, e publicado pela OCLACC – Organización Católica Latinoamericana y Caribeña de Comunicación.

O volume contém ainda colaborações de outros pesquisadores brasileiros: Marcio Valente, Ismar de Oliveira Soares, Attilio Hartmann, Juciano de Sousa Lacerda, Lourdes Carneiro, Silvana Isabel, Andréa Pinheiro, Lucia Pierre e Nonato Lima.

Exemplares da obra podem ser obtidos através do email: oclacc@uio.satnet.net

Redealcar em Pernambuco[15]

15 Jornal da Rede Alcar, n. 18. 3/6/2002

A Profa. Maria Luiza Nóbrega, docente do Departamento de Comunicação da UFPE – Universidade Federal de Pernambuco – reafirma a adesão daquela instituição à Rede Alfredo de Carvalho. Ela participou, em Porto Alegre, do Encontro promovido pela RedeAlcar durante o Fórum dos Professores de Jornalismo, dialogando com a Profa. Dr. Marialva Barbosa sobre as pesquisas concluidas ou em fase de pesquisa documental, sob a sua orientação:

> Pereira da Costa – A pesquisa sobre a produção jornalística do pioneiro da pesquisa histórica sobre a imprensa pernambucana já estão concluída. O projeto foi desenvolvido com a participação de uma equipe de alunos da graduação em Jornalismo, bolsistas de iniciação científica. O livro contendo os resultados do estudo já está no prelo – Editora Bargaço – aguardando o patrocínio do Arquivo Público do Estado.
>
> Alfredo de Carvalho – "Estamos começando pelo Instituto Histórico e Geográfico de PE. A pesquisa é lenta porque o Instituto só atende ao público no sábado, pela manhã, quando um grupo de bravos historiadores voluntários vão pra lá para que os pesquisadores possam consultar o acervo. Eles não têm funcionários para atendimento externo. Descobrimos alguma coisa na Academia e estamos inventariando o que passa por nós. Agora vamos entrar com outra turma de Jornalismo e outra vez tentar conseguir alguns deles para dar continuidade."
>
> Publicidade - "Estou terminando o livro 100 anos de Publicidade na Mídia Impressa de Pernambuco (1900-2000), com o apoio do PIBIC-UFPE que bancou o bolsista. O livro se baseia no material recolhido nas páginas do Jornal do Commercio e do Diário de Pernambuco. Aproveitei esse livro para dar um primeiro passo na aproximação entre nossas escolas, profissionais do mercado e meus alunos, produzindo assim uma obra conjunta. É mais um passo no sentido de estimular a cooperação entre todos."

RedeAlcar no Maranhão[16]

16 Jornal da Rede Alcar, n. 20, 12/9/2002

O Maranhão, terra de jornalistas de renome como Ferreira Gullar e Lago Burnett, terá seu comitê estadual da Rede Alfredo de Carvalho. A Associação Maranhense de Imprensa (AMI) está mobilizando os três curso de Comunicação Social na capital São Luís

(Universidade Federal do Maranhão, Faculdade São Luís e Uniceuma) para a indicação dos membros do grupo que vão integrar o mutirão acadêmico. A liderança da RedeAlcar está a cargo da jornalista Roseane Arcanjo Pinheiro.

A charge nos jornais de São Luís é o tema das pesquisas do professor Francisco das Chagas Frazão Costa Filho, da Faculdade São Luís (MA). O professor é mestre pela Universidade Federal do Rio de Janeiro (UFRJ), onde defendeu a dissertação "Charge: imagem e crítica na imprensa maranhense, 1877-1880". O professor está preparando a publicação do trabalho.

Uma das características marcantes da imprensa maranhense é o grande número de diários, principalmente em São Luís. Atualmente nada menos que dez jornais circulam na capital: O Estado do Maranhão, O Imparcial, Folha do Maranhão, Jornal Pequeno, O Debate, A Hora, Atos e Fatos, A Tribuna do Nordeste, Diário da Manhã e O Litoral. O mais antigo é O Imparcial, do grupo Associados, que completará 77 anos em 2003.

Encontros nacionais[17]

O comitê executivo nacional da Rede Alfredo de Carvalho reuniu-se na cidade do Rio de Janeiro, no último dia 16 de agosto, com a finalidade de traçar metas para o fortalecimento do mutirão intelectual que pretende, até 2008, inventariar criticamente a imprensa brasileira dos séculos XIX e XX. A reunião foi feita na Sala do Conselho da ABI – Associação Brasileira de Imprensa.

Ficou decidida a realização de encontros anuais dos núcleos que integram a RedeAlcar nas diferentes cidades brasileiras. O I Encontro Nacional da Rede Alfredo de Carvalho está programado para a cidade do Rio de Janeiro, no período de 1 a 3 de junho de 2003. O evento contará com o apoio institucional da ABI – Associação Brasileira de Imprensa, ABL – Academia Brasileira de Letras e UERJ – Universidade do Estado do Rio de Janeiro.

17 Jornal da Rede Alcaar, n. 21, 12/9/2002

Título	**Imprensa Brasileira** **Personagens que Fizeram História**
Organizador	**José Marques de Melo**
Capa	**Guen Yokoyama**
Projeto Gráfico	**Guen Yokoyama**
Formato	**20,5 x 27,5 cm**
Tipologia	**Minion**
Papel	**Cartão Supremo 250 g/m² (capa)** **Pólen Rustic Areia 85 g/m² (miolo)**
Número de páginas	**224**
Tiragem	**2000**

editoração, fotolito, impressão e acabamento
imprensaoficial
Rua da Mooca, 1921 São Paulo SP
Fones: 6099-9800 - 0800 123401
www.imprensaoficial.com.br